PODEROSO
*em palavras
e obras*

JAMES SHELTON

PODEROSO

*em palavras
e obras*

Diretora Executiva: Luciana Avelino Cunha

Diretor Editorial: Renato Cunha

Tradução: Idelmar Campos

Revisão: Eliana Moura

Copidesque: Renato Cunha

Capa e diagramação: Marina Avila

Direitos de imagens:
Capa e miolo: A Criação de Adão, por Michelangelo, cerca de 1511. Wikimedia Commons.
Ilustração do prefácio:
Gustave Doré, Paraíso Perdido, 1868

Impressão: Unigráfica

1ª edição: 2018

Dados Internacionais de Catalogação na Publicação (CIP)

Ficha Catalográfica elaborada pela bibliotecária Maria Jucilene Silva dos Santos CRB-15/722

S545p
    Shelton, James.
        Poderoso em palavras e obras : o papel do Espírito Santo em Lucas-Atos / James Shelton ; tradução de Idelmar Campos ; revisão de Eliana Moura. – Natal, RN : Carisma, 2018.
        268 p.
        ISBN 978-85-92734-09-1

    1. Evangelho de Lucas - Exegese. 2. Espírito Santo 3. Teologia. I

Campos, Idelmar, trad. II. Moura, Eliana, rev. III. Título.

                                                    CDU 226.4+22.07

editoracarisma.com.br | sac@editoracarisma.com.br

Copyright © 2018 em língua portuguesa para Editora Carisma. Originalmente publicado em inglês pela Hendrickson Publishers sob o título "Mighty in Word and Deed" Copyright © 1991 by James Shelton. Esta edição foi licenciada com permissão especial de Wipf and Stock Publishers. www.wipfandstock.com. Todos os Direitos Reservados.

SUMÁRIO

CAPÍTULO 1
O papel do Espírito Santo em Lucas-Atos   19

Os perigos de negligenciar a mensagem exclusiva de Lucas   20
A Escritura   21
A unidade   21
A inspiração   22
A perspectiva exclusivamente lucana sobre o Espírito Santo   23
Identificando a perspectiva exclusiva de Lucas   24
Lucas contrastou com Paulo?   25
Distinções do Espírito nos evangelhos sinóticos e em Atos: um resumo   26
O Espírito Santo em Marcos   26
O Espírito Santo em Mateus   28
O Espírito Santo em Lucas   30
O Espírito Santo em Atos   32
Plano de estudo   36

CAPÍTULO 2
O Espírito Santo e as testemunhas da infância   37

O Espírito Santo e a concepção de Jesus   40
O Espírito e o testemunho de João   41
João Batista   41
João "no espírito e poder de Elias"   43
O Espírito e o testemunho de Isabel   46
O Espírito Santo e o testemunho de Maria   47
Maria estava cheia do Espírito Santo?   47
Maria e a graça   49
O Espírito e o testemunho de Zacarias   52
O Espírito e o testemunho de Simeão e Ana   52
O programa lucano na narrativa da infância   55

CAPÍTULO 3
O Espírito Santo e João, filho de Zacarias — 61

   O material Batista nos outros Evangelhos — 61
   Marcos 1.1-11 — 62
   Mateus 3.1-17 — 64
   João l.19-36 — 66
   O interesse principal de Lucas no material Batista — 67
   Cristologia — 67
   O batismo no Espírito Santo como sua capacitação para testemunhar — 67
   O batismo do arrependimento — 68
   Evidência da mensagem distintiva de Lucas na pregação de João — 69
   "João, filho de Zacarias" — 69
   O Espírito e a "Palavra de Deus" — 71
   Lucas evita o título "Batista" — 72
   A ênfase no arrependimento e no Espírito Santo
   em vez de no batismo na água — 74
   Reinterpretação de Jesus da profecia do batismo no Espírito — 75
   João e o ato de falar — 77

CAPÍTULO 4
O Espírito Santo e o batismo de Jesus — 79

   A ausência de João no batismo — 81
   A desênfase gramatical do batismo de Jesus — 82
   Capacitação ou atestação divina? — 83
   Um batismo no Espírito Santo efetuado por Jesus? — 83
   Jesus, o Espírito e a nova era — 85
   A voz divina — 87
   A descida do Espírito como a confirmação da profecia de João — 88
   A relação entre o Espírito Santo e a filiação — 89
   Cristologia Adocionista — 90
   Conclusão — 91
   Jesus, o Filho de Deus ungido pelo Espírito — 92

CAPÍTULO 5
O Espírito Santo e a tentação de Jesus   93

"No poder do Espírito"	93
O ajuste lucano do relato da tentação	95
"Cheio do Espírito Santo"/"Guiado pelo Espírito"	95
O testemunho inspirado contra o diabo	96
Não um poder mágico, mas um estilo de vida	96
Jesus como um humano guiado pelo Espírito	97
Jesus e a tentação como um exemplo	98
Discurso inspirado contra os oponentes	99
Um estilo de vida de dependência do Espírito Santo	100

CAPÍTULO 6
O Espírito Santo e a inauguração do ministério público de Jesus   101

O ajuste lucano do relato sinótico	101
Criatividade lucana?	102
Uma tradição alternativa	104
A preeminência da redação lucana	106
As primeiras palavras públicas de Jesus em Lucas	108
O ajuste lucano da cronologia do Evangelho	111
O Espírito e a fala inspirada no ministério de Jesus	112

CAPÍTULO 7
O Espírito Santo e os milagres   115

O Espírito Santo e os Milagres na Perspectiva Lucana	115
O Espírito e o poder	117
O Espírito e a autoridade	120
O Espírito e graça	120
A inter-relação entre o discurso inspirado e os milagres	122
O discurso inspirado na operação de milagres	122
Falando em nome de Jesus para curar	125
Milagres operados por uma diversidade de meios	126
Testemunho confirmado pelo poder de operar milagres	127

CAPÍTULO 8
O Espírito Santo, a Oração e o Louvor   131

"Se alegrou Jesus no Espírito Santo"	134
O contexto original: Mateus ou Lucas?	135
"No Espírito Santo"	137
As características lucanas da frase: "Se alegrou no Espírito Santo"	138
O significado do programa proposto por Lucas	141
O Espírito Santo e a Oração do Pai-Nosso	145
A validade da variante do Espírito Santo	146
O valor da variante para o programa de Lucas	149
O Espírito Santo como a resposta para a oração	150

CAPÍTULO 9
O Espírito Santo, blasfêmia e testemunho   153

O contexto da blasfêmia em Mateus e Marcos	154
A relocação de Lucas da blasfêmia sob a perspectiva de Marcos	155
Testemunho: o contexto de Lucas para a blasfêmia	158
A versão de Lucas: blasfêmia versus testemunho inspirado	159

CAPÍTULO 10
O Espírito Santo, o discurso de despedida e a ascensão de Jesus   163

A ascensão como catalisadora para a liberação do Espírito	164
A mão de Lucas ou a tradição	165
A mensagem do discurso de despedida	168
O cumprimento da Escritura e da exegese inspirada	168
A pregação da Igreja Primitiva resumida	169
A morte e a ressurreição de Jesus	170
Arrependimento e perdão	172
As testemunhas e a promessa de poder	174
Por que a ausência do título do "Espírito Santo"?	177
O ministério de Jesus como um paradigma para a igreja	180

CAPÍTULO 11

O Espírito Santo e os crentes em Atos — 183

O Espírito Santo como diretor de missões — 183
O Espírito Santo e a conversão em Atos — 186
Pentecoste e conversão (Atos 2) — 186
O Espírito e a conversão no sermão de Pedro no Pentecostes — 189
O Pentecostes samaritano (Atos 8.4-17) — 191
O Espírito e a conversão de Saulo de Tarso (Atos 9.22) — 192
O Espírito, a conversão e Cornélio (Atos 10) — 193
O Espírito, a conversão e os discípulos efésios (Atos 19.1-7) — 197
Por que o rebatismo? — 199
Conversão ou Empoderamento? — 200
"Cheios com/do Espírito" e o discurso inspirado — 201
Análise das passagens com a frase "Cheios do Espírito Santo" — 204
"Cheio com o Espírito Santo" e o recebimento do Espírito Santo — 208
A função da plenitude do Espírito contrastada em Lucas-Atos — 214
A fala inspirada e a plenitude do Espírito Santo em Lucas-Atos — 217
A Palavra inspirada de Pedro e a plenitude do Espírito (Atos 4.8) — 217
Os discípulos e o discurso inspirado (Atos 4.31) — 218
Pedro, Paulo, Estêvão e o discurso cheio do Espírito — 220
Outras expressões do discurso inspirado pelo Espírito — 221

CAPÍTULO 12

"Cheios com o Espírito Santo"
para anunciar a Palavra com ousadia — 225

As mensagens exclusivas das pneumatologias de Lucas, Paulo e João — 226
Ramificações e aplicações — 230
Implicações para os diversos grupos na Igreja — 232

APÊNDICE

Jesus, João, o Espírito e a nova era — 235

A descida da pomba: o começo da nova era — 235
João: nova ou antiga era? — 237
A visão abrangente de Lucas da história da salvação — 248

BIBLIOGRAFIA SELECIONADA — 252

Ilustração | **GUSTAVE DORÉ** | Paraíso Perdido | 1868

PREFÁCIO

Durante muito tempo no século XX a igreja esteve dividida a respeito do papel do Espírito Santo. Muitos questionamentos válidos foram levantados, a saber: Qual é o papel do Espírito Santo na conversão cristã? Quando ele capacita os crentes? Como se sabe que alguém recebeu o Espírito? Existe uma diferença entre ter, estar cheio ou ser batizado no Espírito Santo? Qual é a relação entre o Espírito e os milagres? Embora sejam assuntos válidos, é lamentável que algumas vezes o debate tenha sido conduzido de forma divisionista e partidária, em vez de focar em um esforço genuíno para entender e apreciar as diferentes perspectivas dentro do Corpo de Cristo.

Em alguns momentos o fruto do Espírito foi negligenciado na luta para forçar sua adequação ao conjunto de pressupostos teológicos de cada grupo. Mas é preciso lembrar que o conhecimento e a erudição fornecem uma solução para alguns desses mal-entendidos. A Crítica da Redação pode redirecionar o estudo do Novo Testamento para examinar separadamente as contribuições e os pontos de vista distintos de cada escritor, em vez de assumir que os programas teológicos dos escritores do Novo Testamento são basicamente os mesmos e, portanto, permutáveis. As perspectivas de Lucas sobre o Espírito

Santo, por exemplo, não deveriam ser indiscriminadamente interpretadas à luz da apresentação de Paulo sobre o Espírito Santo (ou vice-versa), porque eles geralmente abordam diferentes temas concernentes ao Espírito. Ignorar as perspectivas individuais dos autores sobre a terceira pessoa da trindade resultou em muita confusão. Isso não quer dizer que não exista uma mensagem unificada sobre o Espírito Santo nas Escrituras, mas, ao mesmo tempo, subsiste uma diversidade nas testemunhas que não deve ser negligenciada em nossas tentativas de harmonizar a Pneumatologia. Quando se percebe que cada escritor do NT tem uma forma distinta de atuar na sinfonia do Espírito, os leitores experimentam mensagens novas e exclusivas vindo a seus ouvidos. Quando se ouve que Lucas tem uma mensagem distinta e separada, o tema do Espírito Santo é frequentemente ouvido no conjunto Lucas-Atos. Lucas apresenta o Espírito como a alegria e a celebração do Evangelho, o fôlego da oração e do louvor e o poder miraculoso por trás do testemunho ousado e eficaz. A fim de cumprir sua missão, a igreja hoje necessita redescobrir o prazer e o poder contidos na mensagem de Lucas sobre o Espírito. É de se esperar que, quando a igreja perceber a existência de diferentes apresentações sobre o Espírito no NT, a divisão e os mal-entendidos cessem e a unidade e o poder (sim, um novo Pentecostes) aconteçam. Então, a igreja será cheia do Espírito para cumprir sua missão.

Estendo um agradecimento especial ao Dr. John Drane, meu mentor no doutorado, já que uma boa porção da pesquisa deste livro foi feita sob sua direção na University of Stirling, na Escócia. Agradeço ao Dr. Ian Howard Marshall e ao Prof. F. F. Bruce por graciosamente consentirem em revisar a tese original. Também gostaria de expressar o apreço à faculdade e à administração da Oral Roberts University por sua fidalguia durante o processo de escrita, e à Srtª. Taylor Shepherd pela ajuda com os índices. Também gostaria de reconhecer com gratidão a paciência e a ajuda do Sr. Patrick Alexander, editor da *Hendrickson Publishers*, que tornou isto possível. Minha eterna gratidão vai à Sally, minha esposa cooperadora, que datilografou e ajudou a editar o manuscrito.

E tu mais que ela, Espírito inefável,
Que aos templos mais magníficos preferes
Morar num coração singelo e justo,
Instrui-me porque nada se te encobre.
Desde o princípio a tudo estás presente:
Qual pomba, abrindo as asas poderosas,
Pairaste sobre a vastidão do Abismo
E com almo portento o fecundaste:
Da minha mente a escuridão dissipa,
Minha fraqueza eleva, ampara, esteia,
Para eu poder, de tal assunto ao nível,
Justificar o proceder do Eterno
E demonstrar a Providência aos homens.

Milton, ***PARAÍSO PERDIDO***, Livro 1
James B. Shelton
Tulsa, Oklahoma

PREFÁCIO À EDIÇÃO BRASILEIRA

Este é daqueles livros que engradecem o debate sobre as distinções qualificadoras da teologia lucana. Não apenas pelas credenciais que ostenta da *Stirling University*, ou pelos nomes que se envolveram diretamente, afinal, John Drane, I. Howard Marshall e F.F. Bruce, são conhecidos em nosso país como personagens importantes no desenvolvimento das pesquisas neotestamentárias. Esta obra empresta erudição acadêmica que impressiona, seja pela clareza na exposição do argumento central e no manejo do ferramental exegético, seja pela convicção e assertividade com que James Shelton interage com destacados teóricos das mais diversas tradições hermenêuticas.

Durante todo o transcurso do livro o leitor poderá conhecer com profundidade não somente os rudimentos de uma pneumatologia orgânica e incipiente dos primeiros cristãos, mas também certos aspectos que representam o fiel da balança nas discussões que envolvem a formulação de material doutrinário a partir de narrativas teológicas. O grande desafio, neste caso, é entender a dupla função assumida por Lucas, de historiador e teólogo, na redação de um documento com seu característico e indissociável paralelismo histórico-teológico. A compreensão apropriada dos dois papeis exercidos a serviço de uma vontade intencional do Espírito, auxiliará o engajamento daqueles estudiosos que creditam confiança exclusiva *às* credenciais paulinas em detrimento das de Lucas. Com efeito, Shelton demonstra claramente que Lucas está *tão qualificado como teólogo quanto Paulo, sobretudo pela ação imediata do Espírito Santo na supervisão do discurso inspirado*. Em resumo, Lucas não é mero "contador de história", mas agente ativo ao deitar fundamentos teológicos importantes que não devem ser negligenciados. Isto porque não apenas expõe o despontamento histórico da Igreja primitiva pincelado com realces biográficos de poder apostólico subjacente, mas estabelece um modelo paradigmático de eclesiologia que deve ser revisitado com absoluta atenção e critério pelo povo de Deus. Assim sendo, o leitor tem em mãos um material que determina a agenda para consolidação da teologia do batismo no Espírito e seu princípio fundamental de empoderamento para o testemunho.

Este livro desponta como divisor de águas, chegando para se somar a outros esforços significativos, representando avanço que despertará *reflexão, inquietação e*, espero, conformidade com o padrão das Escrituras Sagradas, ao nos exortar a todos pela constante busca de poder que vem do alto (At 2.33).

Renato Cunha
Autor de *Sob os céus da Escócia*.

ABREVIAÇÕES

AB	Anchor Bible
AnBib	Analecta bíblica
AT	Antigo Testamento
BAGD	Bauer, W., W.F. Arndt, F.W. Gingrich, and F.W. Danker. *A Greek-English Lexicon of the New Testament and Other Early Christian Literature.* Second edition; Chicago: University of Chivago Press, 1979.
BDF	Blass, F., A. Debruner, and R. W. Funk. A Greek Grammar of the New Testament *and Other Early Christian Literature.* Chicago: University of Chicago Press, 1961.
Bib	*Biblica*
BNTC	Black's New Testament Commentaries
CBQ	*Catholic Biblical Quartely*
CGTC	Cambridge Greek Testament Commentary
ExpT	*Expository Times*
FRLANT	*Forschungen zur Religion und Literatur des Alten und Neuen*
HTS	Harvard Theological Studies
ICC	International Critical Commentary
Int	*Interpretation*
JBL	*Journal of Biblical Literature*
JSNT	*Journal for the Study of the New Testament*
LXX	Septuaginta
MSS	manuscritos

NASB	New American Standard Bible
NICNT	New International Commentary on the New Testament
NIDNTT	*New International Dictionary of New Testament Theology.* Edited by C. Brown, 3 vols. Exeter: Paternoster Press, 1978
NIGTC	New International Greek Testament Commentary
	Novum Testamentum
NT	Novo Testamento
NTS	New Testament Studies
OTP	*Old Testament Pseudepigrapha.* Edited by J. H. Charlesworth
RB	*Revue biblique*
Pss Sol	Psalms of Solomon
RevExp	*Review and Expositor*
RSV	Revised Standard Version
SBLMS	Society of Biblical Literature Monograph Series
Sir	Siriach (Ecclesiasticus)
SNTSMS	Society for New Testament Studies Monograph Series
Str-B	Strack, H.L. and P. Billerbeck. *Kommertar zum Neun Testament aus Talmud und Midrash.* 5 vols. Munich: C.H. Beck, 1926.
T 12 Patr	Testament of the Twelve Patriarchs
TDNT	*Theological Dictionary of the New Testament.* Edited by G. Kittel and G. Friedrich. 10 vols. Translated by G. Bromiley. Grand Rapids: Eerdmans, 1964-1976
TNTC	Tyndale New Testament Commentaries
TynB	*Tyndale Bulletin*
UBS	United Bible Societies
VoxEv	*Vox Evangelica*
WMANT	Wissenschaftliche Monographien zum Alten und Neuen Testament
ZNW	*Zeitschift für die neutestamentliche Wissenschaft*

CAPÍTULO 1

O PAPEL DO ESPÍRITO SANTO EM LUCAS-ATOS

Recentemente, houve um interesse renovado no estudo do Espírito Santo em Lucas-Atos. Tanto os membros da igreja quanto os acadêmicos começaram novamente a indagar a São Lucas questões sobre o Espírito Santo: Quem ele é? Qual seu papel? O recebimento do Espírito envolve a conversão ou a capacitação? Qual a mensagem distinta em relação ao Espírito que Lucas fornece? A mensagem lucana é aplicável à igreja hoje? A ascensão dos movimentos pentecostais e carismáticos motivou a igreja como um todo a redescobrir e a redefinir o Espírito Santo e seu significado para o povo de Deus hoje?

    Se por um lado o papel do Espírito Santo na adoração extática e nos milagres quase completamente dominou a atenção de alguns cristãos, por outro, alguns têm rejeitado completamente tal função. Uma forte discordância surgiu sobre os papéis do Espírito na conversão, no fortalecimento e na natureza da experiência cristã com ele. Muitos grupos não carismáticos presumem que "cheio com o Espírito Santo" e frases paralelas em Lucas-Atos referem-se à conversão, enquanto a maioria dos pentecostais presume que tais frases consistentemente indicam que algumas experiências extáticas – geralmente falar em línguas – tenham ocorrido. Ambos os grupos estão parcialmente errados, pois nenhum deles percebe ou aprecia que existem diferentes ênfases sobre o papel do Espírito Santo entre os autores do NT. Além disso, os estudos bíblicos têm mostrado que nas últimas décadas houve um renovado interesse em Lucas-Atos. Durante esse período, os estudiosos desenvolveram uma nova forma de examinar o NT com respeito a cada perspectiva e às observações exclusivas dos escritores canônicos. Esta abordagem, chamada de "Crítica da Redação", oferece uma solução para o atual debate pneumatológico.

Tradicionalmente, a igreja usou o Evangelho de Lucas na maioria das vezes como um mero suplemento aos evangelhos de Mateus e João nos estudos da "vida de Cristo". Da mesma forma, o livro de Atos é forçado a servir como quadro histórico e cronológico para as viagens sobre a vida e os ensinamentos de Paulo. Fora isso, Lucas e Atos dos Apóstolos são frequentemente negligenciados como uma unidade literária. No entanto, Lucas escreveu esses dois livros como uma unidade teológica exclusiva, e eles merecem ser analisados como tal. Ao falhar em tratá-los como uma unidade, negligenciamos a integridade exclusiva e a mensagem de uma obra que compreende *um quarto* de todo o Novo Testamento.

A visão especial de Lucas sobre o Espírito Santo sofre uma severa negligência sob a abordagem tradicional. Muitas de suas mensagens distintas e importantes são perdidas quando pedaços e partes da sua obra são desperdiçados na tentativa de harmonizar a mensagem do NT. Isso é especialmente verdade quando a sua Pneumatologia – isto é, sua visão sobre o Espírito – é indiscriminadamente agrupada com as pneumatologias paulina e joanina.

Os perigos de negligenciar a mensagem exclusiva de Lucas: O que está em jogo?

Negligenciar a mensagem exclusiva de Lucas-Atos põe em perigo a igreja de várias formas: interpretar de forma errada as Escritura, causar divisão na igreja e negar a natureza da inspiração cristã.

A Escritura

O entendimento adequado da Escritura fica sob ameaça quando as mensagens exclusivas dos escritores do Evangelho são ignoradas. Cada escritor do NT tem razões distintas e ocasiões únicas para escrever e, portanto, cada obra deve ser estudada sozinha. Isso não significa dizer que tentar harmonizar o material do NT em uma mensagem é completamente injustificável; esta busca por uma harmonização pode ser um exercício frutífero. Mas é preciso observar que a mensagem distinta de cada Evangelho precisa ser ouvida também.

Nesse sentido, ouvir a ênfase comum nos quatro Evangelhos é como ouvir uma sinfonia. A harmonia produzida fornece uma forte mensagem; mas a música geralmente inclui a participação de solistas. É durante as realizações dos *solos* que a mensagem exclusiva de cada Evangelho se torna evidente, visto que cada um, como já foi dito, carrega tons e ênfases distintos. Por exemplo, enquanto Mateus enfatiza a realeza de Jesus e o cumprimento profético, Marcos fala de ação, de conflito e do papel da servidão. João fala da divindade de Jesus enquanto Lucas ressalta alegria, louvor e o Espírito Santo. Essas mensagens exclusivas frequentemente são perdidas quando todos os livros são tratados como uma única obra. Uma harmonização à custa dos temas individuais pode, na realidade, se tornar uma *homogeneização*. Assim, a contribuição original de cada obra não é respeitada, e um novo produto que os escritores nunca intencionaram pode ser criado, enquanto o padrão de identidade de cada Evangelho é perdido.

A unidade

Uma abordagem puramente harmônica para as pneumatologias dos vários escritores do NT coloca em perigo a unidade da igreja. Isso é especialmente verdade quando aqueles que interpretam passam a ignorar que cada escritor do NT não aborda a mesma questão ao mencionar o Espírito Santo. Como discutiremos detalhadamente mais adiante, a

Pneumatologia de Paulo frequentemente aborda a questão da ontologia – o papel do Espírito Santo na conversão e no sustento da vida de um cristão; João está mais interessado nas inter-relações mantidas entre o Pai, o Filho, o Espírito Santo e os crentes, ao passo que Lucas está mais interessado no papel do Espírito Santo na capacitação dos crentes para testemunhar. Quando se tenta interpretar a Pneumatologia de Lucas sob as óticas de Paulo e João, ou vice-versa, um desequilíbrio doutrinal ocorre. Não é de se admirar, portanto, que as igrejas briguem e se dividam sobre o que deveria ser seu maior bem e indispensável base comum: o Espírito Santo. Quando um grupo tenta sustentar uma Pneumatologia do NT em detrimento de outra, mal-entendidos, divisões e muita dor acontecem.

A inspiração

As abordagens exclusivamente harmônicas para as variadas apresentações do Espírito Santo no NT ignoram a natureza da inspiração cristã. A Igreja Primitiva insistiu nos quatro Evangelhos, assim como a tentativa de Taciano para harmonizá-los em uma versão mais curta não se popularizou universalmente. A igreja reconheceu que o assunto dos Evangelhos não era apenas registrar fatos sobre a vida e os ensinamentos de Jesus. Além disso, a igreja via os Evangelhos como proclamações das boas novas escritas por diferentes indivíduos com diferentes perspectivas e vocabulários. Os evangelhos são testemunhos únicos que, embora inspirados, refletem o traço distinto da personalidade e da preocupação de cada escritor. A visão cristã da inspiração não elimina o elemento da participação humana. Os escritores não estiveram sob uma recitação mágica durante a qual o controle sobre si mesmos estava indisponível. Até mesmo quando Deus concedeu visões aos autores da Escritura, envolveu a vontade deles em registrar o evento. Em Atos, quando pessoas como Pedro e Paulo são cheias com o Espírito Santo e falam, ainda estão de posse de suas próprias faculdades mentais, mesmo que o Espírito esteja superintendendo a mensagem e inspirando as palavras.

Aparentemente, o processo de produção da Escritura não era diferente da profecia da Igreja Primitiva. O falante inspirado pelo Espírito ainda estava no controle de seu próprio espírito, de sua mente e cordas vocais (1Co 14.31-32). A inspiração cristã envolvia a ativa participação humana, e não passividade vazia.

Algumas perspectivas cristãs da inspiração assemelham-se à do Islã, que ensina que Maomé recebeu uma revelação palavra por palavra de Alá, funcionando apenas como o registrador. É por isso que os muçulmanos insistem em apenas um Corão e criticam os cristãos por terem quatro Evangelhos. Para os cristãos, entretanto, a revelação final é a pessoa de Jesus Cristo, o *Verbo* de Deus. Mas, em um sentido bem real, os Evangelhos são a palavra divina, ao mesmo tempo em que permanecem como palavras das testemunhas humanas. O cristão vê o Espírito Santo como responsável não apenas por inspirar o conteúdo da Escritura, mas também por escolher seus autores. Portanto, podemos celebrar as diferenças nos Evangelhos bem como as similaridades como parte da mensagem inspirada.

A perspectiva de Lucas sobre o Espírito Santo: Como ela é exclusiva?

A validade das diferenças no cânon do NT é especialmente clara nas diferentes apresentações do Espírito. Mesmo que Lucas estivesse bem familiarizado com várias delas (Lc 1.1), ele se sentiu compelido a compor ainda outro Evangelho para enfatizar, entre outras coisas, a obra do Espírito Santo. Todos os escritores do Evangelho se referiram ao Espírito, mas Lucas enfatizou o papel do Espírito mencionando-lhe nos eventos quando outros escritores do Evangelho não o fizeram. Por que Lucas fez isso? Nosso estudo demonstrará que ele estava geralmente apontando para o papel do Espírito Santo efetuando milagres e inspirando testemunhas. Esta é uma das principais razões pelas quais Lucas escreveu seu Evangelho, bem como o livro de Atos, ou seja, adicionar às publicações existentes "fatos que entre nós se cumpriram" (Lc 1.1).

Identificando a perspectiva exclusiva de Lucas: Qual método será utilizado?

Há um claro contraste entre os escritos de Lucas e os Evangelhos Sinóticos.

Como se pode identificar um específico interesse de Lucas pelo Espírito Santo? Um estudo dos Evangelhos Sinóticos em uma sinopse ou harmonia dos Evangelhos revela diferenças significativas na apresentação e ênfase das mesmas passagens. A disciplina que tenta identificar as razões para essas diferentes ênfases é chamada de "Crítica da Redação". Comparando e contrastando como os escritores dos Evangelhos apresentam os mesmos eventos na vida de Jesus, podemos identificar as suas principais razões para escrever seus documentos. A Crítica da Redação, portanto, dispõe de formas tangíveis e mensuráveis para identificar os diferentes programas teológicos em cada Evangelho, incluindo o estudo:

1) Do vocabulário e estilo diferentes de cada evangelista (escritor do Evangelho).

2) Da repetição de temas no mesmo Evangelho.

3) Da comparação e contraste da mesma passagem nos diferentes Evangelhos.

4) De como o evangelista lida com suas fontes.

5) O que o evangelista omite de suas fontes (particularmente quando Marcos é usado como fonte).

6) O que o evangelista adiciona ao material comum do Evangelho.[1]

---

1 Este "novo" material não significa que ele seja espúrio; ele também poderia ter origem apostólica. Nenhum escritor do Evangelho nos disse tudo que poderia ser dito sobre Jesus (Jo 20.30; 21.25).

Assim, podemos ver a ênfase distinta do poder e do testemunho na apresentação do Espírito Santo de Lucas muito mais claramente quando contrastamos seu Evangelho com os outros Evangelhos, como faremos na próxima seção.

Lucas contrastou com Paulo?

A revelação também é o contraste entre a apresentação do Espírito Santo de Lucas e a Pneumatologia de Paulo. Paulo, assim como Lucas, conecta a plenitude do Espírito com o discurso inspirado (Ef 5.18-20). Da mesma forma, Paulo associa o Espírito à oração eficaz, até mesmo como Lucas o faz (Rm 8.26-27). Mas existem algumas diferenças bem mais profundas. A Pneumatologia de Paulo é penetrante e ampla em seu escopo, no sentido de que realça a influência do Espírito, abrangendo quase todos os aspectos da vida (Ef 5.18–6.9).[2] Embora Paulo discuta o fortalecimento em conexão com o Espírito Santo, ele frequentemente aborda o assunto sob o prisma da ontologia quando menciona o Espírito Santo. Em Romanos 8, Paulo discute os efeitos da conversão cristã e a salvação em relação à "vida no Espírito" (8.2-8). Ele usa frases tais como "ter o Espírito" (8.9) e ser "guiado pelo Espírito" (8.14) para descrever a conversão e o estilo de vida cristãos.

A apresentação de Lucas da obra do Espírito Santo, em comparação, é muito mais focada. Para Lucas, "cheio com o Espírito Santo" ou "cheio do Espírito" geralmente indicam que *o testemunho inspirado está prestes a ocorrer ou já ocorreu*. O mesmo é verdadeiro para outras expressões que Lucas usa ao descrever a atividade do Espírito Santo. As funções mais frequentes e dominantes da Pneumatologia de Lucas-Atos são o testemunho e o discurso inspirado. Não é surpresa que Lucas também

---

2 Perceba que, gramaticalmente, Ef 5.18–6.9 é uma unidade. Paulo descreve o que significa ser cheio com o Espírito pela frase com uma sequência de particípios: "falando entre vós em salmos e hinos e cânticos espirituais [...] dando sempre graças" e "sujeitando-vos uns aos outros nos termos em Cristo". Esta descrição da vida cheia do Espírito envolve adoração cooperativa, família e serviço.

descreva o Espírito Santo como fonte principal do louvor e do regozijo. Ele mostra que o Espírito Santo é responsável pelas obras miraculosas, e inextricavelmente conecta o Espírito ao Reino e à oração. Onde uma dessas atividades existem, as outras frequentemente acompanham. Por isso, em Lucas-Atos, os receptores do Espírito Santo são, como Moisés, "poderosos em palavras e obras" (At 7.22), e mesmo como o próprio Jesus, que foi "poderoso em obras e palavras" (Lc 24.19). Lucas não mostra tanto interesse quanto Paulo no papel do Espírito na conversão daqueles crentes que estão em Cristo; em vez disso, o empoderamento para a missão chama a maior parte da atenção de Lucas.

Distinções do Espírito nos evangelhos sinóticos e em Atos: um resumo

Para reconhecer as percepções exclusivas de Lucas, vamos iniciar resumindo as apresentações do Espírito Santo nos outros Evangelhos Sinóticos e, em seguida, em Lucas-Atos. Tal resumo fornecerá um contraste que nos permitirá ver mais claramente a intenção teológica de Lucas. Após ver as pneumatologias nos Evangelhos e em Atos como sistemas teológicos separados, procederemos com as comparações e contrastes em textos específicos de Lucas (capítulos 2-10) e de Atos (capítulo 11). Essas similaridades e diferenças demonstrarão que, embora os escritores dos Evangelhos concordem sobre os pontos essenciais das boas novas de Jesus, a mensagem do Evangelho tem muitas distinções, com muitas aplicações exclusivas para a vida cristã, tanto depois quanto agora.

O Espírito Santo em Marcos

A Pneumatologia de Marcos[3] inclui os seguintes componentes:

   1. Jesus é descrito como aquele que batiza no Espírito Santo para indicar que o ministério do Senhor é maior que o ministério de João.

---

3 Para um tratamento da Pneumatologia de Marcos, cf. M. Robert Mansfield. *Spirit & Gospel in Mark*. Peabody, Mass.: Hendrickson, 1987, pp. 18-19, 164-65.

O escritor de Marcos está ciente do fenômeno carismático atribuído ao Espírito Santo durante a Era Apostólica. Além disso, na versão final de Marcos, as línguas e os milagres aparecem em um final mais longo (16.17-18). Entretanto, Marcos não apresenta explicitamente a profecia de João concernente a Jesus como aquele que batiza no Espírito, que se cumpre no Pentecostes. Parece que a referência ao Espírito Santo (Mc 1.4-14) mostra principalmente a superioridade do ministério de Jesus sobre o de João e identifica Jesus como o Filho de Deus. A função principal das referências não é afirmar que o Espírito Santo capacitou Jesus no batismo. Além disso, as manifestações em 16.17-18 não são especificamente atribuídas ao Espírito Santo. Por isso, Marcos está contente em apresentar a profecia do Espírito Santo concernente a Jesus através da perspectiva temporariamente limitada de João Batista, e ele não antecipa o entendimento da igreja da profecia após o Pentecostes.

2. Jesus estava subordinado em algum grau ao Espírito Santo, tendo em vista que, após o batismo, o Espírito impulsionou Jesus ao deserto para uma confrontação com o tentador (Mc 1.12-13).

3. As obras de Jesus foram as obras do Espírito Santo. Logo, aqueles que falavam contra os exorcismos realizados por Jesus estavam blasfemando contra o Espírito Santo (Mc 3.22-30). No verso 30, Marcos define que o Espírito Santo estava em Jesus, muito embora isto seja um discurso parenético e não denote ser um de seus maiores interesses.

4. A profecia antiga foi proferida por meio do Espírito Santo, especialmente profecias a respeito de Jesus (Mc 12.35-36).

5. O Espírito Santo falou especialmente através dos crentes quando eles foram confrontados pelas autoridades (Mc 13.11).

6. O dito da blasfêmia contra o Espírito Santo junto à condução de Jesus para a cena da tentação pode indicar uma função especial do Espírito, isto é, a habilidade de confrontar o diabo com sucesso, embora isso seja apenas, na melhor das hipóteses, mera sugestão.

O material sobre o Espírito Santo em Marcos é mínimo se comparado aos outros Evangelhos. O público e os objetivos de Marcos podem não ter exigido anotações sobre o relacionamento do Espírito Santo com Jesus e os crentes. Em comparação com o que Mateus, Lucas, João e Paulo explicitamente dizem sobre o Espírito, Marcos é de fato muito enfraquecido. Quando Marcos não menciona o Espírito Santo, ele o faz principalmente para identificar Jesus como o Messias, o Filho de Deus.

O Espírito Santo em Mateus

A Pneumatologia de Mateus é muito mais extensa do que a de Marcos e contém os seguintes elementos:

1. O Espírito Santo foi o agente na concepção de Jesus (1.18).

2. O batismo no Espírito Santo e no fogo distingue o ministério de Jesus do de João Batista (capítulo 3). O fogo parece ser principalmente um batismo de julgamento. Para Mateus, a referência a Jesus como aquele que batiza é usada principalmente para advertir fariseus e saduceus de que Jesus executaria justiça no contexto imediato; Mateus, entretanto, indica aqui e em outro lugar (28.19) que o batismo no Espírito Santo e o batismo no fogo são dois batismos diferentes. Dois grupos foram abordados na pregação de João Batista em Mateus: (1) verdadeiros arrependidos e (2) fariseus e saduceus. O fogo é para as árvores que não dão fruto (3.8-10), e o batismo com o Espírito Santo é para os crentes, implícito na fórmula batismal em 28.19.

3. Como em Marcos, a cena do batismo identifica Jesus como aquele que está associado com o Espírito Santo e, portanto, como o grande batizador. Isso providencia uma ocasião oportuna para que a voz celeste identifique Jesus como o Messias (3.16-17).

4. O Espírito Santo guia Jesus (4.1).

5. O Espírito Santo (o Espírito de Deus) permite a Jesus proclamar julgamento e guiar a justiça à vitória. Mateus considera isso como um cumprimento da profecia concernente à habilidade de Jesus para curar e/ou sua evidente anulação do conflito com os fariseus. Mateus vê o Espírito como maior, pelo menos em um sentido hierárquico (12.15-21).

6. O Espírito, o Espírito Santo e o Espírito de Deus são sinônimos (capítulo 12).

7. O Espírito do Pai fala através dos crentes quando confrontados pelas autoridades (Mt 10.19-20).

8. Falar contra as palavras de Jesus é falar contra o Espírito Santo, o que seria um pecado capital (12.22-32).

9. Como implícito em Marcos, realizar exorcismos e confrontar o diabo são ações intimamente associadas com o Espírito Santo e o seu poder (12.28).

10. Os profetas falaram pelo Espírito (22.43).

11. Os batismos realizados pelos discípulos devem ser feitos em nome do Pai, do Filho e do Espírito Santo.

Toda autoridade foi dada a Jesus. Aparentemente, antes da ressurreição, Jesus opera pela autoridade do Espírito. Jesus dá poder (implícito) aos discípulos na Grande Comissão (28.18-20).

O material de Mateus está mais detalhado que o de Marcos, e isso poderia muito bem indicar uma expansão das tradições do Espírito na igreja. No entanto, esta não é uma conclusão necessária porque, para supor como tal, o material de Marcos teria de ser identificado como uma das fontes mais antigas disponíveis para a Pneumatologia cristã nos textos existentes. O interesse de Marcos na Cristologia e na Paixão pode ter minimizado seu interesse no relacionamento do Espírito com Jesus e a igreja, visto que o entendimento da obra do Espírito Santo comum para os materiais paulino e joanino, bem como para Lucas e Mateus, indica uma Pneumatologia básica e difusa que excede o conteúdo apresentado em Marcos.

Já o material de Mateus sobre o Espírito Santo serve bem a dois de seus interesses mais específicos: o papel da igreja (Eclesiologia) e a identificação de Jesus (Cristologia), visto que Mateus frequentemente fala dos afazeres da igreja quando os outros escritores não o fazem (e.g., Mt 16.17-19; 18.15-20; 20.1-16; 28.18-20). Mateus vê o Espírito

Santo como a fonte da inspiração e da autoridade para a igreja (10.19-20; 28.18-20).

Seguindo a direção de Marcos, Mateus também enfatiza a ligação de Jesus com o Espírito Santo para demonstrar a procedência de sua filiação. Por outro lado, Mateus destaca que, embora Jesus tenha se humilhado aceitando o batismo das mãos de João, Jesus é maior do que João Batista, inda mais com o fator significativo da descida do Espírito Santo como um resultado do batismo de Jesus, provando como verdadeira a profecia de João: aquele que viria depois dele seria maior no Espírito. Este é um ponto importante que Mateus realça a seu púbico decididamente judaico.

O Espírito Santo em Lucas

Como os outros escritores dos Evangelhos, Lucas usa o material do Espírito Santo para elaborar pontos teológicos distintos. Seu apanhado sobre o Espírito pode ser resumido da seguinte maneira:

1. João, filho de Zacarias, é cheio com o Espírito Santo no ventre de sua mãe. Portanto, ele é grande perante o Senhor, e cheio com o Espírito Santo, aparentemente para ser capacitado a realizar a tarefa de proclamar o Reino e o Evangelho, e para testemunhar o Messias (1.15,17,41; 3.2).

2. O Espírito é responsável pela concepção de Jesus, por isso a indicação de Jesus como sendo santo. Além disso, por causa da instrumentalidade do Espírito, Jesus é chamado de "o Filho de Deus" (1.35); também se pode dizer que o Espírito Santo é o meio pelo qual o Messias vem. Todo o ministério de Jesus descrito em 1.32-33 pode ser atribuído, pelo menos inicialmente, à agência do Espírito Santo (i.e., chamando-o de "o Filho do Altíssimo", com ascensão ao Trono de Davi para reinar sobre a Casa de Jacó com um Reino que não teria fim).

3. O Espírito Santo revela fatos às pessoas e as capacita a falar com autoridade em profecia, tanto anunciando quanto predizendo. Isso frequentemente ocorre quando o autor percebe que o Espírito Santo

vem sobre ou *enche* as pessoas, como Isabel, Zacarias, Simeão, João e até mesmo Jesus (1.15, 17, 41s; 2.25ss.; 3.2, 22; 4.1, 14, 18).

4. O enchimento do Espírito Santo e sua permanência em alguém funciona de duas maneiras: (1) o enchimento pode ser visto como um estado de permanência – por exemplo, João, Jesus e, possivelmente, Simeão (1.15 com 1.41; 3.2; 4.1, 14; 2.25); (2) Lucas também usa isso para expressar a dotação específica pelo Espírito Santo para uma ocasião específica. Esta dotação geralmente capacita com autoridade para o testemunho sobre Jesus ou sobre a história da salvação, a fim de interpretar adequadamente as Sagradas Escrituras, falar da natureza do Reino do Messias ou confrontar e derrotar os inimigos do verdadeiro Israel. Este uso parece ser o tema dominante, mesmo nas passagens nas quais se pode inferir "plenitude" como um "estado de permanência".

5. Embora Jesus tenha um relacionamento especial com o Espírito, como indicado no aviso à Maria, ele recebe, em seu batismo, poder do Espírito Santo para começar seu ministério (4.1, 14, 18).

6. Jesus está associado com o Espírito Santo na profecia de João sobre aquele que batiza no Espírito (3.16).

7. Em Lucas, o batismo no Espírito Santo não é principalmente um batismo de julgamento, mas um batismo de capacitação (Lc 3.16; cf. tb. At 2.3; perceba também a falta de referência à vingança ou ao arrependimento em Lc 4.18).

8. O Espírito Santo guia as pessoas de um lugar para outro, como no caso de Simeão no Templo e de Jesus no deserto da tentação (Lc 2.27; 4.1). (Isso pode ser um pouco paralelo ao relato em Atos da transposição sobrenatural de Filipe para Gaza, em 8.39.)

9. De acordo com a introdução de Lucas sobre o ministério de Jesus na Galileia, especificamente na sinagoga de Nazaré, o Espírito Santo desce e unge Jesus para proclamar o cumprimento da Escritura, para interpretar com autoridade, para recontar a história da salvação de Israel, para libertar os cativos do maligno, para confrontar e derrotar

o mal, para curar, para pregar as boas novas e para fazer maravilhas (4.14,18).

10. A blasfêmia contra o Espírito Santo não é com o intuito de fornecer uma testemunha para Jesus quando o Espírito Santo fornece a habilidade de fazê-lo (12.10-12).

11. Jesus dá o poder do Espírito a seus discípulos (9.1 implícito e 24.49). A fonte do poder para fazer maravilhas é atribuída ao Senhor (5.17), ao nome de Jesus (At 3.6, 16; 4.7, 10, 17-18, 30) e ao Espírito Santo (4.18). Esta sobreposição continua em Atos.

12. A atividade do Espírito Santo é vista como um evento na salvação da história de Israel. O Espírito Santo é fonte e direção para a história da salvação e, em certa medida, o advento do Espírito Santo é o cumprimento do *eschaton* (Lc 3.16; cf. At 2.3; Lc 1 [variante]; Lc 24.49 com At 1.6-8).

Embora a obra do Espírito Santo e o ministério de Jesus se sobreponham no livro de Lucas (como em outros trechos), o Espírito tem uma extensa obra separada da obra de Cristo. Ian Marshall está correto em identificar o tema central do escrito de Lucas como Jesus oferecendo "salvação aos homens" (Lc 19.10; At 4.12).[4] Para Lucas, entretanto, isso é principalmente revelado pelos atos do Espírito Santo em torno da igreja (At 5.32). A obra do Espírito, embora variada, tem uma função primária em Lucas-Atos: testemunhar o ministério de Jesus e promover a obra redentora na igreja. Portanto, a função principal do Espírito em Lucas-Atos é testemunhar sobre Jesus.

O Espírito Santo em Atos

A atividade do Espírito Santo como apresentada em Atos pode ser resumida em cinco principais categorias: o Espírito e Jesus, o Espírito

---

4 I. H. Marshall. *Luke: historian and theologian.* Grand Rapids: Zondervan, 1970, p. 116 e *passim*.

e as Escrituras, o Espírito e os crentes, o uso especializado de Lucas da frase "cheio com o Espírito Santo" e o Espírito Santo como um "evento".

O Espírito Santo e Jesus. (1) O Espírito Santo capacita Jesus para dar ordens a seus apóstolos (At 1.2); (2) Deus unge Jesus com Espírito Santo e poder no seu batismo, capacitando-o a fazer o bem, a curar e a confrontar subjugando o mal. Jesus, por quem a paz é pregada a todos, sendo Senhor de tudo, e que por meio de sua morte e ressurreição se tornou juiz de tudo, tornando disponível o perdão dos pecados para todos, é ungido com Espírito Santo e poder. Ele, em troca, envia o Espírito e subsequente poder para seus discípulos (2.23; 10.36-38). A obra de Jesus certifica o poder de Deus operando através dele (2.22).

O Espírito e as Escrituras. O Espírito Santo inspira e fala através dos escritores antigos (4.25; 28.25). O Espírito Santo, ou o estado de estar cheio com o Espírito Santo, aparentemente permite a interpretação adequada das Escrituras. Ser cheio com o Espírito Santo está relacionado ao relato da história da salvação. (Cf. os sermões de Pedro e Estêvão – 2.14; 4.8; 6.10.)

O Espírito e os crentes. (1) O Espírito Santo guia e capacita os crentes de uma maneira similar à forma que guia e capacita a Jesus (15, 8; 2.23, 38; 10.37; e frequentemente em Lucas e Atos); (2) O Espírito fala aos crentes (13.2; 20.23; 21.11; 28.25); (3) o mesmo Espírito transporta milagrosamente as pessoas (8.39); (4) Existe uma relação entre sinais, maravilhas, curas e Espírito Santo (10.38; 5.32; 13.9-10), entretanto, os sinais e as maravilhas são também feitos no nome de Jesus; (5) O poder recebido após o Espírito Santo vir sobre o crente destina-se principalmente ao testemunho de Jesus (2.4ss.; 4.8, 31; 6.5ss.; 9.17ss.; 13.9, 48-49, 52 e outras passagens); (6) O batismo dos crentes e a recepção do Espírito estão intimamente associados, se não chegarem a ser sinônimos (2.38ss.; 8.39

[variante]; 19.2ss.); (7) O Espírito é a fonte de profecia e discernimento para os crentes (2.17ss.; 16.6; 20.23; 21.10ss.).

A expressão Cheio com o Espírito Santo. (1) A frase é usada com a recepção do Espírito Santo, como em 2.4ss. e 10ss. (na última citação, embora a frase não seja especificamente usada, o contexto a identifica como sinônimo do relato de At 2.4ss.); (2) Lucas emprega esta frase quando uma dispensação especial do Espírito é manifestada, ou quando os leitores devem lembrar do poder atuante na pessoa que estava falando com autoridade. (e.g., At 4.8, 31; 6.3, 5; 7.55; 13.9). O uso da frase em conexão com declarações distintas, interpretação da Escritura, atos de discernimento, visões e revelações, mostra que Lucas entende que essas manifestações e percepções vieram diretamente do Espírito Santo, portanto, esses atos proclamam verdades divinas. Lucas acredita estar descrevendo manifestações, interpretações e entendimentos inspirados pelo Espírito Santo. Em Atos, nos sermões dirigidos aos judeus e à casa de Cornélio, o pregador é muitas vezes percebido por estar cheio do Espírito Santo, ou cheio com o Espírito Santo, ao mesmo tempo em que fala. Além disso, esses discursos geralmente contêm algumas formas de relatar a história da salvação do Antigo Testamento (AT) em relação a Jesus e/ou à Igreja Primitiva. Ao reconstruir os discursos dessa maneira, Lucas está declarando que o Espírito que incitou os escritores de outrora e provocou as maravilhas de Deus no AT é o mesmo que agora fala através da igreja. Lucas faz um esforço consciente para ligar os eventos da igreja aos eventos da redenção de Deus no passado. Pelo mesmo Espírito que tinha inspirado os profetas de antigamente, a igreja reconhece que esses eventos, tanto passados quanto atuais, são parte de um e do mesmo plano de Deus.

O Espírito Santo como um "evento". Às vezes, Lucas trata o Espírito Santo como um "evento" que valida as reivindicações de Jesus e de sua igreja. Assim, o advento do Espírito Santo na vida comunitária é visto como um ato da história da salvação e, de acordo com o sermão de Pentecostes, é, em certa medida, o cumprimento da história da salvação. Desse modo, o Espírito fala, guia e edifica a igreja, assim como falou através dos profetas de outrora. Ele também capacita a igreja, embora, aqui, Lucas identifique a obra do Espírito e o nome de Jesus juntos como a fonte do poder para os crentes em Atos. O Espírito não é apenas um nome para a divindade, mas é também um evento – um ato na história da salvação. Manifestações do Espírito testemunham para Jesus e a igreja. Em Atos, a função mais frequente do Espírito é testemunhar sobre Jesus, capacitando os crentes a falar com autoridade a respeito dele. Em Atos, Lucas mantém a Pneumatologia que apresenta em seu Evangelho. Inspirados pelo Espírito Santo, os crentes relacionam a história da salvação de outrora a Jesus, cumprem a profecia, interpretam corretamente as Escrituras e confrontam os poderes de Satanás. Assim, os discursos (ou as referências a discursos) em Atos são amiúde prefaciados com algum comentário sobre a relação do orador com o Espírito Santo. Esta é geralmente uma explicação a indicar que o orador está especialmente capacitado para falar na ocasião (geralmente sinalizando por "cheio" ou "foi cheio com o Espírito Santo"), ou que o orador está cheio do Espírito Santo em um sentido contínuo, ou ambos. Este não é o uso exclusivo de "cheio com" ou "cheio do Espírito Santo", mas é o uso dominante e consistente (At 2.4ss.; 4.8, 31; 6.3, 5; 7.54ss.; 11.24; 13.9; 19.6).

Esta função especial do Espírito Santo em Atos serve ao propósito geral deste livro bíblico. Encher-se do Espírito Santo significa primeiramente ser uma testemunha de Jesus e de suas obras. O Espírito que causou os eventos passados de libertação e que falou através dos profetas é o mesmo que dá poder a Jesus e que faz com que os apóstolos e discípulos proclamem a verdadeira história da salvação, operando as maravilhas que Lucas relatou a Teófilo.

Não é de surpreender que a Pneumatologia do Evangelho de Lucas seja muito semelhante à de Atos, contudo, de interesse mais particular é o fato de Lucas ajustar o material sinótico de acordo com os conceitos do Espírito Santo que ele e sua comunidade experimentaram. Assim, a Pneumatologia de Atos se sobrepõe ao Evangelho lucano. Felizmente, Lucas não elimina totalmente a Pneumatologia de suas fontes. Isso não é necessário, uma vez que ele está realmente expandindo, aplicando e esclarecendo as tradições que recebeu. Quando Lucas é comparado e contrastado com outros autores sinóticos, as diferenças na Pneumatologia tornam-se aparentes. Nos capítulos 2-10, uma análise do material em Lucas em comparação e contraste com os outros Evangelhos Sinóticos demonstrará isso.

Plano de estudo

Este estudo de Lucas-Atos demonstrará que Lucas enfatiza o papel do Espírito Santo tanto nos milagres quanto na proclamação da igreja. O papel que mais atrai a atenção de Lucas, porém, é o do testemunho inspirado pelo Espírito. Primeiro, examinaremos as referências de Lucas ao Espírito Santo em seu Evangelho. Comparando e contrastando a maneira como os escritores do Evangelho lidam com passagens que têm em comum, notaremos o interesse distinto de Lucas pelo Espírito Santo. Quando analisarmos as passagens que somente Lucas tem (o que é chamado de "material L"), veremos que o Espírito Santo e o testemunho são o cerne da teologia lucana. Identificar o vocabulário distintivo deste autor mostrará como ele ajustou suas fontes do Evangelho para enfatizar o papel do Espírito Santo. Finalmente, veremos a Pneumatologia de Lucas florescer e proliferar nos Atos dos Apóstolos, quando ela não é mais dependente das fontes dos Evangelhos Sinóticos, que ele trata tão diferenciadamente. Veremos que, na mão de Lucas, o testemunho inspirado pelo Espírito Santo domina um quarto de todo o NT, que chamamos de Lucas-Atos.

Espero que através deste estudo a Igreja escute mais claramente a mensagem que Lucas proclamou há quase 2 mil anos: "Cheio do Espírito Santo [...] fala a palavra de Deus com ousadia".

CAPÍTULO 2

O ESPÍRITO SANTO E AS TESTEMUNHAS DA INFÂNCIA

Desde o começo de seu Evangelho, a ênfase maior de Lucas está nos agentes humanos inspirados pelo Espírito Santo para testemunhar sobre Jesus. Nas histórias de infância de João Batista e de Jesus, Lucas faz a primeira de muitas associações deliberadas do Espírito Santo com a fala inspirada. Este padrão continua em todo o seu Evangelho e em Atos. Em contraste com Marcos e João, que não registram a natividade, Lucas discute os eventos que cercam os nascimentos de João Batista e de Jesus. Em contraste com Mateus, que também registra o nascimento e o início da vida de Jesus (Mt 1-2), Lucas apresenta eventos e personalidades que Mateus sequer menciona. Mateus concentra-se em eventos que enfatizam a realeza messiânica de Jesus e o cumprimento da profecia enquanto Lucas enfatiza os temas principais da salvação, do louvor, da alegria e do Espírito Santo.[5] Através de sua apresentação

---

5 E.g., Mateus inclui na genealogia de Jesus a questão dos sábios, "Onde está aquele que nasceu rei dos judeus?", a estrela, a profecia de Belém e o rei maléfico Herodes. Em todos esses Mateus enfatiza Jesus como o verdadeiro rei messiânico. Mateus também exulta no cumprimento da profecia messiânica em seus frequentes anúncios de que a Escritura é cumprida em Jesus (1.23; 2.6, 15, 18, 23). Em vez de sábios, Lucas apresenta pastores pobres; em vez de José como personagem-chave, ele ouve as filhas de Israel – Maria, Isabel e Ana –, que proclamam a salvação de Israel. Em Zacarias, Simeão e Ana, ele apresenta o "Amém" a Jesus dos ministros do templo, que em Mateus estão à mercê do maléfico rei Herodes (Mt 2.4-6).

das primeiras testemunhas de Jesus e do Evangelho, Lucas ressalta continuamente o testemunho inspirado.

Em seus dois primeiros capítulos, em registro ao advento da salvação, Lucas registra as respostas inspiradas pelo Espírito Santo de Maria, João, Isabel, Zacarias, Simeão e Ana. Os dois primeiros capítulos de Lucas são uma verdadeira litania de testemunhas inspiradas pelo Espírito de Jesus. Lucas descreve a habilidade dos personagens para serem testemunhados nos mesmos termos ("cheio do Espírito Santo" ou "o Espírito Santo veio" – eg., At 1.8, 2.4, 4.8, 31). Aparentemente, Lucas considera o testemunho dos crentes pré-pentecostes igualmente inspirado e válido como o que ele apresenta em Atos após o Pentecostes. Como mencionado no capítulo 1, alguns estudiosos sentem a necessidade de forçar o conceito lucano do Espírito Santo ao molde paulino e, assim, pressupõem que essas referências a preencher com o Espírito Santo sejam indicações de conversão em Lucas e Atos. Embora Lucas não seja avesso a associar o Espírito Santo com a conversão, ele não costuma fazê-lo, e certamente não o faz no caso das testemunhas narrativas da infância. Estas são "cheias do Espírito Santo" para orar, louvar e testemunhar o Cristo, mas não como um sinal de conversão. É de especial interesse notar que Lucas descreve essas testemunhas de Jesus como um povo justo, fiel e piedoso de Deus que está ansioso para a vinda do Messias (e.g., Lc 1.6, 2.25-26, 2.37). No caso deles, a conversão não parece ser a questão principal. Mas o seu testemunho de Jesus é.

A maneira lucana de apresentar a obra do Espírito Santo lança luz sobre outra interpretação de Lucas-Atos. Conzelmann afirmou que Lucas divide seu material evangélico em três épocas de tempo: (1) a era da idade da aliança, (2) a idade de Jesus, também conhecida como o "tempo médio" e (3) o período da nova era ou nova aliança, muitas vezes chamado de era da igreja, ou era do Espírito Santo.[6] Geralmente se entende que os escritores do Evangelho reconhecem duas eras – a

---

6 H. Conzelmann. *The theology of St. Luke*. Trad. G. Buswell. Nova Iorque: Harper and Row, 1961.

da antiga aliança e a da nova. De acordo com Conzelmann, Lucas supostamente cria o conceito de um tempo intermediário, a era de Jesus.

No entanto, embora possa ser geralmente verdade que tais divisões de tempo apareçam na teologia cristã primitiva, Lucas não respeita consistentemente essas convenções, especialmente quando se trata do Espírito Santo. Seja falando das testemunhas da natividade, de Jesus ou da Igreja Primitiva, Lucas sugere que o mesmo Espírito Santo inspirou todas elas.[7]

Para Lucas, a diferença entre as experiências com o Espírito Santo para os fiéis pré e pós-pentecostes não é principalmente qualitativa,

---

[7] A "tripla divisão da história de Conzelmann em três períodos distintos é muito artificial, e poucos admitiriam que este esboço básico estivesse realmente presente na mente do autor de Lucas e Atos. Ele se baseia principalmente na interpretação de um versículo de Lucas (16.16) mais o fato de Atos" • Cf. W. Gasque. *The History of the criticism of the Acts of Apostles*. 2. ed. Peabody, Massachusetts: Hendrickson, 1989, p. 294 • A interpretação de Conzelmann de 16.16 mantém uma divisão entre João, Jesus e a igreja que não é tão clara. Lucas não associa João exclusivamente com a era antiga. Nem em 7.28, nem em 16.16 ele associa explicitamente João com os profetas do AT, como Mateus (11.13-14; 17.10-13) e aparentemente Marcos (9.1-13). Na declaração de Lucas: "A lei e os profetas duraram até [*mechri*] João; desde então a boa nova do Reino de Deus é pregada, e todo homem emprega força para entrar nele" (16.16), não está claro se João estava na antiga era ou na nova. Isso contrasta com a apresentação de Mateus (11.1-12). Contrariamente à sugestão de Conzelmann, Lucas não está apresentando uma "terceira era" em Atos para explicar o atraso da *parousia*. Lucas está escrevendo a história – o que ele está registrando já aconteceu. Já que ele sabe que a segunda vinda de Jesus não ocorreu no período de tempo com o qual ele está lidando, ele não está preocupado com isso. Quando se escreve a história, o futuro é, por enquanto, mantido à distância. O que não significa que Lucas não se apegue a uma *parousia* iminente (Lc 3.9, 17; 10.9-12; 13.6-9; 18.7-8; 21.32). No entanto, sua tarefa em Atos não é criar uma nova era para explicar o atraso do "Dia do Senhor"; antes, o propósito de Lucas em Atos é olhar para o passado no qual os atos de Jesus têm continuidade na vida de seus apóstolos pelo poder do Espírito Santo. Minear afirma que é apenas ignorando a narrativa do nascimento que Conzelmann é capaz de impor sua cronologia tríplice em Lucas e Atos. Na infância abundam temas narrativos, como a doação do Espírito Santo e a salvação universal características da nova era • Cf. "Luke's use of the birth stories". In: *Studies in Luke-Acts: essays presented in honor of Paul Scrubert*. Ed. L. E. Keck, J. L. Martyn. Londres: SPCK, 1966, pp. 11-30 • Para uma crítica detalhada da tese proposta por Conzelmann, cf. Marshall. *Luke: historian and theologian*.

mas quantitativa (At 2.17; cf. capítulo 11 sobre Atos neste livro). Lucas não retrata as experiências das primeiras testemunhas com o Espírito Santo como inferiores às das últimas – o testemunho de Maria, João, Isabel, Zacarias, Simeão e Ana tem um poderoso efeito sobre o seu público. Portanto, quando se trata de Pneumatologia, ele desfoca as épocas. O interesse de Lucas está no testemunho que o Espírito Santo inspira, independentemente da época.

O Espírito Santo e a concepção de Jesus

> E, respondendo o anjo, disse-lhe: Descerá sobre ti o Espírito Santo, e a virtude do Altíssimo te cobrirá com a sua sombra; por isso também o Santo, que de ti há de nascer, será chamado Filho de Deus.
> (Lc 1.35)

Embora não seja a primeira referência ao Espírito Santo no Evangelho de Lucas, esta menção à concepção de Jesus é crucial para a nossa compreensão do papel do Espírito Santo. Desde o início, a igreja centrou sua atenção em gratidão, admiração e espanto sobre este evento (Jo 1.14; Fp 2.5-11). Reminiscente da compreensão hebraica do Espírito como criador (Gn 1.2), o anjo declara que o Espírito Santo é responsável pela concepção de Jesus. O advento do Filho de Deus, testemunho supremo da salvação divina, é iniciado pelo Espírito Santo. O anjo Gabriel afirma que o Espírito Santo é a razão (*dio*) pela qual Jesus seria chamado "santo" (v. 35). Além disso, o Espírito é também o agente da messianidade e da filiação de Jesus, e não apenas de seu nascimento e santidade (vv. 32, 33, 35).

A presença do Espírito Santo na concepção de Jesus faz mais do que trazer o Cristo ao mundo; Lucas vê o Espírito Santo como a fonte do desenvolvimento e da atividade de Jesus como uma criança. Ele aponta, por exemplo, que, como um jovem de aproximadamente 12 anos, Jesus surpreende os doutores no templo com seu entendimento (2.41-50). Lucas também se refere duas vezes ao crescimento de Jesus em Nazaré "em sabedoria, e em estatura, e em graça para com Deus e os homens" (2.52, tb. 2.40). Apesar desta relação única e primitiva com o Espírito Santo, Jesus é dependente de uma capacitação subsequente pelo mesmo Espírito para cumprir sua missão como o Cristo (Lc 3.21-22; 4.1, 14, 18 e At 10.38).

O Espírito e o testemunho de João

> *A criancinha saltou no seu ventre.*
> *(Lc 1.41)*

Imediatamente após o anjo Gabriel anunciar a concepção de Jesus (1.26-39), Maria correu de sua casa, em Nazaré da Galileia, para a região montanhosa de Judá, a fim de ver o sinal que confirmaria a mensagem do anjo para ela: sua parenta Isabel, após anos de infertilidade, estava grávida de seis meses. Quando Maria adentrou pela porta da casa de Isabel, teve início uma progressão inspirada pelo Espírito que consistia de resposta e contrarresposta do testemunho alegre da messianidade de Jesus (1.39-56).

João Batista

Quando Maria entrou na casa de Isabel, o João ainda não nascido saltou de alegria ao som de sua saudação. Isabel, cheia do Espírito Santo, interpreta o significado do movimento de João no ventre: ela e seu filho estão na presença da mãe do Senhor e do próprio Senhor no ventre de Maria. O salto de João reconhece a presença do Senhor. Não é por acaso que Lucas descreveu João como *"cheio do Espírito Santo* desde o ventre de sua mãe" (1.15, grifo nosso).[8] O anjo Gabriel e Zacarias

---

8 Esta afirmação está no meio do material tradicional, mas "cheio" (*pimplēmi*), especialmente

explicam por que João recebeu o poder do Espírito: para chamar o povo ao arrependimento; para ir perante o Senhor como seu precursor e arauto (1.17, 76-79).

com o Espírito Santo, é uma afirmação caracteristicamente lucana (em Lucas: 13 vezes; em Atos: 10 vezes, com "Espírito Santo"; Lc 1.15, 41, 67 e At 2.4; 4.8, 31; 9.17, 13.9). "Cheio" (*pimplēmi* ou *pleroō*) seguido por várias palavras no genitivo também é característica de Lucas. Enquanto "cheio do Espírito Santo" é definitivamente uma expressão lucana, especialmente quando aparece no próprio comentário de Lucas sobre os eventos, aqui ocorre em um discurso contendo muitos elementos que podem ser identificados como tradicionais. Portanto, a frase neste caso pode não ser uma inserção lucana; na verdade, a fonte de Lucas para a narrativa da infância pode muito bem ser a origem da frase. Para ter certeza, Lucas rapidamente se apropria dela e a usa como sua própria • Cf. J. Jeremias. *Die Sprache des Lukasevangeliums*. Göttingen: Vandenhoeck e Ruprecht, 1980, pp. 35-6 • J. Fitzmyer. *The Gospel according to Luke I-IX*. AB 28. Nova York: Doubleday, 1981, p. 1.319 – ambos identificam a frase como lucana, enquanto o último duvida de que ela se sustenta no material tradicional. O uso de Lucas desta frase centra-se na narrativa da infância e seu relato da Igreja Primitiva em Atos. A narrativa da infância e a primeira metade do livro de Atos contêm elos com a igreja palestina primitiva, tanto no conteúdo quanto na linguagem. No texto imediato isolado do resto de Lucas e Atos, "cheio do Espírito Santo" pode ser visto como um contraste com a influência negativa do vinho e bebida forte refletido em outras partes da literatura da Igreja Primitiva (At 2.15-17; Ef 5.18) • J. A. Bengel. *Gnomen of the New Testment*. Trad. A. Fausset. Edimburgo: T. & T. Clark, 1858, p. 12 • F. Godet. *A commentary of the Gospel of St. Luke*. Trad. E. W. Shalders. Edimburgo: T. & T. Clark, 1879, p. 78 • A. Plummer. *A critical and exegetical commentary on the gospel according to St. Luke*. ICC. Ed. S. R. Driver, A. Plummer e C. A. Briggs. Edimburgo: T. & T. Clark, 1901, p. 14 • J. M. Creed. *The gospel according to St. Luke*. Londres: Macmillan, 1942, p. 10 • A. R. C. Leaney. *A commentary on the Gospel according to St. Luke*. BNTC. Ed. H. Chadwick. Londres: Adam e Charles Black, 1966, p. 38 • E. E. Ellis. *The Gospel of Luke*. NCB. Londres: Oliphant, 1966, p. 70. Lucas não pode se opor à comparação antitética, mas é atraído pela frase, principalmente porque coincide tão bem com seu programa geral. O paralelismo em 1.15, 17 tem a estrutura de um ditado tradicional do qual Lucas se apropriou de forma intacta, e é similar ao paralelismo que ele preserva em 3.7–9,17; 3.16; 4.1-13. É possível que a frase se origine da riqueza de material da comunidade palestina que Lucas aparentemente utiliza e que influencia seu pensamento • Cf. P. Winter. *On Luke and lucan sources*. ZNW 47, 1956, pp. 217-42. Embora Lucas possa ter encontrado a frase em várias fontes, ele a usa para servir a seus objetivos gerais de forma tão eficaz que parece ser de origem lucana. Lucas pode muito bem ter prefaciado a tradicional referência ao "espírito e virtude de Elias" com "cheio do Espírito Santo" para deixar claro que este aspecto do ministério de Elias é inspirado principalmente falando! O lugar do enchimento, "no ventre de sua mãe", associa o João cheio do Espírito com seu testemunho pré-natal do Messias (1.41-45) • Cf. Jeremias para o caráter tradicional e redacional dos vv. 15-17 em *Die Sprache*, pp. 35-38.

Geralmente, Lucas observa que alguém está cheio com o Espírito Santo antes de uma oração inspirada ou de outra obra miraculosa (e.g., 1.41, 67; 4.1; At 2.4; 4.8, 31; 9.17-20; 13.9). Se João não cumpre esse papel até sua estreia como adulto no capítulo três, por que Lucas se refere a um enchimento do Espírito no útero? É perfeitamente plausível que Lucas o faça por querer mostrar que João foi autorizado a testemunhar Jesus *antes* de seu ministério adulto, ainda que no ventre de sua mãe, pulando de alegria. Talvez seja por isso que João é descrito como "cheio" tão cedo no relato. Se Lucas entende que João estava cheio do Espírito no momento da visita de Maria ou que a dotação tinha um caráter duradouro no decorrer de seu ministério adulto, esse é um assunto que não pode ser resolvido. O significativo é que a primeira referência a "cheio do Espírito Santo" no Evangelho escrito por Lucas é seguida por um testemunho inspirado de Jesus, que é o contexto usual que o autor fornece para a frase.

João "no espírito e poder de Elias"

Na profecia do anjo Gabriel sobre o João cheio do Espírito, ele também previu que este ministrava "no espírito e poder de Elias" (1.17). Lucas inclui esta menção de Elias na referência a João aqui, mas, em outro contexto, ele evita equiparar João a Elias (e.g., Lc 7.24-28 oposto a Mt 11.7-19; 17.10-13; Mc 9.13). Em vez disso, Lucas prefere enfatizar que Jesus é o novo Elias. Lucas faz numerosas alusões e paralelos entre os milagres de Elias e Eliseu e o ministério de Jesus (e.g., Lc 4.24-27 com 1Rs 17 e 2Rs 5; Lc 7.11-17 com 1Rs 17.17, Lc 24.49 e At 1.4 com 2Rs).[9]

---

9 Os paralelos entre os ministérios de Jesus e Elias/Eliseu são:
• Lucas 4.25ss. – Jesus ministrava aos que estavam além de sua terra natal, como fizeram Elias e Eliseu (1Rs 17; 2Rs 5).
• 7.11-17 – Jesus ressuscitou o filho de uma viúva como Elias (1Rs 17.24).
• 9.54 – Jesus recusou pedir fogo do céu sobre os que o maltrataram como a Elias (2Rs 1.9-12).
• 12.49 – Jesus afirmou que veio para lançar fogo sobre a terra (1Rs 18.20-40; 2Rs 1.9ss.).
• 12.50-53 – Jesus *não viu* seu ministério semelhante à obra da reconciliação de Elias, como descrito em Ml 45.6.

Lucas faz isso porque deseja apresentar Jesus como aquele que opera milagres ungido pelo Espírito (Lc 4.18; At 10.38), como Elias. Lucas prefere os paralelos de Jesus e o Messias aos paralelos de Elias como precursor. A posição intermediária de Lucas de permitir que ambos os pontos de vista da permanência do Elias do tempo final refletem as identificações variadas do primeiro século de Elias como um tipo e arauto do Messias (Mt 11.13, 14; 17.10-13; Mc 9.11-13; Lc 1.15; 4:25-27; Jo 1.6-8, 19-23).[10]

- 12.54-56 – Jesus falou de uma "nuvem que vem do Ocidente" (1Rs 18.44).
- 24.50-53; Atos 1:9 – Jesus subiu ao céu (2Rs 2.11).
- Atos 1.9 – Uma nuvem tirou Jesus de vista (2Rs 2.1-12).
- Atos 1.10-11 – Os discípulos de Jesus estavam olhando para o céu depois da ascensão como Eliseu (2Rs 2.11-12).
- Lucas 9.51 – *Analēmpsis* refere-se às ascensões de Jesus e Elias (2Rs 2.9, 11).
- Lucas 9.61-62 – O chamado de Jesus de um discípulo usa linguagem semelhante ao chamado de Elias a Eliseu (1Rs 19.19-21).
- Lucas 24.49; Atos 1.4 – Os discípulos de Jesus foram instruídos a esperar até serem "revestidos de poder do Alto". Elias mandou que Eliseu esperasse, e ele recebeu o manto de Elias (2Rs 2).
- Lucas 12.24 – "Considerai os corvos" (1Rs – esta referência em Lucas é omitida por vários textos antigos).
- Lucas 3.21; 9.18, 28-29; 11.1; 22.32 etc. – Jesus foi retratado como um homem de oração como era Elias (1Rs 17.20-22; 18.36-37, 42, Tg 5.17).
- Lucas 24:46-53 (At 1.1-11) – Os discípulos testemunhando a ascensão de Jesus é fato relaacionado com a sua posterior recepção do poder. Isto é paralelo à experiência de Eliseu, cuja capacitação foi contingente ao ver Elias subir ao céu (2Rs 2.10). Compilado de P. Dabeck. "Siehe, es erschienen Moisés e Elias", *Bib 23*, 1942, pp. 175-89 • Wink. *John the baptist*, 44 • Hinnebusch. *Jesus the new Elijah*, 5ss. • Jeremias sugere que o material lucano no relato do Getsêmani é uma reminiscência da fuga de Elias em 1Reis 19.1ss. (cf. Lc 22.43; 1Rs 19.5-7) • Cf. "Elias", *TDNT* 2, 928-941.

10 E.g., J. A. T. Robinson. *Elijah, John and Jesus: tweleve studies of the New Testament*. Londres: SCM Press, 1962, pp. 28-52 • S. H. Lee. *John the baptist and Elijah in Lucan Theology*. Tese de doutorado. Boston University, 1972, pp. 34-38 • J. A. Fitzmyer. "O texto aramaico "eleito de Deus" da Caverna de *Qumran* 4". In: *Essays on the Semitic background of the New Testament*. Missoula, Mont.: Scholars Press, 1974, pp. 127-160, 137 • M. McNamara. *Targum and Testment*. Grand Rapids: Eerdmans, 1972, p. 48 • M. M. Faierstein. "Por que os escribas dizem que Elias deve vir primeiro?" *JBL 100*, março/1981, p. 77 • Aparentemente, na época da escrita de Marcos, Ml 3.1 tinha sido aplicado a João, o precursor, a menos que Marcos 1.2 estivesse realmente descrevendo Jesus no verso 1 • Sobre a obra redacional de Lucas

Lucas permite que esta referência a João como Elias esteja na profecia de Gabriel porque as palavras do anjo definem cuidadosamente o papel de João como um tipo de Elias:

> E converterá [*epistrephō*] muitos dos filhos de Israel ao Senhor seu Deus, e irá adiante dele no espírito e virtude de Elias para converter os corações dos pais aos filhos, e os rebeldes à prudência dos justos, com o fim de preparar ao Senhor um povo bem disposto" (Lc 1.16,17).

A profecia de Zacarias também descreveu o papel de João como o de um arauto de perdão e arrependimento (1.76-79). Neste papel, Lucas permite que João seja identificado como Elias, porque ele o vê como um testemunho motivado pelo Espírito Santo para a messianidade de Jesus e a verdadeira natureza do arrependimento. Este mesmo papel domina a apresentação lucana do ministério adulto de João no terceiro capítulo de seu Evangelho, em que enfatiza a pregação de João mais do que o seu batizado. Lucas reserva os milagres operados pelo Espírito tão dominantes no ciclo das histórias de Elias para o ministério de Jesus.[11]

---

sobre Elias, cf. TL Brodie. *Luke, the literary interpreter: Luke-Acts as a systematic rewriting and updating of the Elijah/Elisha narrative in 1 and 2Kings*. Roma: Angélico, 1981 • Estudiosos que argumentam que Elias como precursor era uma ideia comum contemporânea ao NT são: J. Jeremias. "Elias", *TDNT* 2, pp. 928-941, 931 • G. F. Moore. *Judaism in the First Centuries of the Christian Era*. v. 3. Cambridge, Massachusetts: Harvard University Press, 1928, p. 358, n. 2 • J. Klausner. *The messianic idea in Israel*. Nova York: Macmillan, 1955, p. 257 • S. Mowinckel. *He that cometh*. Nashville: Abingdon, 1954, p. 299.

11 Ao permitir que a referência a João em relação a Elias apareça em 1.7, "Lucas está expressando um tema sinótico em sua narrativa de infância" (R. E. Brown. *The birth of the Messiah*. Garden City, NJ: Image Books, 1977, p. 276). No entanto, Lucas não é responsável pela inserção da frase "no espírito e virtude/poder de Elias".
A frase conota toda a gama do ministério de Elias, e não seu chamado para o arrependimento ou seu ofício de precursor apenas. A frase pode dever sua existência a uma tradição que viu João como uma figura de Elias-Messias ou que viu que os paralelos de João com Elias incluíam a operação de maravilhas. A associação de *pneuma* (espírito) e *dynamis* (poder) com milagres é frequente em Lucas e Atos (e.g., 4.36; 5.17; 6.19; 8.46; 9.1ss.; 10.13, 19; At 1.8;

O Espírito e o testemunho de Isabel

Depois de João saltar no ventre de sua mãe quando Maria e o não nascido entraram em sua casa, Isabel, "cheia do Espírito Santo" (1.41), explicou por que seu filho se moveu: "E exclamou com grande voz, e disse: Bendita és tu entre as mulheres, e bendito é o fruto do teu ventre. E de onde me provém isto a mim, que venha visitar-me a mãe do meu Senhor? Pois eis que, ao chegar aos meus ouvidos a voz da tua saudação, a criancinha saltou de alegria no meu ventre" (Lc 1.42-44).

Aqui, como em outras partes em Lucas e Atos, "cheio do Espírito Santo" indica que o testemunho inspirado está prestes a acontecer. Lucas fornece um duplo testemunho do papel profético do Espírito Santo: João, cheio do Espírito, saltou alegremente, reconhecendo a presença de Jesus e de Maria. Isabel, cheia do Espírito, interpretou o significado das ações de João. Novamente, não temos uma referência à conversão, mas uma declaração simples e poderosa da origem divina de ambos os testemunhos.

No entanto, Isabel não está apenas dando um simples "Amém" ao aparente testemunho de seu filho. Ela atende a outras duas funções

---

2.22; 3.12; 8.13; 10.38; 19.11). Marcos também tem um padrão com *dynamis* e milagre (e.g., 5.30; 6.2, 5, 14; 9.39) • Cf. C. K. Barrett. *The Holy Spirit and the gospel tradition*. Londres: SPCK, 1966, 75ss. • Lucas evita a associação de milagres com João Batista em Lucas 9.7-9, em contraste com Mateus 14.1-2 e Marcos 6.14-16, que identificam isso como uma crença equivocada da multidão. Já observamos a ausência habitual de associações entre João e o Espírito Santo na tradição sinótica e em Lucas e Atos (Lc 3.16 e paralelos; At 19.1ss.). Com toda a probabilidade, Lucas não teria usado a palavra "associação" de Espírito e poder para descrever o ministério de João se não tivesse estado em sua fonte. No entanto, ele está disposto a deixar a frase de pé, porque vê João como cumprindo o ofício de Elias, falando com autoridade sob a direção do Espírito Santo em seu chamado ao arrependimento, que é a visão sinótica do ministério do precursor. Lucas costuma ter o cuidado de reservar a Jesus quaisquer alusões a Elias associadas à operação de milagres. Já que Lucas é capaz de tecer o João bebê em sua apresentação da pregação de João, ele permite que a frase fique. Jeremias também vê a expressão e as associações de palavras semelhantes como tradicionais (*Die Sprache*, p. 38). Há, portanto, fundamentos linguísticos e teológicos para considerar essa referência ao espírito e poder de Elias como uma tradição que Lucas extraiu de uma fonte anterior (contra Brown. *The birth of the Messiah*, p. 279).

cruciais: dá informações importantes aos leitores de Lucas sobre a natureza do Messias e de sua mãe, além de confirmar o encontro anterior de Maria com o Espírito Santo (1.35). Isabel faz isso iluminada pelo Espírito. O anjo deu à Maria somente um sinal de que ela não havia imaginado seu encontro angélico e divino: "Tua prima concebeu um filho em sua velhice; e é este o sexto mês para aquela que era chamada estéril" (1.36). Esperando apenas um sinal, foi-lhe dado mais: primeiro, o João não nascido se alegra com a vinda de Jesus e de sua mãe (vv. 41, 44); segundo, a mãe de João percebe que Maria está grávida (v. 42); terceiro, Isabel sabe que Maria está carregando o Messias (v. 43); quarto, Isabel diz à Maria que ela realmente recebeu uma mensagem "do Senhor", e que ela é abençoada por ter acreditado no "que lhe foi dito" (v. 45). Ao dar essas confirmações consoladoras à Maria, Isabel proferiu um testemunho inspirado pelo mesmo Espírito Santo que tinha "coberto com a sombra" a mãe de Jesus alguns dias antes. Através do testemunho de Isabel, o Espírito responsável pela concepção de Jesus forneceu à mãe dele a palavra confirmadora dessa concepção.

O Espírito Santo e o testemunho de Maria

Quando Maria recebe a saudação inspirada de Isabel, responde com louvor e alegria: "Disse então Maria: A minha alma engrandece ao Senhor, e o meu espírito se alegra em Deus, meu Salvador, porque atentou na baixeza de sua serva; pois eis que desde agora todas as gerações me chamarão bem-aventurada, porque me fez grandes coisas o Poderoso; e santo é seu nome" (Lc 1.46-49).

Maria estava cheia do Espírito Santo?

Lucas não diz explicitamente a seus leitores que, neste momento, Maria estava falando sob a influência do Espírito Santo. Mas por que Lucas deveria se sentir obrigado a fazer um prefácio a cada testemunha inspirada com uma referência ao Espírito Santo? Muitas vezes, no decorrer de Lucas-Atos, uma referência anterior à doação do Espírito é suficiente. Alguns estudantes da Bíblia são rápidos em apontar que Maria não é referida como sendo preenchida com o Espírito Santo até Pentecostes (At 1.14; 2.4). Eles concluem que ela não foi convertida até o Pentecostes cristão, ou que ela não tinha o poder do Espírito Santo antes do Pentecostes. Ambas as conclusões erram quando não levam em conta a compreensão de Lucas sobre a plenitude do Espírito Santo. Ambas assumem que Maria, como uma cristã pós-pentecostes, não poderia ter tido uma relação qualitativa com o Espírito Santo antes deste evento.

À luz disso, deve-se perguntar: Por qual razão Maria, a mãe do Senhor, é vista sob menor influência e orientação do Espírito Santo do que João, Isabel, Zacarias ou Simeão? Lucas claramente ignorou a chamada "época do Espírito Santo e da igreja" quando descreveu a experiência desses quatro personagens em termos de igreja pós-pentecostes. Também na experiência de Maria e do Espírito Santo a divisão entre a era da antiga aliança e a da nova não é clara. Contudo, mesmo se alguém insistir que o enchimento de Maria com o Espírito Santo seja unido exclusivamente ao evento de Pentecostes, a observação de que, tanto em Atos 2.4 quanto em Lucas 1, o significado preferido de Lucas para a frase "cheio do Espírito Santo" é principalmente a capacitação divina para falar, ainda está correta.

É significativo que, depois de o anjo anunciar à Maria que o Espírito Santo viria sobre ela e que seria coberta com a sombra pelo "poder do Altíssimo" (1.35), ela mais tarde proclame o *Magnificat* (1.46-55). Desde o tempo da anunciação até conceber o filho santo Maria está sob a influência do Espírito. É verdade que o efeito declarado disso consistia em fazer com que Jesus fosse chamado "santo". Para Lucas, no entanto, o Espírito provavelmente tem um duplo efeito, influenciando tanto a mãe quanto a criança. Além disso, dada a estrutura paralela das palavras de Maria e de Zacarias, Isabel e Simeão, todas elas sob a direção do Espírito Santo, não há dúvida de que o *Magnificat* de Maria é inspirado pelo Espírito Santo. É talvez significativo que o verbo em 1.35, *eperchomai* ("vir sobre"), seja o mesmo usado para descrever os eventos preditos de Pentecostes em Atos 1.8. Em ambos os casos, "poder" (*dynamis*) é mencionado. Lucas é provavelmente responsável pelos paralelos entre as aplicações do poder divino no caso de Maria e no dos discípulos. O verbo *eperchomai* ocorre sete vezes em Lucas-Atos e apenas duas vezes em outro lugar (Ef 2.7; Tg 5.1). Sua presença nos lábios do anjo pode ser devida à tentativa consciente de Lucas de criar paralelos entre a narrativa da infância e a igreja pós-pentecostes.[12]

Maria e a graça

Salve, agraciada; o Senhor é contigo.
(Lc 1.28)

Tradicionalmente, a igreja compreendeu a descrição que Gabriel fez de Maria – favorecida ou "agraciada" por Deus (1.28) – como uma indicação da presença dos dons do Espírito Santo.[13] Esse entendimento não está

---

[12] A palavra pode ser lucana, mas a origem do conceito é do AT (p. ex., 1Sm 16.13 e Is 32.15 LXX). A última referência usa *eperchomai* ("vir sobre"), e o conceito é usado durante todo o AT. Como no caso da frase "cheia do Espírito Santo", a presença de *eperchomai* aqui pode indicar a fonte cristã de Lucas para seu uso em relação ao Espírito Santo. G. Montague elabora: "Parece que o pequeno círculo ao redor de Maria já experimentou o Pentecostes! Como explicar isso? Claramente, a narrativa da infância, que se originou da meditação pós-pentecostal nos primórdios, deve significar, de alguma forma, o Evangelho e os Atos no prognóstico e antecipação. O resultado não é apenas um prólogo à Cristologia do Evangelho, mas um prólogo à Eclesiologia dos Atos" (*The Holy Spirit: growth of a biblical tradition*. Nova York: Paulist Press, 1976, p. 268) • P. Alexander sugere que o louvor e regozijo de Maria no *Magnificat* (vv. 46-55) vieram da "realização da promessa do anjo no verso 35 de que o Espírito viria sobre ela" ("Jesus Christ and the Spirit". *Dictionary of pentecostal and carismatic movements*. Ed. S. Burgess, G. McGee. Grand Rapids: Zondervan, 1988, p. 489).

[13] Este ponto de vista foi encorajado pela versão Vulgata de 1.28, *gratia plena*, "cheia de graça", especialmente entre teólogos escolásticos. J. Fitzmyer, Lucas p. 1.246. O Papa Paulo

sem justificativa bíblica. No texto grego, Gabriel usou o imperativo de *chairō* para cumprimentar Maria. Geralmente, isso é traduzido como "salve", no entanto significa mais precisamente "alegra-te".[14] Em seguida, Lucas usa o particípio perfeito de *charitō* para descrever Maria como a mulher favorecida ou "agraciada" por Deus (*kecharitōmene*). Depois, ele usa χάρις em 1.30 para notar que ela havia "achado graça diante de Deus" (*heures gar charin para tō theō*). Essas palavras pertencem à família de palavras: *chara, charien, charis, charitoō, charisma*, que pode significar "alegria", "alegrar", "graça", "dar graça ou favor" e "dom".[15] Lucas é responsável pelo jogo de palavras e pretende transmitir um significado especial.[16] Nesse caso, as três referências à graciosa visita resultam da graça ou favor do Senhor.[17] Lucas provavelmente intenciona significados múltiplos, pois usa a "graça" (*charis*) para descrever o poder de Deus que o Espírito Santo trabalha nos Atos dos Apóstolos (6.8; 11.23-24; 14.26; 15.40; 18.27).[18]

VI resumiu a contemplação dos pais da igreja nesta passagem em seu *Marialis Cultus* (2 de fevereiro de 1974). Eles "chamavam Maria de o 'Santuário do Espírito Santo'", uma expressão que enfatizava a sacralidade da Virgem, que se tornou habitação permanente do Espírito de Deus; ao explorar a doutrina do Paráclito, reconheceram que ele era a fonte da qual fluía a plenitude da graça (Lc 1.28) e a abundância de dons que a adornavam, atribuindo ao Espírito a fé, a esperança e a caridade que animavam o coração da Virgem, a força que mantinha sua obediência à vontade de Deus e a fortaleza que a sustentava ao pé da cruz. "No cântico profético de Maria (Lc 1.46-55), eles viram uma obra especial do mesmo Espírito que antes falara pela boca dos profetas" (E. O'Connor. *Pope Paul and the Spirit: charisms and crurch renewal in the teaching of Paul VI*. Notre Dame: Ave Maria, 1978, p. 202).

14 Para a possibilidade de que o literal "alegra-te" se destina, cf. a discussão de Fitzmyer da alternativa em Lucas, 1.344-1.345. J. Navone. *Themes of St. Luke*. Roma: Universidade Gregoriana, 1970, p. 58 • S. Lyonnet. "*Chaire, kecharitōmenō*". *Bib 20*, 1939, pp. 131-141, esp. 131.

15 Embora Lucas não use o *charisma* para o dom do Espírito Santo, mas *dōron*, ele usa *charis* em estreita associação com o Espírito Santo (e.g., Lc 4.18 com 4.22, At 4.31-33, 6.3-10; 11.23-24).

16 A. Plummer. *Luke*, pp. 21-22 • Fitzmyer. *Luke*, p. 1.345.

17 A frase "encontrou favor" é de origem semítica, e a LXX traduz o hebraico ḥēn como *charis*, "graça" (e.g., Gn 6.8; Ex 33.12-13; Es 8.5).

18 Para mais informações sobre o conceito de graça lucano, cf. H.-H. Esser. "Grace, spiritual gifts" ("Graça, dons espirituais"). *NIDNTT*, 1976, 2.115-2.124, pp. 118-119.

A descrição lucana de Estêvão fornece um paralelo útil à experiência de Maria. Estêvão é descrito como "cheio de graça e poder", "cheio do Espírito Santo e sabedoria" e "cheio de fé e do Espírito Santo" (At 6.8, 3, 5). Como resultado dessa plenitude, ele dá testemunho inspirado (6.10; 7.55-56). Da mesma forma, depois que Maria é visitada com a graça de Deus, ela também expressa uma mensagem inspirada. Sob a influência do Espírito Santo (Lc 4.1, 14, 18), Jesus também fala "palavras de graça" que surpreendem a sinagoga de Nazaré (*euthaumazon epi tois logois tēs charitos*) (4.22).[19] Lucas já associou Jesus com o favor de Deus (*charis*) em 2.40, 52. Assim, as referências de Lucas à graça e ao Espírito Santo em relação à Maria mostram não só como esta daria à luz o "Filho do Altíssimo", mas também como a graça duradoura do Espírito Santo influenciaria sua criança e sua língua. Lucas aparentemente quer que seus leitores compreendam que as declarações de Maria não são desprovidas de orientação, pois "Deus estava com ela", assim como com seu filho ungido pelo Espírito (cf. Lc 1.28 com At 10.38).

A experiência de Maria com o Espírito Santo não é inferior às das outras testemunhas descritas como cheias do Espírito, nem tem de esperar pelo Pentecostes para a doação do Espírito. A percepção de que Maria foi encoberta pela sombra do Espírito Santo e de que seu ventre levou o menino Cristo tem um profundo efeito no pensamento lucano. Confirmada, a experiência de Maria com o Espírito Santo não assegurou perfeita compreensão (2.48-50); contudo, estar cheio do Espírito Santo também não aperfeiçoou o entendimento de João (7.19). No caso da Maria grávida, o próprio lugar da criatividade divina – a expressão última do Espírito Santo – estava dentro dela. Ela, portanto, é inspirada a revelar o caráter revolucionário do Reino de Deus em seu hino *Magnificat*. Maria também fala da visitação de Deus aos desamparados, que Lucas frequentemente reitera. Com João, Isabel e as outras

---

19 Dado o uso que Lucas faz de *charis* em outros lugares, ele não está apenas dizendo que Jesus tinha uma forma de usar as palavras. Ele usa a palavra "graça" para descrever o conteúdo do Evangelho (e.g., At 13.43; 20.24).

primeiras testemunhas, Maria dá testemunho inspirado e louvor após sua experiência com o Espírito Santo.

O Espírito e o testemunho de Zacarias

Lucas descreve o testemunho de Zacarias da mesma forma que apresenta o testemunho da esposa e do seu filho, pois este homem também testemunha depois de estar "cheio do Espírito Santo" (1.67). Porque não acreditou no anúncio do anjo a respeito de que sua esposa conceberia, Zacarias fica em silêncio até que a criança seja concebida e entregue (1.20-24, 57-64). Lucas relata que, depois de Zacarias confirmar em um tabuleiro de escrita a afirmação de Isabel de que o nome da criança deveria ser João, sua boca "se lhe abriu, e a língua se lhe soltou, e falava, louvando a Deus" (1.64). Então, dois versículos depois, Lucas repete: "E Zacarias, seu pai, foi cheio do Espírito Santo, e profetizou, dizendo: Bendito o Senhor Deus de Israel" (1.67-68a). Esta repetição não é uma mera redundância, nem é meramente uma variação estilística supérflua. Lucas quer deixar claro que as palavras de Zacarias são dirigidas pelo Espírito Santo e não consistem de mera gratidão humana ou alívio. Embora Lucas já tenha dito que Zacarias bendisse a Deus em termos gerais, a repetição é bem fundada, uma vez que proporciona a Lucas a oportunidade de registrar o conteúdo da declaração profética do velho sacerdote e de impressionar seu leitor ao demonstrar que o Espírito Santo está superintendendo as palavras de Zacarias.

O Espírito e o testemunho de Simeão e Ana

O padrão de Lucas de testemunho dirigido pelo Espírito a Jesus continua no caso de Simeão, a quarta pessoa na narrativa da infância a ser designada especificamente como dando um testemunho através do Espírito Santo. Note que Simeão está ligado ao Espírito Santo três vezes:

Havia em Jerusalém um homem cujo nome era Simeão; e este homem era justo e temente a Deus, esperando a consolação de Israel; e o *Espírito Santo* estava sobre ele. E fora-lhe revelado, pelo *Espírito Santo*, que ele não morreria antes de ter visto o Cristo do Senhor. E pelo *Espírito* [ou "no Espírito", tradução literal] foi ao templo e, quando os pais trouxeram o menino Jesus, para com ele procederem segundo o uso da lei. (Lc 2:25-27, grifo nosso)

Isso traz três pontos importantes sobre a influência do Espírito Santo sobre Simeão:

- Primeiro, é significativo que o Espírito Santo estava continuamente sobre Simeão (ēnt empo imperfeito). Raramente, no Antigo Testamento, os indivíduos foram notados sendo continuamente dotados com o Espírito Santo (Gn 41.38; Dn 4.8; Nm 11.17). Que o Espírito estava continuamente sobre Simeão é uma indicação não apenas de sua capacitação profética, mas também de sua contínua característica devota.[20]

---

[20] J. B. Shelton. "Lucas 2.18–4.13". *The New Testment Study Bible: Luke.* Springfield, Mo.: Complete Biblical Library, 1986, pp. 69-119, esp. 73. Ambas – "cheios do Espírito Santo" e "o Espírito veio sobre" – são expressões do AT; no entanto, esta última é mais frequente do que a primeira. Lucas usa plenitude em relação ao Espírito muito mais frequentemente do que se usa no AT. A frase "cheio do Espírito Santo" não é comum no AT (Sir 34:12, exceção). "O Espírito do Senhor" ou "cheio de espírito/Espírito" configura mais um atributo que ocorre no AT (e.g., Ex 28.3; 31.3; 35.31; Dt 34.9; Is 61.1-2). Embora o tema dominante "cheio com/cheio do Espírito Santo" envolva fala inspirada, abrange também outras operações do Espírito Santo. Aparentemente, no caso de João, Simeão e Jesus, eles estavam em uma relação duradoura com o Espírito Santo. A referência a Jesus "cheio do Espírito Santo" em 4.1 prefacia o relato da tentação quando Jesus a superou por falar efetivamente contra as sugestões do diabo. Em 4.14, ele veio "pela virtude/poder do Espírito" para proclamar a natureza de seu ministério interpretando Is 61:1ss. em termos de seu trabalho. Atos 4:8ss. fornece não apenas testemunho de Jesus, mas também acusação autoritária dos seus inimigos. Em Atos 13:9ss., Paulo estava cheio do Espírito Santo para falar com autoridade contra o malvado mágico Elimas e para fazer uma maldição sobre

• Segundo, o Espírito Santo revelou a Simeão que, antes de sua própria morte, ele veria o Messias. A palavra para "revelou" (*kechrēmatismenon*) geralmente expressa admoestação ou instrução divina em seu uso bíblico. Não nos é dito que forma específica esta instrução tomou – se foi um sonho, voz ou percepção –, mas nos é dito que o Espírito Santo forneceu a revelação.

• Terceiro, enquanto estava "no Espírito", Simeão entrou no templo, onde proferiu um testemunho inspirado a respeito do menino Jesus. A frase "no Espírito" indica a direção e a inspiração do Espírito Santo. Primeiro, Simeão foi conduzido pelo Espírito ao templo e chegou lá no momento em que a família sagrada entrou (*en tō eisagagein*). Lucas fornece outras ocorrências, em seu Evangelho e em Atos, nas quais o Espírito leva as pessoas a lugares ou a situações particulares: Jesus para o deserto (Lc 4.1); Filipe para a carruagem etíope no caminho para Gaza e misteriosamente para Azoto (At 8.29, 39); Pedro a Cesareia (At 1.12); Paulo e Barnabé às missões (At 13.2); Paulo não para a Ásia, mas para a Macedônia (At 16.6-10) e Paulo, novamente, desta vez para Jerusalém (At 20.22). No caso de Simeão, não só é levado ao templo pelo Espírito Santo, mas também é inspirado pelo Espírito a testemunhar sobre Jesus. Este parece ser o maior interesse de Lucas. Além disso, em Lucas-Atos, a razão pela qual o Espírito Santo dirige uma pessoa de um lugar para outro é geralmente para fornecer

---

ele. A frase também é usada para denotar o caráter dos indivíduos (At 6.3, 5; 11.24). No entanto, mesmo nesses casos, a fala inspirada é o meio pelo qual esses atos são realizados. Além disso, em todos os casos em que um indivíduo é caracterizado como "cheio do Espírito Santo", tem-se uma fala inspirada no contexto imediato. Para Lucas, tanto "cheios do Espírito Santo" quanto "cheios com o Espírito Santo" causam manifestações inspiradas.

um testemunho de Jesus. Nesse caso, Simeão é levado ao templo não apenas para ver o Salvador, mas para profetizar sobre ele e sua mãe.

Ana, a viúva idosa do templo, confirma a identificação que Simeão faz de Jesus como Messias. Ela, como Simeão, é descrita como uma pessoa devota. O tempo de sua chegada também foi organizado sobrenaturalmente (*kai autē tē hōra*): "E, sobrevindo na mesma hora, ela dava graças a Deus, e falava dele a todos os que esperavam a redenção em Jerusalém" (2.38). Embora Lucas não identifique especificamente Ana como sendo dirigida pelo Espírito Santo, ele a descreve como uma profetisa (v. 36). Lucas já estabeleceu que o Espírito Santo e a profecia genuína são inseparáveis (1.67), e considera que a profecia de Ana é igualmente inspirada, como a de Simeão.

O programa lucano na narrativa da infância

Quando Lucas apresenta a sua Pneumatologia em Lucas 1-2, ele ignora as distinções entre a antiga e a nova era; na sua perspectiva, essas divisões temporais não afetam qualitativamente a obra do Espírito Santo. Claramente, Lucas antecipou o Pentecostes com este "pequeno Pentecostes" apresentado na narrativa da infância e na pregação de João, filho de Zacarias.

Lucas não manteve separadas a antiga e a nova época que os evangelhos e as tradições querigmáticas lhe apresentavam (Mc 1.9-11; Mt 11:11-12; Lc 16:16; At 10:37ss.). Lucas não é responsável por fazer essas divisões diretas na história da salvação. Em vez disso, ele as coloca de lado quando descreve a atividade do Espírito Santo na narrativa da infância nos mesmos termos que usa para expressar a experiência do Espírito Santo da igreja pós-pentecoste. Aqui, como em outro lugar na sua obra, Lucas sobrepôs a estrutura da pneumatologia da Igreja Primitiva sobre o material sinótico. Isso resulta no que parece ser um anacronismo, uma incongruência temporal. João, cujo ministério não está normativamente associado ao Espírito Santo (Mt 3.11; Mc 1.8; Lc 3.16; At 1.5; 19.2ss.), é caracterizado nas histórias do nascimento de Lucas como sendo "enchido com o Espírito Santo". Lucas não está confortável com isso, porque ele não está tão interessado em definir épocas na identificação da obra do Espírito Santo no Evangelho nos termos da experiência da igreja.[21] A incongruência se dá no fato de que Lucas está vendo João em retrospectiva. Ele vê João e outros participantes na narrativa da infância como falando por meio do Espírito Santo em termos idênticos usados em Atos e na era da igreja.[22]

Não é adequado simplesmente atribuir as atividades de Maria, Isabel, Zacarias, João, Simeão e Ana ao Antigo Testamento. Somente Ana e João são explicitamente identificados como profetas (1.76; 2.36), embora Lucas descreva a declaração de Zacarias em 1.67-69 com "profetizando" (1.67). A linguagem que Lucas usa para descrever essas expressões ungidas tem um paralelo íntimo com a linguagem que ele aplica mais tarde em seu Evangelho para descrever o ministério de Jesus, e em Atos para descrever os discursos inspirados da igreja. A

---
21 É provavelmente por isso que Lucas apresenta uma visão diferente da de Mateus: "Porf que todos os profetas e a lei profetizaram até João" (Mt 11.13). O contexto de Mateus claramente coloca João na era do AT. A versão de Lucas é mais obscura ao delinear eras; isso pode ser visto como associar João com a nova era do Evangelho do Reino.
22 O consenso geral entre os estudiosos é que o Evangelho de Lucas começou originalmente no capítulo 3, e que capítulos 1-2 foram adicionados como um prefácio para o trabalho anterior • Cf. H. J. Cadbury. *The making of Luke-Acts*. Londres: SPCK, 1961, pp. 204-09 • B. H. Streeter. *The four Gospels*. Londres: Macmillan, 1924, p. 209 • V. Taylor et al. *Behing de third gospel: a study of the proto-luke hypothesis*. Oxford: Clarendon, 1926, pp. 165ss. • R. Brown observa também as afinidades que a narrativa da infância tem para os Atos em relação à sua natureza como prefácio posterior ao Evangelho: "Se Lucas escreveu a narrativa da infância por último (e, portanto, após Atos), e se pretendia um certo paralelismo entre as duas seções de transição (Lc 1-2; At 1-2), não é de surpreender que, em muitos aspectos, a narrativa da infância esteja mais próxima em espírito das histórias em Atos do que no material do Evangelho que Lucas tirou de Marcos e da Fonte Q" (*Birth of the Messiah*, p. 243).

atividade do Espírito Santo na narrativa da infância não pode ser vista como limitada à profecia do AT, porque Lucas usa os mesmos termos pneumatológicos em Lucas 1-2, como faz nos treze primeiros capítulos de Atos.[23] Se Lucas desejasse que os eventos pneumatológicos em seus primeiros dois capítulos fossem considerados distintos do Espírito Santo no resto de sua obra, especialmente em Atos, ele não usaria a frase "cheio do Espírito Santo".

Isso volta à tendência de Lucas de ofuscar as épocas da história da salvação. Para ele, a história da salvação é progressiva – algo como aumentar lentamente o volume do rádio. Tão difícil quanto localizar com precisão o momento em que o rádio fica alto é definir o momento preciso da chegada da nova era. Lucas nem mesmo tenta. Ele simplesmente parte do começo do Evangelho: a história do nascimento de Jesus e as testemunhas dessa história.

Da perspectiva de Lucas, Zacarias, Isabel e Maria não são apenas arautos da nova era de Jesus; não apenas divulgam o evento futuro, mas são eles mesmos parte dele. Como testemunhas, participaram da nova era da salvação. Para Lucas, o nascimento de Jesus e a atividade do Espírito Santo em torno disso não são um mero prelúdio ou preparação para a salvação; são parte do advento da salvação, da qual o ministério, morte, ressurreição e a ascensão também são uma parte. Para Lucas, o

---

23 Também não é apropriado fazer aqui uma distinção entre o Espírito Santo de profecia na antiga aliança e o Espírito Santo, ou o "Espírito de Jesus", na nova aliança dada no Pentecostes. Esses títulos se sobrepõem em suas funções e, em certa medida, são sinônimos. O Espírito de Jesus é o mesmo Espírito Santo que capacitou os personagens de Lucas 1-2, o próprio Jesus e a igreja (contra Brown, *Birth of the Messiah*, pp. 274ss.) • Para uma apresentação mais exaustiva de João como parte da nova era, cf. capítulo 3 •pneuma tou Iesou (Espírito de Jesus) não deve ser visto como um genitivo de aposição ou como exclusivamente genitivo de posse. Jesus está associado ao Espírito Santo nesta construção porque, para Lucas, ele foi trazido ao mundo através do Espírito Santo (1.35). O Espírito ungiu e fortaleceu a Jesus (3.21ss. e 4.18; At 10.37ss.). E Jesus derramou este mesmo Espírito sobre seus seguidores (At 2.33). Assim, o Espírito de Jesus e o Espírito Santo são sinônimos na mente de Lucas.

advento do Espírito Santo nas narrativas do nascimento é um advento da salvação, e o testemunho para o começo da salvação era guiado pelo Espírito Santo, tanto quanto aqueles que o seguiam. Estes são membros completos do Reino e portadores do Espírito.

Insiste-se em que a diferença deve ser mantida entre a experiência das testemunhas das narrativas da infância com o Espírito Santo e a experiência dos discípulos no Pentecostes – não uma diferença qualitativa, mas *quantitativa*. Os apóstolos foram prometidos não a um novo Espírito, mas ao Espírito Santo. Pedro, "cheio do Espírito Santo", descreveu o Pentecostes como único não na característica, mas no escopo: "Mas isto é o que foi dito pelo profeta Joel: 'E nos últimos dias acontecerá, diz Deus, que do meu Espírito derramarei sobre toda a carne'" (At 2.16, 17a).

Isso não significa que Lucas abandonou completamente as divisões das épocas na história da salvação. Os predecessores espirituais dos apóstolos e discípulos de Jesus – ou seja, as testemunhas da natividade – falaram pela inspiração do Espírito Santo (Lc 1-2) enquanto, antes do Pentecostes, os apóstolos que pregaram e realizaram maravilhas não fizeram explicitamente essas coisas pelo Espírito Santo – pelo menos não no comentário de Lucas sobre os eventos. O foco da obra do Espírito Santo no ministério dos apóstolos e discípulos estava no Pentecostes e no que viria depois deste evento. Assim, até certo ponto, Lucas mantém as divisões tradicionais da história da salvação nas diferentes épocas. Ele abandona essas divisões, no entanto, quando fala sobre a atividade do Espírito Santo, particularmente nos registros da narrativa da infância, do ministério de João e do ministério de Jesus. Tais divisões tendem a obscurecer o papel do Espírito como um "expedidor da salvação" e, em alguns aspectos, como o evento da própria salvação. Lucas apresenta os testemunhos inspirados pelo Espírito de Maria, Isabel, João, Zacarias, Simeão e Ana em 1–2.38 na afirmação e antecipação do ministério inspirado de Jesus, o Ungido, e o derramamento do Espírito sobre os seus discípulos como o resultado da sua ascensão. Lucas acha necessário descrever os testemunhos do nascimento do Senhor não apenas em termos análogos aos profetas da Antiga Aliança, mas também nos termos pneumatológicos que explicam o nascimento da igreja e o testemunho que esta leva ao seu Senhor. Lucas continua essa ênfase do testemunho do Espírito em grande parte do seu trabalho.

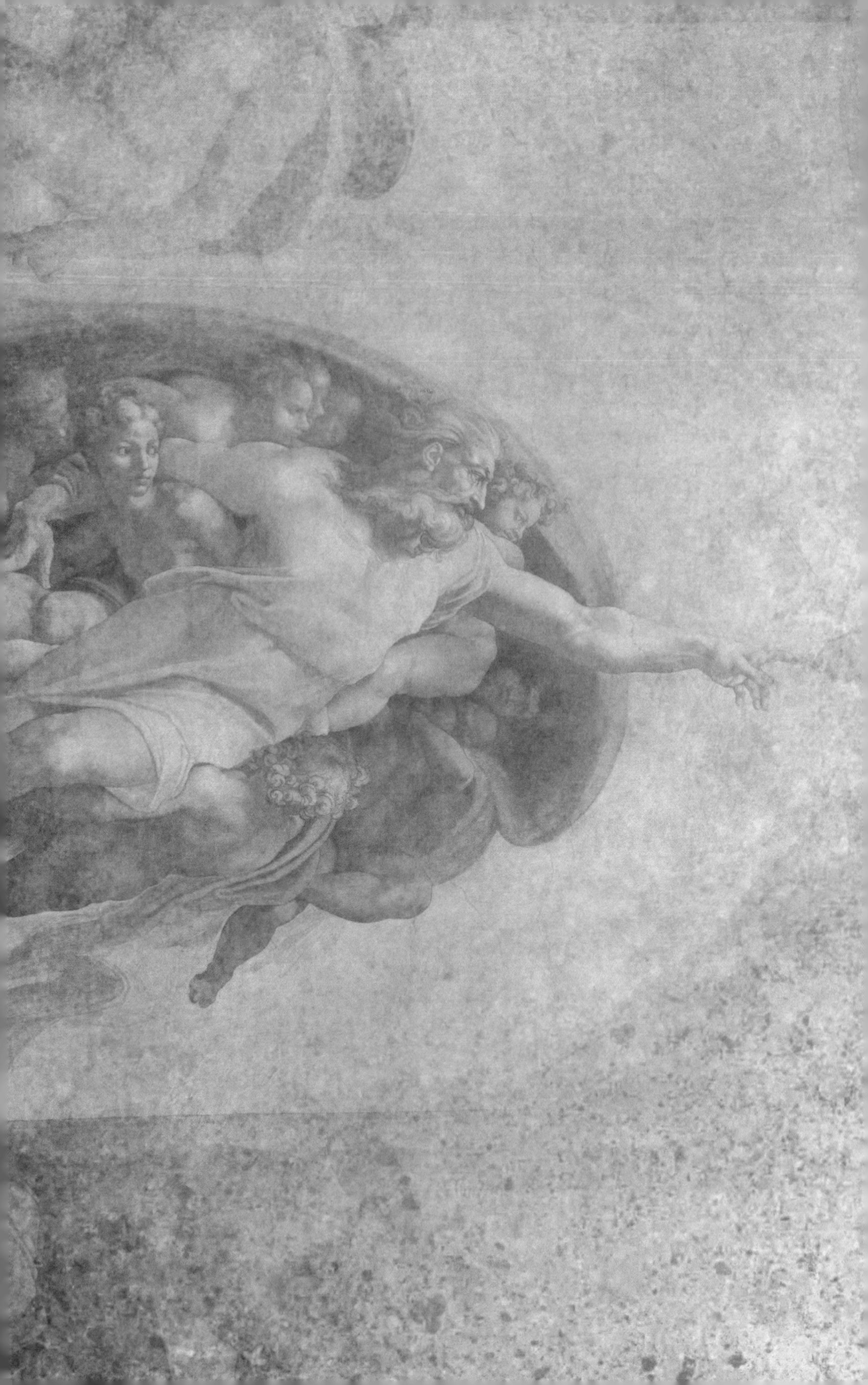

CAPÍTULO 3

O ESPÍRITO SANTO E JOÃO, FILHO DE ZACARIAS

Uma passagem muito importante para entender o papel do Espírito Santo no Evangelho de Lucas é o ministério de João Batista – ou, como Lucas mesmo o chamou, "João, filho de Zacarias" (Lc 3.1-2). Aqui, Lucas continua a sua ênfase no testemunho inspirado pelo Espírito que começou na narrativa da infância. Uma comparação da apresentação de Lucas a respeito do material de João Batista com a de outros escritores do Evangelho ajudará a revelar esta ênfase distintiva de Lucas (Mt 3.1-17; Mc 1.1-11; Jo 1.19-36). Ao olhar as passagens específicas considerando João, daremos particular atenção aos títulos usados para ele e às referências de sua fala – pregação, ensinamento e resposta a perguntas. Veremos que a tendência lucana de evitar o título de "batista" para João e suas frequentes referências à fala deste homem apontam para seu interesse no ministério da pregação do arrependimento de João, em lugar de seu batismo. Além disso, veremos que a *desênfase* no papel de João como aquele que batiza em água é pareada com a ênfase no papel de Jesus como aquele que batiza no Espírito.

O material Batista nos outros Evangelhos

Os relatos da pregação e do batismo de João nos outros Evangelhos variam consideravelmente em relação a Lucas. A maneira como cada escritor do Evangelho apresenta esses eventos mostra seu pensamento sobre as lições mais importantes a respeito do papel de João. Observando como os escritores do Evangelho apresentam o ministério de João e o seu batismo de Jesus, descobriremos que, enquanto a atenção de Lucas está frequentemente focada no papel do Espírito Santo no ministério joanino, os demais escritores do Evangelho exibem outros interesses específicos – a Cristologia em particular.

Marcos 1.1-11

Marcos inclui o material sobre João Batista em seu Evangelho principalmente para estabelecer quem Jesus é. Esta função cristológica parece ser a primeira razão para a preservação do material de João Batista, pois é universalmente presente em todos os quatro Evangelhos e em Atos. A Cristologia parece ser o interesse dominante nas tradições de João Batista.[24] Marcos deixa claro seu interesse na Cristologia desde o primeiro verso do seu livro, "princípio do Evangelho de Jesus Cristo, Filho de Deus".[25] Na verdade, esta declaração cristológica é o prefácio de Marcos para o ministério de "João, o batizador", já que seu relato de João imediatamente aparece (1.2-11). O propósito principal de Marcos no relato do ministério joanino e do batismo de Jesus por João é

---

24 *E.g.*, o ministério de João e o batismo de Jesus (Mt 3.1-17; Mc 1.1-11; Lc 3.1-22; Jo 1.19-36); as perguntas dos emissários de Jesus (Mt 11.2-19; Lc 7.18-35); a morte de João Batista (Mt 14.1-2; Mc 6.14-32; Lc 9.7-9); a confissão petrina (Mt 16.13-16; Mc 8.27-29; Lc 9.18-20); o questionamento do chefe dos sacerdotes, escribas e anciãos sobre a autoridade de Jesus (Mt 21.23-27; Mc 11.27-32; Lc 20.1-8); e o batismo e a pregação de João como o começo do Evangelho de Jesus (Mc 1.1; Jo 1.6-8, 15; At 1.22; 10.37; 13.24). No Evangelho de João Batista, indagou-se "És tu Elias?", enquanto, na confissão pedrina sinótica, ele usou a pergunta sobre a identidade de Elias para proclamar quem era Jesus (1.19-36). Todas essas passagens fornecem ocasiões para revelar a identidade do Senhor. Dessa maneira, mesmo sem a leitura adiante de Marcos 1.1, a Cristologia é a função dominante do material sobre João Batista de Marcos.
25 "Filho de Deus" deveria ser incluído sobre a base de forte atestação textual. Além disso, Marcos usa a filiação de Jesus frequentemente como uma referência cristológica • Cf. V. Taylor. *The Gospel according to Mark*. 2. ed. London: Macmillan, 1966, p. 152 • B. Metzger. *A textual commentary on the Greek New Testament*. Nova York: UBS, 1971, p. 73.

afirmar que Jesus Cristo é o Filho de Deus. Além disso, a Cristologia é também o principal motivo de Marcos para registrar o restante de suas referências a João (Mc 1.18; 6.14-32; 8.27-30; 11.27-33).

A pregação de João em Marcos 1.2-11 serve a dois propósitos: (1) identificar o batismo para arrependimento como a preparação para o "caminho do Senhor" descrito nos vv. 2-3; (2) identificar Jesus como o Filho de Deus. O primeiro propósito é reduzido a uma observação feita por Marcos: "Apareceu João batizando no deserto e pregando o batismo de arrependimento para remissão dos pecados" (v. 4); o segundo propósito é encontrado na citação de João, fornecida por Marcos: "Após mim vem aquele que é mais forte do que eu, do qual não sou digno de, abaixando-me, desatar a correia de suas alparcas" (v. 7).[26]

Aqui, Marcos é caracteristicamente breve em sua descrição de João e seu ministério. Parece aparente que o interesse principal de Marcos em usar o material Batista é apontar para Jesus e estabelecer quem ele é. Marcos não relata o que João disse – "Arrependei-vos porque é chegado o Reino dos Céus" – como Mateus faz (3.2); em vez disso, apresenta a predição messiânica: "Eu vos batizo com água, mas ele vos batizará com o Espírito Santo" (1.8). Para Marcos, esta é principalmente uma declaração cristológica, uma forma de identificar aquele que recebe e aquele que envia o Espírito como o Filho de Deus.

Na apresentação de Marcos da profecia de João, há um interesse especial no que esta diz sobre Jesus, que é mais poderoso do que João (*ho ischyroteros*), que realiza o maior batismo e que é, portanto, o Messias. Aqui, Marcos está interessado no ofício de Jesus; ele não está imediatamente preocupado com os resultados do batismo do espírito de Jesus. Só depois, no final mais longo de Marcos, vemos um interesse

---

[26] A única citação de João que Marcos emprega é sua denúncia a Herodes: "Não te é lícito possuir a mulher de teu irmão" (6.18). Marcos menciona a citação com o relato da morte de João apenas porque Herodes não entendeu as palavras de Jesus como evidência de que João tinha ressuscitado. No capítulo 6, Marcos deseja mostrar o impacto passivo dos milagres de Jesus na Palestina. A citação no capítulo 1 mostra quem é Jesus.

nas atividades dos crentes que Lucas atribuiria ao batismo que Jesus derramaria sobre sua igreja (16.17).[27] A inclusão da voz divina do céu em 1.11 proclamando Jesus como Filho indica que o interesse principal de Marcos está no ofício de Jesus. (Este é frequentemente o interesse de Marcos. Cf. 1.1; 3.11; 5.7; 9.7; 14.61; 15.39.)

Mateus 3.1-17

Mateus segue o exemplo de Marcos, ao usar igualmente o material Batista para fazer declarações cristológicas, embora contextualize a ocasião da pregação e do batismo por João para fazer uma declaração mais elaboradamente pronunciada e específica sobre Jesus. A preocupação de Mateus é afirmar ao seu público de orientação judaica que Jesus é maior do que João Batista, mesmo que Jesus tenha se submetido ao batismo pelas suas mãos. Apenas Mateus informa aos seus leitores que Jesus e João discordaram sobre quem deveria ter batizado quem (3.13-15). O relato de Mateus deixa enfaticamente claro que João se considerava indigno de batizar Jesus e, além disso, pensava que seria mais apropriado que Jesus o batizasse. Aparentemente, a alegação de João sobre ser indigno de desatar as sandálias do Messias (encontrada nos quatro Evangelhos: Mt 3.11; Mc 1.7; Lc 3.16; Jo 1.27) não é forte o suficiente para Mateus, que quer colocar maior ênfase na superioridade

---

27 No longo fim de Marcos, o escritor se refere às experiências de Igreja Primitiva, registrando fenômenos que ocorrem no início da igreja como resultado de Jesus derramando o Espírito Santo (cf. Atos dos Apóstolos). Enquanto parece óbvio que Marcos (ou o seu redator) estaria ciente do significado da profecia – "ele vos batizará com o Espírito Santo" –, para a igreja da pós-ascensão, ele é o conteúdo para deixá-la servir de razão básica de ser de toda a tradição dos sinóticos de João Batista: proclamar quem Jesus é – o que é bastante justificável, uma vez que, em seu título para seu Evangelho, ele deixa claro que está escrevendo o "princípio do Evangelho de Jesus Cristo, Filho de Deus" (1.1). Ao contrário de Lucas, Marcos não faz nenhuma tentativa de dar ao batismo um segundo significado de capacitação. Então, independentemente da questão da responsabilidade de Marcos pelo final mais longo do capítulo 16, a principal função da profecia de João em Marcos é cristológica.

de Jesus. Mateus segue o motivo comum que leva a discutir João nos Evangelhos e em Atos, usando outras referências a João em seu Evangelho para declarar que Jesus é o Messias (Mt 3; 11.1-19; 14.1-12; 16.13-20; 21.23-27).

Além desse interesse cristológico comum, Mateus apresenta outra distinção entre João e Jesus no inquérito do encarceramento de João. "És tu aquele que havia de vir, ou devemos esperar outro?" (Mt 11.3). Mateus cita uma declaração do Cristo que claramente classifica João como parte da antiga era e Jesus como parte da nova:

> Em verdade vos digo que, entre os que de mulher têm nascido, não apareceu alguém maior do que João, o Batista; mas aquele que é o menor no Reino dos Céus é maior do que ele. E, desde os dias de João, o Batista até agora, se faz violência ao Reino dos Céus, e pela força se apoderam dele. Porque todos os profetas e a lei profetizaram até João. E, se quereis dar crédito, é este o Elias que havia de vir. (Mt 11.11-14)

Mateus percebe que Jesus usou as perguntas de João para esclarecer seu relacionamento com este. Ele enfaticamente registra que João marcou o final da antiga era e da identificação como o precursor de Elias (Mt 11–14 com Mc 9.1-13 e Lc 7.18-35). Como vimos no capítulo anterior, Lucas não mantém rigorosamente a divisão das épocas entre João e Jesus. (Ver Apêndice.)

A Cristologia é motivo principal de Mateus para apresentar a pregação de João em 3.2-12. No entanto, mesmo aqui ele continua a expandir sua apresentação de Cristo. De todos os evangelistas, apenas Mateus identifica os fariseus e os saduceus como destinatários da mordaz repreensão de João – "raça de víboras" – e de seus avisos de julgamento iminente (3.7).

Assim, na mente de Mateus, a previsão de João sobre o Espírito Santo que batiza serve para identificar Jesus não só como Filho de Deus, mas também como juiz do tempo do fim. Mateus preserva a ênfase no julgamento que João Batista originalmente afirmou. Há árvores boas e árvores más, o trigo e o joio, que serão separados na colheita do fim dos tempos envolvendo o vento de separação (*pneuma*) e o fogo destrutivo (3.7-12). Isso não é incomum, uma vez que as instâncias de julgamento comumente ocorrem no ensino de Jesus que apenas Mateus preserva (13.24-30, 36-43, 47-50; 18.23-35; 22.1-4; 25.1-13, 31-46). Veremos, no entanto, que, em contraste com Mateus, que coloca a profecia sobre o Espírito Santo em termos de juízo, Lucas enfatiza o papel do Espírito na capacitação para o testemunho e o ministério.

João 1.19-36

Embora o Evangelho escrito por João inclua o material Batista em paralelo com as apresentações em Mateus, Marcos e Lucas, ele apresenta sua visão distinta de João Batista. Como nos sinóticos, expõe tanto a descida da pomba quanto a profecia de João que liga o Espírito Santo a Jesus como prova de que este é o Filho de Deus. No entanto, sua visão é decididamente diferente; ele omite o chamado de João Batista a um batismo do arrependimento e inclui as suas declarações sobre Jesus ser o Cordeiro de Deus e Deus preexistente (1.29, 36; 1.15). Embora João apresente uma versão diferente dessas tradições, mantém dois temas comuns encontrados nas fontes sinóticas: (1) João Batista está sendo o precursor de Jesus; (2) a principal função cristológica dessas tradições. No Evangelho de João, João Batista predominantemente testemunha sobre Jesus e apresenta sua própria subordinação a ele (especialmente em 3.22-30). Mais uma vez, como em Mateus e Marcos, o material Batista responde à questão de quem Jesus é.

O interesse principal de Lucas no material Batista

Cristologia

Como os outros evangelistas, Lucas sustenta a razão básica para preservar o material Batista: o ministério de João identifica Jesus como o Cristo. As referências de Lucas a João e a seu ministério costumam dizer quem é Jesus: o Messias (1.13-17); o Senhor (1.41-44); o chifre da salvação (1.60-80); o que batiza no Espírito Santo (3.1-18; At 1.5; 11.16-17); o amado Filho de Deus (3.21-22); o noivo (5.33-39); o que há de vir, o operador de milagres e o amigo dos pecadores (7.18-35); o pregador e curador (9.6-9); o Cristo de Deus (9.18-27); o fundador do Reino (16.16); aquele com autoridade (20.1-8); o ressurreto (At 1.22); o ungido (At 10.37-38); o Cristo (At 18.25-28); aquele que viria depois de João (At 13.25; 19.4).

O batismo no Espírito Santo como sua capacitação para testemunhar

Embora a compreensão de Lucas de Jesus como o Cristo– o Messias – seja como a dos outros evangelistas, seu entendimento de como esta identificação messiânica é realizada é distinta. Para ele, isso exige uma ênfase especial na obra do Espírito Santo. Lucas não considera isso independência excessiva ou a imposição de seu próprio gênio na tradição do Evangelho, mas afirma que a ênfase no papel do Espírito Santo no material Batista vem da própria interpretação de Jesus do ministério joanino. Lucas registra, duas vezes em Atos, a versão de Jesus da profecia de João: "João batizou com água, mas vós sereis batizados com o Espírito Santo" (At 1.5; tb. 11.16). Jesus estava reinterpretando a profecia de João em termos de capacitação para testemunhar (At 1.8). (Discutiremos isso ainda mais no final do capítulo.) Lucas apresenta o material Batista em conformidade com sua pneumatologia da narrativa da infância, do ministério de Jesus e também do livro de Atos. Desse modo, ele apresenta o testemunho de João como um anúncio profético cheio do Espírito de que o testemunho continuaria em Jesus e em seus discípulos.

O batismo do arrependimento

Lucas é atraído para o ministério de João porque, além de fornecer o material sobre a Cristologia e o Espírito Santo, ele enfatiza o arrependimento. Lucas vê o batismo principalmente como um símbolo da mensagem de arrependimento pregada por João. Na sequência de Marcos, Lucas descreve João como "pregando o batismo de arrependimento para o perdão dos pecados" (Lc 3.3 com Mc 1.4). Ele utiliza a expressão "pregando o batismo de arrependimento" em Atos 13.24 e "batismo que João pregou" em Atos 10.37. No relato do "Pentecoste Éfeso", ele usa a expressão "João batizou com o batismo do arrependimento" (At 19.4).

Em Lucas 7.28-30 e 20.1-8, ele menciona o batismo de João no contexto dos grupos de pessoas arrependidas e não arrependidas. Na primeira passagem, apenas Lucas, de todos os evangelistas, menciona a aceitação do batismo de João por pecadores arrependidos e sua rejeição pela elite dos inimigos de Jesus (contraste 7.28-30 e Mt 21.31-32). É evidente que Lucas está mais interessado na mensagem de arrependimento que João pregou e menos interessado na sua execução do rito de água do batismo. O ato do batismo é, para Lucas, uma metonímia para a mensagem de João do arrependimento.

Lucas enfatiza o arrependimento para além do Espírito Santo no material Batista em função de seu papel indispensável na pregação de Jesus e na Igreja Primitiva (*eg.*, Lc 5.32; 13.3-5; 15.7-10; 16.30; 17.3-4; 24.47; At 2.38; 5.31; 8.22; 11.18; 17.30; 19.4; 20.21; 26.20). Ele está apresentando a razão de ser para aquelas coisas que certamente são cridas e pregadas pela igreja primitiva (Lc 1.1). Ele também é atraído pelo material Batista, porque este define a verdadeira natureza do arrependimento.[28]

Evidência da mensagem distintiva de Lucas na pregação de João (Lc 3.1-18)

Vários elementos únicos aparecem na apresentação de Lucas do material sinótico comum. Em sua versão do ministério de João, Lucas enfatiza o papel do Espírito Santo e a pregação de arrependimento de João à custa de seu papel de batizador.

"João, filho de Zacarias"

Lucas imediatamente começa a ajustar o material Batista no capítulo três, evitando deliberadamente o título de "Batista": "Veio no deserto a palavra de Deus a João, *filho de Zacarias*" (3.2, grifo nosso).

O Evangelho escrito por Marcos descreve João como "João batizando" (*Iōannēs ho Baptizōn*, Mc 1.4); Mateus o chama de "João Batista" (*Iōannēs ho Baptistē*, Mt 3.1). Entretanto, Lucas o chama de "João, filho de Zacarias" (*Iōannēn ton Zachariou hyion*). Lucas lembra a seus leitores que João é o filho a respeito do qual Zacarias, seu pai, profetizou em Lucas 1. Ele observou anteriormente que tanto o pai como o filho foram "cheios do Espírito Santo" para fornecer um testemunho inspirado a Jesus (1.15-17, 41, 67-79). Lucas está interessado em João não como um batizador principalmente, mas como uma testemunha. Como resultado, ele vincula o capítulo sobre a pregação adulta de João à narrativa da infância, que já cuidadosamente circunscreveu seu papel no Evangelho, particularmente através das profecias de Gabriel e Zacarias.

A profecia de Gabriel a Zacarias a respeito de João fala especificamente do papel do Espírito Santo em inspirar o testemunho deste não apenas como uma criança por nascer, como vimos no

---

28 Lucas muitas vezes enfatiza o arrependimento quando os outros evangelistas não o fazem. É um grande interesse seu.

capítulo anterior, mas como um adulto. João foi "cheio do Espírito Santo desde o ventre de sua mãe", não só para saltar com alegria no seu encontro inicial com o Messias, mas nos anos posteriores em que ele foi "diante dele no espírito e poder de Elias [...] preparar ao Senhor um povo bem disposto" (1.17).

A profecia de Zacarias (1.67-79) continua a definir o papel de João com mais detalhes, distinguindo cuidadosamente o Messias e aquele que prepararia o caminho para o Messias. Claramente João não era o Messias, uma vez que o "chifre da salvação" deveria se levantar na Casa de Davi (v. 69). Nem aqui nem em outras partes do NT há qualquer referência a um messias da Tribo de Levi. Zacarias deixou claro que João era aquele que iria "ante a face do Senhor, a preparar os seus caminhos" (v. 76), isto é, dar conhecimento da salvação pelo perdão dos pecados, dar luz aos que estão na escuridão e na sombra da morte e guiar os fiéis no caminho da paz (vv. 77-79). Zacarias reconheceu que a história da salvação de outrora antecipou o advento dos ministérios de João e Jesus como sua própria realização (vv. 68-73). Em sua profecia, Zacarias prometeu salvação e libertação através do Messias de Davi, que permitiria a Israel servir a Deus sem temor, em santidade e justiça (vv. 74-75). Zacarias descreveu João como "o profeta do Altíssimo" (v. 76) que, como os profetas de outrora (v. 70), não só anunciou a vinda do reino de Deus, mas também chamou o povo para um retorno a Deus e seus caminhos.

Assim, o ministério joanino e a profecia de seu pai são inseparáveis. Quando a palavra de Deus veio a João no deserto (3.2), ele falou pelos mesmos meios que seu pai, quando este anunciou a profecia a respeito de seu filho e do ungido – por estar cheio do Espírito Santo (1.67). Tendo sido cheio do Espírito Santo no ventre de sua mãe (1.15), João foi autorizado para a missão. O mesmo João dotado de Espírito, que deu testemunho de Jesus antes de qualquer um deles nascer, continuou seu testemunho como adulto. Ele cumpriu a profecia de seu pai profetizando através da inspiração do Espírito Santo a respeito do perdão dos pecados, da natureza do Reino vindouro e da chegada do Salvador-Messias. Lucas vê João como seu pai o viu: não tanto como um batizador, mas como um profeta da culminação da história da salvação. Para Lucas, a principal obra de "João, filho de Zacarias" era testemunhar o Messias.

O Espírito e a "Palavra de Deus"

Lucas não diz se a experiência de João com o Espírito Santo foi duradoura ou interativa; no entanto, Raymond Brown observa que a associação entre "a palavra de Deus", em 3.2, e o Espírito Santo, em 1.15, é inegável:

> No relato do Evangelho sobre o ministério, João Batista é apresentado como um profeta – na verdade, maior do que qualquer outro profeta (Lc 7:28; 20:6); assim, tem-se logicamente que João Batista foi cheio com o Espírito Santo profético. Se alguém compara as passagens do AT nas quais se narra que o Espírito do Senhor chega a um profeta para capacitá-lo a falar a mensagem de Deus (Is 61.1; Ez 11.5; Jl 3.1 [RSV 2.28]) com as passagens nas quais a palavra de Deus vem a um profeta para o mesmo propósito (Is 2.1; Jr 1.2; Jl 1.1), fica claro que, quando Lucas 1:15c diz que João Batista "será cheio do Espírito Santo já desde o ventre de sua mãe", ele está dizendo exatamente o mesmo que em 3.1-2: "No décimo quinto ano do reinado de Tibério César, veio a palavra de Deus a João, filho de Zacarias, no deserto". Essas são simplesmente maneiras alternativas de descrever o início da carreira de um profeta. Na antiga declaração de Lucas, quando a carreira é

traçada até a infância, o modelo dominante é o de um profeta como Sansão ("um nazireu de Deus desde o ventre de minha mãe" – Jz 16.17; 13.7) ou Jeremias ("Antes que te formasse no ventre te conheci [...]. Às nações te dei por profeta" – Jr 1.14). Na última declaração lucana, quando a carreira é traçada até o início de um ministério de pregação, o modelo dominante é o da abertura padrão de vários livros proféticos, como, por exemplo: "No oitavo mês do segundo ano de Dario veio a palavra do Senhor ao profeta Zacarias, filho de Berequias" (Zc 1.1).[29]

Lucas emprega a linguagem tradicional para expressar a origem divina do ministério de João. A frase "a palavra de Deus veio" não é de origem lucana, mas semítica e, finalmente, do AT.[30]

Lucas evita o título "Batista"

Um pouco da evidência permitindo concluir que Lucas está enfatizando o papel de João como testemunha em lugar de batizador é sua tendência de evitar o título de "Batista" para João. Isso é verdade não apenas em sua primeira referência a João, em 3.2, mas em outros contextos em Lucas-Atos. Na verdade, ele raramente usa o título, mesmo quando sua fonte o faz. Essas omissões de Lucas não são apenas estatisticamente marcantes, mas também programaticamente significativas, e não se

---

29 R. Brown. *Birth of the Messiah*, pp. 274-75.
30 Jeremias especialmente percebe que o uso da frase *rhēma theou* sem artigos é semita, e que não é a que Lucas usa em outros lugares: "Lucas mesmo escreve com dois artigos: para pneumatou *to rhēma to kyriou* (Lc 22, 61, pp. 69, 75 BN)". Lucas não segue Marcos no paralelo que ele fornece (14.72). Além disso, em Atos 11.16, quando Lucas não é dependente de suas fontes sinóticas, ele usa os dois artigos: "*a* palavra *do* Senhor" (*Die Sprache*, p. 103, grifo nosso).

devem à variação estilística ou acidente. Lucas está mais interessado no papel de Jesus como o batizador no Espírito Santo e menos interessado no papel de João como um batizador na água.[31]

Além disso, nos casos em que Lucas permite a denominação "Batista", ele às vezes a modifica, enfatizando o ministério de arrependimento de João e/ou o ministério pneumático de Jesus. Por exemplo, a referência a João Batista em 7.20 é imediatamente seguida por uma descrição do ministério da operação de maravilhas de Jesus: "E, na mesma hora, curou muitos de enfermidades, e males, e espíritos maus, e deu vista a muitos cegos" (v. 21). Ao formular dessa maneira, Lucas comenta a profecia anterior de João a respeito de Jesus e sua unção pelo Espírito Santo. Ele salienta que os emissários de João realmente testemunharam – viram com seus próprios olhos – a atividade pneumática de Jesus, porque registra o Filho de Deus dizendo-lhes: "Ide, e anunciai a João *o que tendes visto e ouvido*; que os cegos veem, os coxos andam, os leprosos são purificados, os surdos ouvem, os mortos ressuscitam e aos pobres anuncia-se o Evangelho" (7.22, grifo nosso). Lucas está reiterando o argumento porque esta é uma das principais razões pelas quais ele inclui o relato: o agente do Espírito faz as obras do Espírito.

Essa referência a João Batista em 7.20 trata do ministério de João com os coletores de impostos (7.29-30), a quem ele chamou ao arrependimento (3.12ss.). Mais cedo, Lucas sublinha o arrependimento na pregação de João. A referência a João Batista na confissão de Pedro (9.19) ressalta a identificação de Jesus como o ungido ("o Cristo de Deus"), que, para Lucas, significa "ungido pelo Espírito Santo" (4.18). Aqui, Lucas mantém o título "Batista" tradicional tendo em vista que a identificação de Jesus como o Cristo ofusca a referência a João. Nesses casos, ele não usa diretamente "Batista" ou "batismo" para se

---

31 J. B. Shelton. *Filled with the Holy Spirit: redactional motif in Luke's Gospel.* Tese de doutorado. University of Stirling, Escócia, 1982.

referir ao rito da água, mas como um símbolo para a mensagem de arrependimento de João ou, ainda, como uma ocasião para apresentar Jesus como o ungido de Deus.

A ênfase no arrependimento e no Espírito Santo em vez de no batismo na água

Além de lembrar aos seus leitores que João era uma testemunha inspirada pelo Espírito de Jesus, como profetizado por seu pai, o Zacarias cheio do Espírito Santo, Lucas evita referências ao título "Batista" ou ao ato de batismo por outra razão. A pregação de João é um tesouro para o material sobre o arrependimento. Já vimos que este é um grande interesse para Lucas-Atos. Lucas, portanto, segue a descrição de Marcos sobre João: "pregando o batismo de arrependimento para a remissão de pecados" (Mc 3.3). Por outro lado, apenas Lucas apresenta as perguntas do povo sobre a verdadeira natureza do arrependimento (3.10-14). A definição clara do arrependimento é importante para a apresentação lucana do Evangelho.

Em Lucas, o ato do batismo retrocede para um segundo plano. A primeira instância do verbo "batizar" ocorre em 3.7, quando aparece como um infinitivo (*baptisthēnai*, cf. tb. 3.12), indicando o período do ato mais importante – a pregação de arrependimento de João. "Dizia, pois, João à multidão que saía para ser batizada por ele: 'Raça de víboras! [...] produzi, pois, frutos dignos de arrependimento'" (3.7-8). Contraste isso com as referências de Marcos a João como batizador e com o uso do verbo *baptizō* nas orações principais em Marcos 1.4, 5, 8 e Mateus 3.1, 6, 7, 11. Em Lucas 3.7, o verbo "ser batizado" está em uma oração subordinada que introduz um apelo ao arrependimento. As multidões saíram para o batismo e receberam um sermão sobre o arrependimento.

Em seguida, Lucas menciona o verbo "batizar" na profecia de João sobre água e batismo no Espírito: "Eu vos batizo com água, mas

[...] esse vos batizará com o Espírito Santo" (3.16). No entanto, mesmo aqui, o batismo nas águas assume menor importância em relação à doação do Espírito Santo.

A desênfase de Lucas no papel de João como batizador é ainda mais notável em sua descrição do batismo de Jesus no Jordão. Ele re-gistra a prisão de João por Herodes antes de mencionar o batismo de Jesus (3.21-22). Quando diz que Jesus foi batizado, não registra que João foi o único que realizou o batismo. Além disso, a referência ao batismo de Jesus está em uma oração introdutória que diz o momento do evento mais importante – a descida do Espírito Santo sobre Jesus. Lucas parece não estar muito preocupado com João batizar Jesus ou Jesus ser batizado em água. Mais importante para ele é que Jesus foi batizado *no Espírito Santo*.

Reinterpretação de Jesus da profecia do batismo no Espírito

Na profecia concernente ao batismo do Espírito (3.16-17), Lucas desloca seu realce do arrependimento para o fortalecimento do Espírito Santo. Ao fazê-lo, ele está seguindo o modelo da pregação da Igreja Primitiva: "Arrependei-vos, e cada um de vós seja batizado em nome de Jesus Cristo, para perdão dos pecados, e recebereis o dom do Espírito Santo" (At 2.38). Embora Lucas imponha o esboço de pregação da Igreja Primitiva sobre o material sinótico, ele não ignora a mensagem original da tradição. Ele tece brilhantemente a importância cristológica de João como testemunha profética de Cristo (3.15) junto às severíssima repreensão e advertência de julgamento (3.7-9, 17), com a prioridade de um batismo de poder do Espírito Santo.

Como mencionado anteriormente, Lucas cita Jesus como a fonte da interpretação da capacitação da profecia de João (At 1.5; 11.16). Aparentemente, João Batista interpretou a profecia do batismo do Espírito em termos de julgamento e restauração da autonomia política de Israel, isto é, ao conceito judaico tradicional de messianidade. No entanto, Jesus viu um significado maior na profecia de João, qual seja, um *sensus plenior*, em um sentido mais pleno. Para Jesus, o batismo no Espírito era o poder de Deus presente em força.[32]

Quando João enviou seus emissários a Jesus perguntando "És tu aquele que havia de vir, ou esperamos outro?" (7.19), ele aparentemente indagava se Jesus era o Messias no sentido tradicional. Enquanto Lucas e Mateus registram este incidente dos segundos pensamentos de João (7.18-23, Mt 1.2-19), apenas Lucas observa que, no exato momento em que os discípulos de João chegaram, Jesus estava realizando curas e exorcismos (7.21). Jesus enviou uma mensagem de volta a João, informando-lhe sobre as curas e milagres. Tanto as ações como as palavras de Jesus serviam como correção da visão limitada de João sobre a messianidade. Jesus revelou-se a João não como um libertador militar ou juiz escatológico, mas como o ungido, o autorizado pelo Espírito para ministrar. A resposta de Jesus a João aqui é semelhante à sua correção das expectativas messiânicas dos discípulos: "Senhor, restaurarás tu neste tempo o reino a Israel?" (At 1.6). Os discípulos fizeram essa pergunta depois da ressurreição, quando Jesus lhes estava lembrando da profecia de João de que seriam batizados no Espírito Santo (At 1.5). A resposta de Jesus não consistiu em termos de julgamento, nem em termos da restauração política de Israel. Em vez disso, ele responde: "Não vos pertence saber os tempos ou as estações que o Pai estabeleceu pelo seu próprio poder. Mas recebereis poder do Espírito Santo, que há de vir sobre vós, e ser-me-eis testemunhas" (At 1.7-8). Assim como Jesus corrigiu a compreensão de seus discípulos sobre a profecia de João, ele também corrigiu o próprio João, enfatizando que a verdadeira natureza do batismo no Espírito é a capacitação para testemunhar através de palavra e poder.

---

32 B. d. Chilton. *God in strength: Jesus' announcement of the Kingdom*. Studien zum Neuen Testament und cercadores Umwelt. Ed. A. Fuchs e F. Linz. Freistadt: Verlag F. Plöchl, 1979.

João e o ato de falar

O interesse especial de Lucas na fala inspirada está ainda corroborado pelo número de vezes em que ele se refere ao ministério oral de João, em contraste com os outros sinóticos.[33] Em Lucas, todas as referências à pregação peculiar de João são inserções conscientes para efeito. Todo o ministério de João, como apresentado por Lucas, é moldado e entrelaçado com as referências à fala, começando com "a palavra de Deus veio a João" no deserto e concluindo com "e assim, admoestando-os, muitas coisas também anunciava ao povo" (3.18). As constantes referências à fala parecem ser a tentativa deliberada de dar exemplos de que a "palavra de Deus" introduz os ensinamentos de João. Dos evangelistas, apenas Lucas mostra um interesse em João como mestre inspirado (3.10-16). Apenas em Lucas João é referido como *didaskale* (v. 12; cf. tb. 11.1). Lucas é compelido a apresentar o ministério de João não só em virtude de sua preocupação com o arrependimento, mas também porque ele descreve a missão de Jesus em termos de capacitação do Espírito. Em primeiro lugar, a profecia de João identifica Jesus como o *Christos*, o ungido pelo Espírito (3.15-16 com 4.18 e At 10.38). Em segundo lugar, mostra que o próprio Jesus testemunhou e ministrou pelo Espírito Santo. Em terceiro lugar, Jesus viu a profecia de João como uma promessa de que o mesmo Espírito que o capacitou também capacitaria seus discípulos (Lc 24.49; At 1.5, 8; 2.33). Finalmente, a profecia de Lucas mostra que até mesmo João enunciou sua profecia sobre o Espírito Santo pelo poder desse Espírito.

---

33 Cf. Shelton. *Filled*, p. 85.

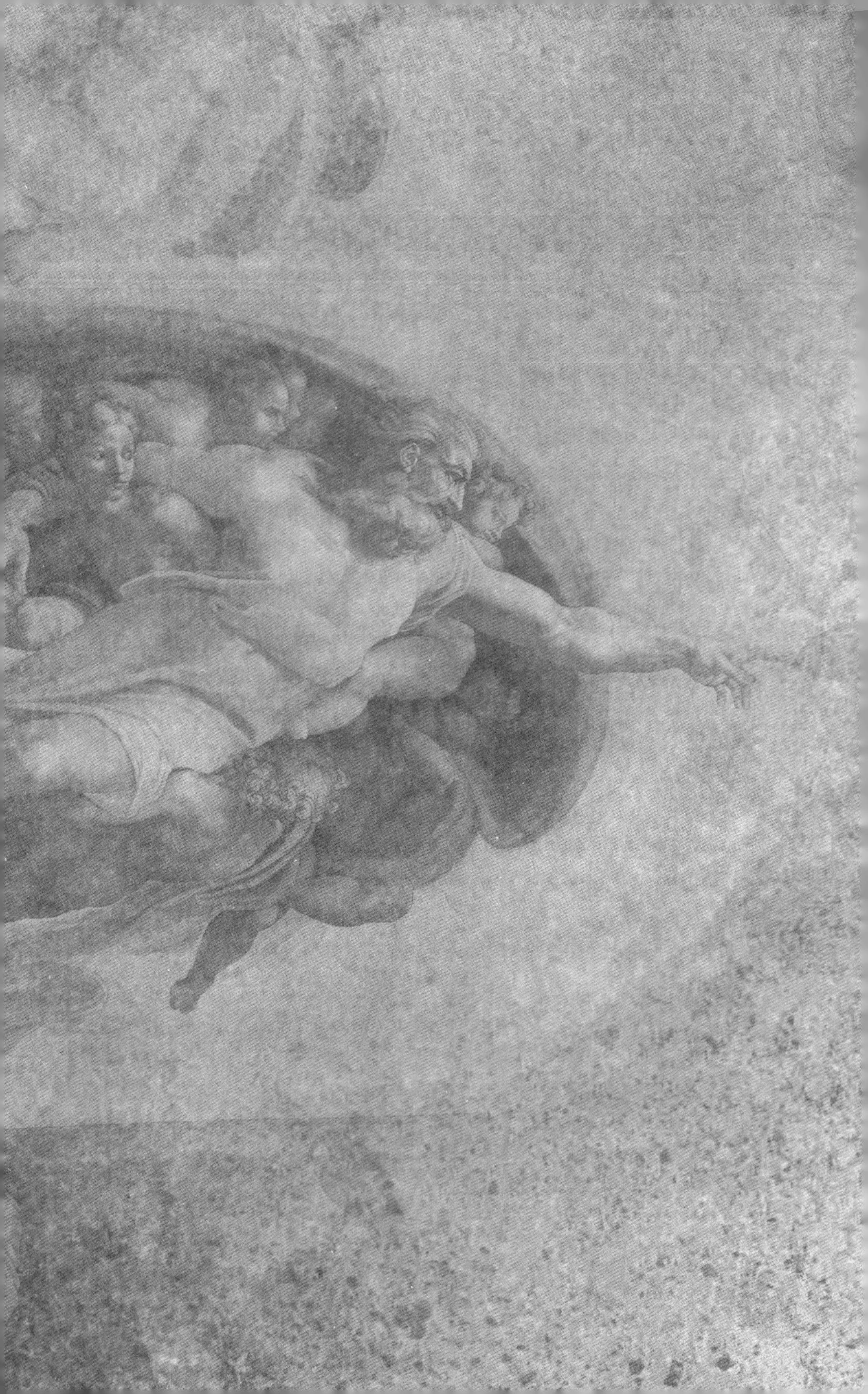

CAPÍTULO 4

O ESPÍRITO SANTO E O BATISMO DE JESUS

Qual o significado do batismo de Jesus para Lucas? Em todos os Evangelhos, a experiência batismal de Jesus no Jordão confirma-o como o cumprimento da profecia messiânica de João: "Mas eis que vem aquele que é mais poderoso do que eu, do qual não sou digno de desatar as correias das alparcas. Esse vos batizará com o Espírito Santo e com fogo" (Lc 3.16). Em Mateus e Marcos, e implicitamente em João, Jesus se identifica com a humanidade através do batismo em água; a descida da pomba e a voz divina que o acompanha identificam-no como o Filho Divino (Mt 3.13-17; Mc 1.9-11; Jo 1.29-34). Enquanto Lucas também identifica Jesus como tal em sua descrição do batismo (Lc 3.21-22), enfatiza, de igual modo, o significado do Espírito Santo na vida e obra de Jesus e daqueles a quem Jesus ungiu mais tarde. Ao comparar e contrastar os relatos sinóticos, torna-se evidente que Lucas associa o Espírito Santo a Jesus por outras razões além da identificação messiânica e divina. Seu propósito é claro: mostrar que os atos divinos de Jesus que seguem seu batismo são um resultado do Espírito Santo vindo sobre ele.

Lucas está proclamando: Quando a pomba desceu, ungiu Jesus com poder do Alto:

Mateus 3.13-17	**Marcos 1.9-11**	**Lucas 3.21-22**
Então Jesus veio da Galileia ter com João, junto do Jordão, para ser batizado por ele. Mas João opunha-se-lhe, dizendo: Eu careço de ser batizado por ti, e vens tu a mim? Jesus, porém, respondendo, disse-lhe: Deixa por agora, porque assim nos convém cumprir toda a justiça. Então ele o permitiu. E, sendo Jesus batizado, saiu logo da água, e eis que se lhe abriram os céus, e viu o Espírito de Deus descendo como pomba e vindo sobre ele. E eis que uma voz dos céus dizia: Este é o meu filho amado, em quem me comprazo.	E aconteceu naqueles dias que Jesus, tendo ido de Nazaré da Galileia, foi batizado por João, no Jordão. E, logo que saiu da água, viu os céus abertos, e o Espírito, que como pomba descia sobre ele. E ouviu-se uma voz dos céus, que dizia: Tu és o meu filho amado em quem me comprazo.	E aconteceu que todo o povo se batizava; sendo batizado também Jesus, orando ele, o céu se abriu. E o Espírito Santo desceu sobre ele em forma corpórea, como pomba, e ouviu-se uma voz do céu, que dizia: Tu és o meu filho amado, em ti me comprazo.

A ausência de João no batismo

Enquanto Mateus e Marcos dizem que João batizou Jesus e com frequência referem-se à atividade de João como batizador, Lucas minimiza o batismo de João como um rito religioso e concentra-se na mensagem do batismo, isto é, no arrependimento e na capacitação de Jesus. De maneira estranha, Lucas lê contra a(s) sua(s) fonte(s) – Marcos e a Fonte Q –, que mostram João como o agente do batismo de Jesus, bem como, à luz do contexto anterior, está sugerido por Lucas na frase temporal "como todo o povo se batizava" (*en tō baptisth*ēnai hapanta ton laon, v. 21). Ainda assim, Lucas registra a prisão de João antes do relato do batismo de Jesus (3.19-20). Mateus e Marcos incluem a prisão muito depois, quando Herodes começa a perguntar sobre as atividades de Jesus e de seus discípulos (Mt 14.3-4; Mc 6.17-18). Este relato detalhado do sacrifício de João por Herodes, politicamente conveniente, é visivelmente ausente no relato de Lucas.

Provavelmente, Lucas não deseja associar João com as obras poderosas do Espírito Santo que Jesus realizaria. Enquanto Lucas vê isso, João cumpre o papel de Elias, principalmente como pregador de arrependimento e como arauto profético do Messias. Jesus mesmo traça sua correspondência com Elias como operador de milagres (Lc 9.7-9 contra Mt 14.2; Mc 6.15-16). Em Lucas, quando João acaba de pregar, seu trabalho foi completado na maior parte. Assim, a referência anterior de Lucas à prisão de João remove este de cena.

No Evangelho de Lucas, João completa a sua principal função teológica pregando o arrependimento e proclamando Jesus como aquele que batizaria no Espírito Santo. O uso de Lucas do aoristo de *baptisthēnai* ("ser batizado") no verso 21 indica que o ministério de João termina como esse batismo. Aqui, o batismo de Jesus não é uma das principais funções, como em Marcos e Mateus. Além disso, na mente do escritor de Lucas e Atos, Jesus é o principal batizador. O batismo de João em água, neste ponto, é apenas um assistente circunstancial à capacitação de Jesus – e, mais tarde, de sua igreja – pelo Espírito Santo.³⁴

A desênfase gramatical do batismo de Jesus

Lucas não só minimiza o papel de João como batizador, mas vê o batismo de Jesus como uma circunstância temporal, uma indicação de um evento mais importante, pois não enfatiza isso gramática e tematicamente. Marcos diz que Jesus "foi batizado por João" (v. 9). Mateus especificamente declara que: **a)** o propósito da vinda de Jesus a João era o de "ser batizado por ele" (v. 13); **b)** que João permitiu isso (v. 15) e que **c)** depois que Jesus foi batizado, o Espírito Santo veio sobre ele.³⁵ Em contraste, Lucas vê a descida do Espírito Santo sobre Jesus como o evento principal; já o batismo de Jesus e do povo³⁶ é expresso como uma oração introdutória, contando ao leitor quando e onde o evento ocorre. (Perceba o aoristo infinitivo e o particípio de *baptizō*

---

34 I. H. Marshall. "The Gospel of Luke: a commentary on the Greek text" ("O Evangelho de Lucas: um comentário sobre o texto grego"). *NIGTC*. Exeter: Paternoster Press, 1978, pp. 150, 152.

35 Mateus e Lucas colocam a referência ao ato do batismo de Jesus como uma frase temporal (*baptistheis deo Iesous*, Mt 3.16; *laon Iēsou baptisthento*, Lc 3.21), antes da descida do Espírito Santo sobre Jesus. Isso pode indicar que a Fonte Q colocou mais ênfase sobre a descida do Espírito Santo do que Marcos.

36 Apenas Lucas percebe a presença de Jesus e dos arrependidos batizados na descida do Espírito Santo. Isso provavelmente serve a duas funções. Primeiro, as pessoas são testemunhas da visitação divina, o que se encaixa bem com o frequente motivo da testemunha de Lucas, "a qual vistes e ouvistes", que é frequentemente associado as obras do Espírito Santo. O uso de Lucas de σύ em lugar de οὗτος para a abordagem divina não exige que Jesus somente estava ciente dos eventos sobrenaturais no Jordão. A omissão de João da cena batismal pode ser um esforço consciente para dizer que as pessoas, os arrependidos batizados, eram testemunhas do Espírito Santo, não apenas João. Se as pessoas foram testemunhas dos eventos divinos no Jordão, então a referência da presença delas e da "ausência" de João pode ser melhor explicada. Elas estavam lá para ver a pomba em forma corpórea e ouvir a voz divina. Segundo, Lucas percebe a presença delas para associar os crentes batizados com o poder do Espírito Santo que vem através de Jesus, como ele expressamente faz na pregação de Atos.

na oração.) Na busca do batismo vem o evento principal registrado na oração principal (21b-22): a abertura do céu, a voz divina e a descida da pomba. Lucas não está descrevendo o batismo e a unção como dois eventos simultâneos, embora eles estejam relacionados, como está evidente na fórmula batismal em Atos: "Arrependei-vos, e cada um de vós seja batizado em nome de Jesus Cristo, para perdão dos pecados, e recebereis o dom do Espírito Santo" (2.38).

Capacitação ou atestação divina?

Lucas, como os outros evangelistas, vê a descida da pomba como um sinal messiânico. Imediatamente após o anúncio divino da filiação de Jesus no Jordão, Lucas reitera o conceito da filiação na genealogia, concluindo que Jesus foi "filho de Adão, Filho de Deus" (3:23-38). Também, duas das tentações de Jesus em Lucas 4 são prefaciadas com a indagação de Satanás ("Se tu és o Filho de Deus", vv. 3, 9). Por isso, Lucas mantém o significado tradicional da descida do Espírito encontrada nos quatro Evangelhos. Mas, além das declarações de que Jesus é o Filho de Deus, Lucas frequente e manifestadamente declara que, após a descida da pomba, Jesus foi cheio do Espírito Santo e capacitado para fazer obras poderosas. De todos os evangelistas, apenas Lucas percebe isso (4.1,14, 18; 10.21; 24.19; At 1.2; 2.22; 10.38). Três dessas referências lucanas à capacitação imediatamente seguem a descida da pomba.

Um batismo no Espírito Santo efetuado por Jesus?

Neste ponto, uma questão crucial surge: A experiência pneumática de Jesus se compara com a experiência dos crentes no Espírito Santo como registrado nas narrativas da infância e em Atos? Quão similares ou diferentes elas são?

Embora seja impossível equiparar a capacitação de Jesus no Jordão e o batismo dos crentes no Espírito Santo,[37] similaridades existem que justificariam ver essas experiências sob a mesma luz. É verdade que, no caso do batismo dos crentes no Espírito Santo, línguas de fogo em vez de uma pomba vieram sobre eles; houve um som como de um vento impetuoso em vez de uma voz que veio do céu; além disso, os crentes não foram declarados "filhos de Deus" como Jesus foi (cf. At 2.2-4). Mas, como uma entrega de poder divino, as duas experiências são paralelas, senão iguais. Neste aspecto, a diferença é quantitativa, e não qualitativa, pois o Espírito Santo é o agente de ambas as unções. (A diferença qualitativa na experiência de Jesus com o Espírito em contraste com a experiência dos crentes é a sua concepção, 1.35.) É evidente que Jesus viu a sua experiência do batismo em termos de unção (*chriō*) (4.18), e Lucas diz, em Atos, que Jesus derramou (*eckeō*) o mesmo Espírito sobre os crentes. Perceba que Lucas frequentemente usa os termos "unção", "batismo" e "derramamento" como sinônimos para indicar capacitação. Ele prefere reservar "unção" para a experiência de Jesus; não obstante, o efeito desses termos é o mesmo: poder para o ministério.[38] James Dunn observa: "Podemos falar legitimamente

---

37 Marshall. *Gospel of Luke*, p. 150.

38 Na LXX, *epicheō* é usado para descrever os atos de unção e, no contexto, é usado indistintamente com *chriō* (e.g., Ex 29.7; Lv 8.12; 21.10; 1Sm 10.1ss.). *epicheō* pode ser usada para descrever o derramamento em geral, como a palavra hebraica que traduz (*yṣq*– mas ambas, *epicheō* e *yṣq* consistentemente são usadas para descrever o ato de unção (*chrisma* e *mišḥah*). Sendo familiar com a LXX, Lucas também observa a associação do ato de unção com a vinda do Espírito Santo sobre (*epi*) o ungido (1Sm 10.6, 10; 16.13). Em Atos, Lucas não usa *epicheō* para descrever o Espírito Santo sendo derramado sobre as pessoas; em vez disso, ele emprega *ekcheō* (2.17, 18, 33; 10.45). É evidente que a intenção de Lucas é basicamente a mesma do uso de ἐπιχέω na LXX. Lucas usa ἐπί em contexto com ἐκχέω em Atos 7.18; 10.45 e também 2.33, uma vez que se refere ao contexto anterior com ἐπί em 2.3. Lucas pode preferir ἐκχεῶ em vez de *epicheō*, já que o primeiro é usado na profecia de Joel, que serve como a espinha dorsal para a abordagem do Pentecostes de Pedro. Outra razão possível para a preferência de *ekcheō* pode relacionar-se a ele estar ciente de que os usos de ἐπιχέω em 1 Samuel referem-se a unções reais. Neste ponto, Lucas deseja distinguir entre a unção real de Jesus, o Filho e o Cristo de Deus (Lc 9.20), e o Espírito

da descida do Espírito sobre Jesus no Jordão como um batismo no Espírito; e certamente não podemos negar que foi esta unção com o Espírito que equipou Jesus com poder e autoridade para sua missão vindoura (At 10.38)".[39]

Jesus, o Espírito e a nova era

Sugeriu-se que a descida do Espírito Santo sobre Jesus em algum sentido marca o começo da era da Nova Aliança,[40] ou a chamada "era mediana de Lucas" (*die Mitte der Zeit*).[41] A ideia é que a experiência de Jesus

---

Santo vindo sobre seus seguidores. Nesse sentido restrito, somente Jesus pode ser ungido; portanto, somente Lucas diz explicitamente que Jesus foi ungido (*echrisen*). Em Lucas, os seguidores de Jesus não são expressamente descritos como ungidos (i.e., usando *chriō* ou *chrisma*, que ocorre apenas em referência aos crentes no NT – 2Co 1.22 e 1Jo 2.20, 27). O significado real é reservado para Jesus, mas Lucas apropria-se prontamente do resto dos paralelos para expressar a relação dos crentes e do Espírito Santo.

Outra razão mais aparente para o uso de Lucas de *ekcheō* para os crentes experimentando o Espírito Santo é que o verbo enfatiza o ato de Deus/Jesus derramando o Espírito Santo em vez de ressaltar o resultado do derramamento. (Lucas costuma usar "cheio com/cheio do Espírito Santo" para enfatizar os resultados.) O verbo é particularmente adequado para descrever o evento do Pentecostes. O Espírito Santo foi derramado sem restrições como um recipiente sendo esvaziado. Os crentes que anteriormente tinham acesso limitado ao Espírito Santo foram cheios. O Reino, assim como o advento do Espírito Santo, foi consumado. Isso era tanto um ato de Deus como uma experiência de crentes. Qualquer explicação da preferência de Lucas por *ekcheō* sobre *epicheō* deve ser apresentada com cautela à luz da frequência crescente de uso de prefixos preposicionais com verbos e sua permutabilidade em grego helenístico. No entanto, o uso supérfluo de prefixos preposicionais não é a explicação aqui, pois a presença de *ekcheō* se dá a partir da citação de Joel e da ausência de referências específicas à unção (χρίω) de crentes, que parece ter governado o uso lucano do termo. Também é aparente que Lucas veja os termos como pelo menos paralelos, senão iguais, uma vez que ele usa ἐπι no contexto com *ekcheō*. Porque ele usa *epi* com *cheō*, a imagem da unção é inescapável ao ver a relação dos crentes e do Espírito Santo.

39 Dunn. *Baptism in the Holy Spirit*. London: SCM Press, 1970, p. 24. Ele concede que se poderia "argumentar que o tema da *imitatio Christi* está aqui", mas sugere que "não existe base exegética séria para esta referência".
40 Ibid., pp. 24-33.
41 Cozelmann. *Theology*, pp. 22-3.

com o Espírito Santo no Jordão é única na medida em que inaugura a nova era; portanto, a experiência de Jesus com o Espírito Santo não é análoga à dos crentes. Lucas não está tentando colocar um abismo intransponível entre a experiência de Jesus e de seus discípulos com o Espírito na nova era do Espírito, depois do Pentecostes. Lucas vê Jesus unicamente como o Cristo, o ungido de Deus. Ele frequentemente usa os mesmos termos para descrever tanto a experiência de Jesus com o Espírito Santo como a experiência dos outros. Por exemplo, o Espírito Santo *desce* sobre (*katabainai epi*) Jesus enquanto que, sobre os crentes, ele *cai* (*epipiptō*) (At 8.16; 10.44; 11.15; 19.6, com uso similar para Simeão em Lc 2.25). Lucas segue a tradição sinótica no uso de *katabainō* para a descida do Espírito sobre Jesus (Mc 1.10 e Mt 3.16). Jesus, Estêvão e Barnabé são descritos como "cheios do Espírito Santo" (Lc 4.1; At 6.3, 5; 11.24). Jesus, "pelo [*en*] poder do Espírito, *voltou*"; Simeão, pelo [*en*] Espírito, *foi* ao templo (4.14; 2.27). Jesus diz: "O Espírito do Senhor é *sobre* [*epi*] *mim*" (4.18) enquanto, em Simeão, o "Espírito Santo estava *sobre* [*epi*]" ele (2.25). Jesus é *ungido com* o Espírito Santo (*chriō*, 4.18; At 10.38), e o Espírito Santo é *derramado* sobre os crentes (At 2.17, 33). Embora a pomba não apareça sobre os discípulos, esses outros paralelos não são acidentes. Lucas vê os crentes atuando semelhantemente ao Messias cheio do Espírito. Se Lucas quisesse enfatizar a diferença entre Jesus e os crentes, ele teria criado muitos paralelos?

Sustentar que Lucas enxerga o batismo de Jesus como o começo da nova era só é possível ignorando a atividade salvífica do Espírito Santo na narrativa da infância. Anteriormente, nos relatos da infância, Lucas mostra que o Espírito Santo é responsável pela concepção de Jesus e pelo testemunho do seu nascimento. As perguntas e respostas do menino Jesus no templo aparentemente ocorrem como um resultado da inspiração do Espírito Santo. Os discípulos posteriores de Jesus, em Atos, dão testemunho, assim como Jesus e as testemunhas da infância o fazem. Aparentemente, a vinda da nova era é um processo em si. Quando se trata da atividade do Espírito Santo, Lucas ofusca essa época que ele alegadamente criou. Claramente, a experiência de Jesus com a capacitação do Espírito é exemplar para os crentes. Se a experiência dos crentes não é a mesma que a de Jesus, é decerto congruente e paralela a ela (cf. Apêndice).

A voz divina

> *Tu és o meu filho amado, em ti me comprazo.*
> *(Lc 3.22)*

De acordo com seu programa geral, Lucas associa a capacitação de Jesus com o anúncio divino da sua filiação na descida da pomba. Na melhor das hipóteses, esta associação apenas está implícita nos outros Evangelhos. Em Marcos, a voz afirma a filiação divina de Jesus ao manter o título que aquele dá ao seu Evangelho (1.1). Além disso, em Marcos, a profecia Batista a respeito do batizador no Espírito Santo é subdesenvolvida, e suas ramificações para a igreja são amplamente ignoradas (cf. o final mais longo, 16.17-18).

Mateus segue o padrão de Marcos, reconhecendo que os eventos que circundam o batismo de Jesus afirmam principalmente que ele é o Filho de Deus. A profecia da vinda do batizador no Espírito em Mateus também liga Jesus à descida do Espírito de Deus e à voz divina. Para Mateus, a voz não aponta apenas para a filiação de Jesus, mas reitera a supremacia dele sobre João, uma das preocupações particulares de Mateus. A tradição da Fonte Q apresenta um conceito diferente para a abertura dos céus. Marcos diz *schizomenous* ("foram abertos ou divididos") enquanto Mateus e Lucas usam a forma *anoigō* ("foram abertos"). A expressão *Anoigō* frequentemente descreve atos de revelação.[42] O contexto em Lucas, entretanto, revela mais.

---

[42] A respeito do uso de *anoigō*, Marshall declara: "A abertura dos céus é uma indicação de que a revelação divina está prestes a acontecer" (*Gospel of Luke*, p. 152). C. H. Peisker

A descida do Espírito como a confirmação da profecia de João sobre aquele "que batiza no Espírito"

Como já se percebeu, Lucas mantém a compreensão tradicional do batismo de Jesus, usando-a para proclamá-lo como o Filho de Deus. Entretanto, ele vê este evento principalmente como capacitação divina de Jesus. Esta é provavelmente a observação de Lucas, e não da Fonte Q, já que as frequentes referências à capacitação de Jesus subsequente ao seu batismo são exclusivamente lucanas.[43] Diferentemente dos outros

---

e C. Brown percebem o uso especial de Lucas de *anoigō* ("abrir") ao expressar a revelação da verdade (Lc 3.21; 4.17; 11.9-13; 12.36; 13.25): "A referência em Lucas sugere que o momento para abrir e a autoridade para abrir, em última análise, repousam em Deus". Eles também percebem um uso de *anoigō* paralelo ao uso em 3.21 na visão de Pedro dos animais puros e impuros. "O fato de que o céu é aberto para descer o lençol (At 10.11) significa a origem divina e a autoridade da visão" ("Open", *NIDNTT*, 1976, n. 2, pp. 726-27). O uso de *anoigō* em relação às revelações apocalípticas está de acordo com o uso do AT (Cf. Marshall. *Gospel of Luke*).

43 A mão de Lucas está ousadamente presente no seu relato do batismo de Jesus. O uso de *en* com o infinitivo articular é tipicamente lucano, como Plummer percebe em sua lista de tais usos (*Luke*, p. 98, muitos dos quais precedidos por *egeneto*). Os usos exegéticos de *egeneto* que Plummer reconhece como de característica semítica são aplicados por Lucas mais frequentemente do que pelos outros evangelistas. Plummer percebe também, entretanto, que Lucas ajusta as construções usadas com *egeneto* para encaixar estruturas clássicas, como no caso de 3.21-22 (ibid., p. 45; cf. tb. Jeremias. *Die Sprache*, pp. 112-13). Muitos desses usos ocorrem exclusivamente em material lucano, e também parece que Lucas ajustou suas fontes para se encaixarem dentro desta estrutura, como está aparente no texto à disposição. Perceba que Mateus e Marcos têm *phōnē ek tōn ouranōn* (3.17 e 1.11 respectivamente) enquanto Lucas tem *phōnēn ex ouranou genesthai*. (Também contrasta com os paralelos sinóticos com 5.1; 9.33.) A falta e a ênfase gramatical no batismo de Jesus foi obra lucana, que torna a estrutura parelela da descida do Espírito e a voz divina mais impressionantes (Egeneto de [...] *aneōchthēnai ton ouranon kai katabenaito Pneuma to hagion* [...] *kai phōnēn* [...] *genestai*). Jeremias também percebe que esta construção é lucana, já que ela ocorre 22 vezes em Lucas e Atos e apenas uma vez em Mateus e Marcos (*Die Sprache*, p. 113). Perceba também o *hapas* caracteristicamente lucano. Referências à oração no ministério de Jesus são frequentemente inseridas por Lucas, como em 3.21. O singular de *ho ouranos* é provavelmente correção lucana do uso semítico de "céus", com que ele foi confrontado em Marcos e na Fonte Q.

evangelistas, Lucas não considera a identificação "Filho de Deus" como única função da predição joanina daquele que batiza no Espírito (Mt 3.11, 16-17; Mc 1.8, 10-11; Jo 1.33-34). Para Lucas, a profecia de João identifica Jesus como o ungido; contudo, ao identificá-lo como tal, a profecia é sobretudo entendida em termos de capacitação – e Lucas retrata essa como a maneira segundo a qual o próprio Jesus enxergava a profecia (At 1.4-5, 8; 11.16-17). Aqui, as experiências espirituais de Jesus e de seus discípulos convergem. O título "o Cristo"/"o ungido" é mais do que apenas um equivalente grego do título hebreu de Messias. Como os ungidos do AT (*E.g.*, 1Sm 10.1-10; 16.13), Jesus também foi capacitado para o ministério. Em outro contexto, Lucas sustenta que a unção de Jesus o habilitou para o ministério (4.18; At 10.38). Ele tem em mente a unção para o ministério visto ser o único a perceber a vinda corpórea do Espírito Santo sobre Jesus (3.22).

A relação entre o Espírito Santo e a filiação

Nas passagens seguintes ao relato do batismo de Jesus, sua capacitação e filiação são temas dominantes. No relato da tentação (4.1) e em duas referências a Jesus exorcizando demônios (4.33-35, 41), a capacitação de Jesus e o atestado de sua filiação estão inter-relacionados. Até mesmo as forças do mal reconhecem a sua filiação divina como um resultado do testemunho do seu poder. Lucas expressa a filiação de Jesus em termos da atividade do Espírito Santo (4.1, 14, 18 com 5.17). Assim sendo, não é de surpreender que Lucas faz suas referências à descida do Espírito Santo sobre Jesus e o anúncio divino de sua filiação com paralelos gramaticais, e até iguais. A filiação de Jesus é atestada pelo Espírito Santo: "Descerá sobre ti o Espírito Santo, e a virtude Altíssimo te cobrirá com a sua sombra, por isso também o Santo, que de ti há de nascer, será chamado Filho de Deus" (1.35) – a atestação de sua filiação e messianidade na ressurreição também acompanhadas pelo Espírito Santo (At 2.32-36; 13.33).

Cristologia Adocionista

Embora Lucas ligue a capacitação do Espírito Santo ao ministério messiânico de Jesus, ele não subscreve uma Cristologia Adocionista e não vê Jesus como um homem que se tornou o Cristo em resultado da descida da pomba. Uma leitura variante é Lucas 3.22, porque "Tu és o meu filho amado, em ti me comprazo", esta parece dar ênfase ao adocionismo: "Tu és o meu filho amado, *eu hoje te gerei*". Essa leitura ocorre em alguns pais da igreja e pode ser interpretada como a *lectio difficilior potior*[44] (do *Latim* que significa: A leitura mais difícil é preferível), mas seu suporte textual é tardio, raro e consta em manuscritos menos confiáveis.

Mesmo que a leitura de "gerado" seja originalmente lucana, ela não deve levar à conclusão de que este autor sustentou uma Cristologia Adocionista: (1) a leitura vem do Salmo 2.7, um salmo messiânico de entronização. "Gerado" refere-se à adesão do novo rei ao trono. Nesse sentido, o rei preenche o cargo de filho de Deus, evento acompanhado pela unção com óleo, a fim de invocar o poder do Espírito Santo para a tarefa real (1Sm 10.1-10; 16.13). A geração, neste contexto, significa simplesmente a inauguração; (2) as narrativas da infância excluem qualquer noção adocionista, ou seja, Jesus é primeiro declarado Filho de Deus como resultado da obra do Espírito Santo na sua concepção (1.35), e não do seu batismo. Além disso, para Jesus, o contato com o Espírito Santo na concepção permitiu-lhe, mesmo sendo um mero rapaz, conversar brilhantemente no templocom os doutores da lei (2.40-52). Não é necessário manter uma Cristologia Adocionista para sustentar que, como humano, embora único, Jesus foi especialmente equipado pelo Espírito Santo para cumprir sua missão como Messias. Sua experiência no Jordão, Lucas afirma, não constitui o seu tornar-se Filho

---

44 A definição de lectio difficile está na edição crítica de um texto, assentando a forma menos atual e, portanto, mais provável que seja autêntico, entre os formulários que aparecem em códigos diferentes. [**N.E.**]

de Deus (1.35), mas marca quando ele é, como Messias, publicamente habilitado para realizar obras poderosas.

Conclusão

A relação do Espírito Santo com Jesus comparada com sua relação com os crentes mostra que o Espírito Santo equipa as testemunhas na narrativa da infância para testemunhar o Messias, e que o mesmo Espírito Santo capacita os crentes para testemunhar sobre Cristo na era da igreja (At 2.33ss.). Em sua descrição do papel do Espírito Santo em inspirar as testemunhas lucanas, notamos Lucas como um teólogo que percebe a obra do Espírito Santo no ministério de Jesus e na vida de seus discípulos como, muitas vezes, análoga e, em muitos casos, idêntica. Assim, o batismo de Jesus e, particularmente, a descida da pomba tiveram grande importância para o entendimento da primeira igreja sobre sua experiência com o Espírito Santo. A unção de Jesus no Jordão e seu ministério subsequente tornaram-se um exemplo para os crentes.

No entanto, Lucas também insiste na singularidade da relação de Jesus com o Pai, tanto no que diz respeito à sua obra redentora na paixão-ressurreição quanto na posição suprema de Deus como aquele que derrama o Espírito Santo após a sua ascensão. Lucas nem sempre delineia os papéis do Espírito Santo e de Jesus, mas certamente deixa claro que, em princípio, as experiências dos crentes com o Espírito Santo não podem ser equivalentes ao relacionamento de Jesus com o Espírito. A concepção de Jesus pelo Espírito Santo é inconfundivelmente única (Lc 1.35). No entanto, Lucas muitas vezes observa as semelhanças entre a relação de Jesus com o Espírito e a relação dos crentes com o Espírito. Na verdade, ele observa as semelhanças mais do que as diferenças. Lucas mantém os dois contextos em uma tensão dinâmica, não omitindo um ou outro.

Jesus, o Filho de Deus ungido pelo Espírito

O Evangelho de Lucas deliberadamente evita dizer que João batizou Jesus. Lucas minimiza o batismo de água no ministério de João e na experiência de Jesus no Jordão, centrando seu texto na capacitação para o ministério. Além disso, no contexto que se segue, Lucas enfatiza o poder e a orientação do Espírito no ministério de Jesus que resultou da descida da pomba. Ele insere referências ao Espírito Santo na tradição sinótica e substitui o relato sinótico do ministério de Jesus de Nazaré por outra versão que enfatiza o papel do Espírito Santo. Além disso, ignora a ordem cronológica usual do ministério de Jesus encontrada em Mateus e Marcos para colocar referências à habilitação do Espírito de Jesus no início do seu ministério.

Lucas não está fazendo essas afirmações sobre o papel do Espírito Santo em capacitar Jesus simplesmente com base em sua opinião. Pelo contrário, está testemunhando a verdade, isto é, Jesus foi realmente capacitado pelo Espírito Santo no Jordão. Além disso, assim como o Espírito Santo inspirou as primeiras testemunhas do nascimento de Cristo em Lucas e as testemunhas da Igreja Primitiva em Atos, inspirou também o testemunho de Lucas sobre Jesus. O Espírito Santo deu a Lucas um mandato – ele devia dizer a seus leitores que, sim, Jesus foi realmente capacitado pelo Espírito Santo. Mais tarde ele nos informa que Jesus derramará o mesmo Espírito Santo sobre todos os que crerem nele, capacitando-os para testemunhar também. No próximo capítulo exploraremos a apresentação de Lucas sobre o ministério de Jesus cheio do Espírito.

CAPÍTULO 5

O ESPÍRITO SANTO E A TENTAÇÃO DE JESUS

> *E Jesus, cheio do Espírito Santo, voltou do Jordão e foi levado pelo Espírito Santo ao deserto. E quarenta dias foi tentado pelo diabo. (Lc 4.1-2)*

"No poder do Espírito"

Seguindo o relato de Lucas sobre a capacitação de Jesus pelo Espírito Santo no Jordão, o texto prossegue no mesmo tema, agora com o relato da tentação de Jesus no deserto. Lucas menciona o Espírito Santo e sua influência sobre Jesus em quatro ocasiões no capítulo 4 (duas vezes em 4.1, imediatamente antes da tentação no deserto, uma vez em 4.14, imediatamente antes do ministério público de Jesus, e uma em 4.18, na inauguração de seu ministério em Nazaré). Assim, ele enquadra o relato da tentação com referências ao Espírito Santo. Em contraste, os correspondentes paralelos sinóticos em Marcos e Mateus mencionam o Espírito Santo apenas uma vez (Mc 1.12; Mt 4.1). Embora Lucas use o relato básico das tentações, assim como Mateus, há alguma variação em sua ordem, além da inserção de alguns comentários exclusivos. A apresentação de Lucas sobre a tentação de Jesus é similar ao seu manuseio do material Batista: sublinhando o papel do Espírito Santo. Contudo, ao enfatizar o Espírito Santo, Lucas mantém o tema sinótico comum da filiação, declarando que Jesus pôde cumprir seu ofício de filiação porque foi ungido pelo Espírito. Em nossa análise das referências ao Espírito Santo no relato da tentação, veremos que: (1) Lucas está principalmente interessado em registrar a capacitação de Jesus; (2) essa capacitação permitiu que Jesus falasse com autoridade – neste caso, particularmente, contra Satanás; (3) o poder para falar está em harmonia com os contextos precedente e seguinte; (4) a maneira como Jesus superou a tentação é um paradigma (ou padrão) para a maneira como seus discípulos venceriam a tentação.

Depois de Jesus receber o Espírito Santo no Jordão, Lucas apresenta a sua genealogia e, na sequência, retorna ao esboço de Mateus e Marcos ao apresentar o relato da tentação. Ao fazê-lo, Lucas continua o tema "Filho de Deus" inaugurado pela voz do céu no Jordão. Até mesmo o diabo pressupôs a filiação de Jesus nas tentações quando disse: "Se [já que] és o Filho de Deus [...]" (em grego, uma oração condicional de primeira classe que pressupõe o pressuposto como um fato). Embora Lucas seja rápido para afirmar a filiação de Jesus fazendo a ela referências repetidas, ele aponta que Jesus cumpre sua missão pelo poder do Espírito Santo (1.35; 4.14, 18; At 4.27; 10.38).[45]

Mateus 4.1	Marcos 1.12	Lucas 1.1-2
"Então foi conduzido Jesus pelo Espírito Santo ao deserto, para ser tentado pelo diabo".	"E logo o Espírito Santo o impeliu para o deserto".	"E Jesus, cheio do Espírito Santo, voltou do Jordão e foi levado pelo Espírito Santo ao deserto. E quarenta dias foi tentado pelo diabo".

---

45 "Por um lado, a história demonstra como o Espírito, que veio sobre Jesus, o guiou e o capacitou em sua nova tarefa; por outro lado, mostra como Jesus, como Filho de Deus, era obediente a Deus" (Marshall. *Gospel of Luke*, pp. 165-66).

O ajuste lucano do relato da tentação

Lucas molda exclusivamente o relato da tentação de Jesus recebido por meio de Marcos e da Fonte Q: (1) ele evita a expressão enfática de Marcos ("E logo o Espírito Santo o impeliu para o deserto", Mc 1.12 com Lc 4.1); (2) frequentemente omite o uso redundante que Marcos faz de "imediatamente/impeliu" (*euthys eutheōs*, usado 42 vezes em Marcos; e.g., Mc 1.10 com Lc 1.22, Mc 1.21 com Lc 4.31, 1.23 com 4.33, 1.29 com 4.38; 1.30 com 4.38 e muitos outros); (3) Lucas, assim como Mateus, evita o verbo "retirara", ou "expulsar", utilizado por Marcos (*ekballō*) para descrever a orientação do Espírito Santo, preferindo um mais suave: "guiado/conduzido" (*agō* em Lucas, *anagō* em Mateus); (4) Lucas também evita em outros trechos a linguagem forte de Marcos.[46]

"Cheio do Espírito Santo"/"Guiado pelo Espírito"

Mais significativa para o nosso estudo é a inclusão que Lucas faz da frase "cheio do Espírito Santo", além da retenção do sinótico "guiado pelo Espírito". Lucas inclui ambas as expressões na mesma declaração introdutória. É preciso perguntar: Não seria suficiente uma referência ao Espírito? Para Lucas, a resposta é "não". Ele não está sendo redundante ou pleonástico, tampouco efusivo ou desleixado. Em outro trecho, ao descrever alguém como "cheio com" ou "cheio do" Espírito Santo, Lucas dá à frase uma função especializada no texto. Seu uso em 4.1 não é uma exceção. Aqui, como em outros lugares, a "totalidade/plenitude" resulta em fala inspirada (At 6.3; 5, 8 com 6.10; 7.55; 11.23-24). Não é suficiente para Lucas dizer que Jesus foi guiado pelo Espírito ao deserto para ser tentado. Lucas conclui que ele estava "cheio" para vencer a tentação.[47]

---

46 E.g., Marcos diz que os céus foram "abertos" (*schizō*, Mc 1.10), enquanto Lucas e Mateus preferem um verbo mais suave (*anoigō*, Lc 3.21 e Mt 3.16).

47 Para a natureza lucana de "cheio do Espírito Santo", cf. Jeremias. *Die Sprache*, pp. 114-15. "A frase, obviamente, refere-se à descida do Espírito sobre Jesus no batismo". Fitzmyer diz que a frase é a redação lucana (*Luke*, p. 1.507). "Estas palavras ligam a tentação intimamente com o batismo" (Plummer. *Luke*, p. 107).

O uso exclusivo de Lucas da frase "voltou do Jordão" também mostra a pretensão de que seus leitores associem a plenitude pneumática de Jesus com a descida do Espírito sobre ele no Jordão. Além disso, Lucas derruba a referência de Marcos às feras selvagens (1.13), bem como a menção de anjos incluída em Mateus e Marcos. Lucas está ansioso para mostrar que Jesus venceu o diabo confiando no Espírito Santo.

O testemunho inspirado contra o diabo

Lucas é atraído para o relato da tentação por várias razões. Jesus vence as sugestões do diabo – não na realização de um milagre (4.3), mas pelas palavras dadas a ele pelo Espírito. É por isso que Lucas descreve Jesus aqui como "cheio do Espírito Santo", o que não significa excluir outros significados da frase, pois Lucas não é avesso a associar a plenitude do Espírito com sabedoria, poder, alegria, milagres, fé e revelação, como é evidente em Lucas-Atos (At 6.3, 5, 8, 10; 7.55; 1.23-24). No entanto, o papel dominante de "ser cheio" e "cheio" em Lucas-Atos refere-se ao discurso inspirado. As palavras do Espírito Santo são adequadas para sufocar a tentação do diabo.

Não um poder mágico, mas um estilo de vida

Não se deve presumir, todavia, que as palavras de Jesus são meras fórmulas mágicas que lhe permitem automaticamente neutralizar as tentações. As respostas de Jesus revelam que o poder de suas palavras se baseia em seu relacionamento com Deus. Todas as suas palavras nas tentações enfatizam essa relação (4.4, 8, 12). Lucas deixa claro que o poder do Espírito Santo não é um poder mágico neutro para uso de qualquer um – ele mostra Ananias, Safira e Simão, o mago, como exemplos das loucuras de tal presunção (At 5.1-11; 8.9-24). Embora Lucas não se oponha à experiência de Jesus "cheio do Espírito Santo" como indicativa de um relacionamento contínuo com Deus, ele se vale dela para explicar como Cristo é capaz de falar efetivamente contra a tentação.[48]

Lucas também nos diz que nem toda testemunha, mesmo quando identifica corretamente Jesus como o Filho de Deus será tolerada se não for do Espírito de Deus. "E também de muitos saíam demônios, clamando e dizendo: 'Tu és o Cristo, o Filho de Deus!'. E ele, repreendendo-os, não os deixava falar, pois sabiam que ele era o Cristo" (Lc 4.41; cf. tb. 4.35; 8.28; At 16.16-18). Assim, estar "cheio do Espírito Santo" não é um exercício de encantamento gnóstico ou de magia, mas uma capacitação que requer um relacionamento justo com Deus.

Jesus como um humano guiado pelo Espírito

A apresentação exclusiva de Lucas sobre a tentação consiste em uma forte declaração sobre a natureza de Jesus e de seus discípulos. Jesus é descrito nos mesmos termos que outros seres humanos: capacitado pelo Espírito Santo. Ele confia nos recursos de Deus para vencer a tentação. A partir de outros textos no cânon, alguns assumiram que, já que Jesus era divino, seria impossível para ele cair em tentação. O uso de Lucas de "cheio do Espírito Santo" e "guiado pelo Espírito" torna duplamente claro que as tentações de Jesus eram reais e que ele

---

[48] Em alguns estigmas da teologia no movimento carismático, "o poder da palavra falada" é enfatizado. Presume-se que a confissão positiva como uma "lei espiritual" criará algo do nada, trazendo à existência coisas que não são. Para uma análise desta doutrina, cf. D. McConnell. *A different Gospel* (Peabody, Mass: Hendrickson, 1988). Isto não é o que Jesus fez no deserto. Jesus não apenas "confessou" mais as Escrituras do que o inimigo. Pelo contrário, as três citações do AT faladas por Jesus não criaram algo novo, mas lembraram Jesus de sua relação já existente com seu Pai. Jesus não entrou numa competição de gritos com o diabo; o que Jesus disse centrou sua atenção em Deus. O poder era predicado em um relacionamento com Deus (1.35; 2.49; 3.21-22, 38). Simão Pedro deixou claro a Simão, o mago, que o poder vem apenas no contexto de um relacionamento com Deus (At 8.9-24). Jesus não estava praticando a magia, aplicando fórmulas gnósticas ou confiando nos recursos de seu próprio gênio para manipular "leis espirituais". Ele venceu o diabo porque foi capacitado pelo Espírito Santo, que recebeu de seu Pai. Até mesmo o Jesus homem confiou na graça de Deus (Shelton. "*Luke* 4.1-13", pp. 111-19).

era verdadeiramente humano, não confiando em seu próprio poder e recursos, mas em Deus. Caso contrário, as tentações teriam sido um drama pré-arranjado, uma mera farsa.[49]

Jesus e a tentação como um exemplo

Enquanto Lucas afirma que a experiência de Jesus como Filho de Deus através da obra do Espírito Santo é exclusiva, ele também mostra que, em sua humanidade, Jesus depende do Espírito Santo para vencer a tentação e concretizar seu ministério.[50] É por isso que Lucas usa os mesmos termos para expressar a relação de Jesus com o Espírito Santo e com os crentes. Esta é uma boa notícia para os leitores de Lucas. As tentações de Jesus são reais, tão reais quanto os dilemas de qualquer outra pessoa. Jesus não depende da singularidade de seu nascimento gerado pelo Espírito (1.35) ou de seu ofício de Messias para vencer a tentação. Ele supera o mal como Deus espera que todas as pessoas triunfem – através do poder do Espírito Santo. As palavras inspiradas que permitem essa superação provêm da experiência de Jesus com o Espírito de poder de Deus.

---

49 Isso não significa que Lucas, ou o presente escritor, seria avesso ao reconhecimento de Jesus como divino. Qualquer reivindicação de divindade não diminui a humanidade de Jesus. Jesus como um homem sujeito às paixões humanas impede qualquer desequilíbrio gnóstico que enfraqueceria a realidade de Jesus como um Salvador terreno, bem como um ser espiritual divino.

50 John Navone afirma corretamente que "a tentação de Cristo (Lc 4.1-13) tem um sentido único". Ele observa que Lucas não chama Satanás de "o tentador" como Mateus o faz; assim, a experiência de Jesus é única, "indicando que o diabo não está exercendo aqui sua função típica, também exercida em relação aos fiéis (1Ts 3.5). Essa tentação não tem qualquer contrapartida na vida do cristão; antes, é a experiência única do Filho de Deus (Lc 4.3)" (*Themes*, p. 179). É verdade que as experiências messiânicas de Jesus como o Filho de Deus são únicas. Mas a ausência do termo "tentador" (*ho peirazōn* não é significativa, porque Lucas diz que Jesus estava sendo "tentado (*peirazomenos*) pelo diabo" (4.2). A experiência de Jesus em tentação não era exatamente a mesma que a dos cristãos quando sua messianidade estava sendo atacada. No entanto, sua experiência é paralela com a experiência de seus seguidores, e seu exemplo é paradigmático para eles. Quando se leva em conta o significado redacional de "cheio do Espírito Santo" em Lucas e Atos, os paralelos entre a experiência de Jesus e a dos crentes são inescapáveis.

Discurso inspirado contra os oponentes

O mesmo Espírito que deu poder a Jesus capacitará seus discípulos a falarem contra a oposição, assim como ele havia predito: "E quando vos trouxerem diante das sinagogas e dos governantes e autoridades, não vos inquieteis com como ou o que haveis de responder, porque o Espírito Santo vos ensinará naquela mesma hora o que haveis de dizer" (Lc 12.11-12). Esta profecia é importante para Lucas, visto que ele mostra várias vezes sua realização em Atos (4.1-23; 5.25-41; 6.10–7.60; 22.30–26.32) e dá duas versões dela nos lábios de Jesus (Lc 12.11-12; 21.12-15). Na última versão, Lucas diz que Jesus dará à testemunha "uma boca e sabedoria que nenhum de seus adversários poderá resistir ou contradizer" (21.15). Vinculado a 12.11-12, Lucas vê o Espírito Santo como a origem do testemunho, e reconhece sua sabedoria impecável. Em Atos, Lucas nos dá um exemplo de cumprimento da profecia de Jesus: Estêvão estava "cheio do Espírito Santo" (At 6.3, 5); Em consequência, seus oponentes "não poderiam resistir à *sabedoria* e ao Espírito com que falou" (At 6.10, grifo nosso).

Em outro trecho, Lucas relata que Elimas, o mago, tentou dissuadir o procônsul Sérgio Paulo do testemunho de Barnabé e de Paulo. Paulo, "cheio do Espírito Santo, olhou atentamente para ele e disse: 'Filho do diabo, inimigo de toda a justiça, cheio de todo o engano e vilania, não pararás de perturbar os retos caminhos do Senhor? Agora, eis que a mão do Senhor está sobre vós, e sereis cegos e incapazes de ver o sol de tempos em tempos'. Imediatamente nevoeiro e escuridão caíram sobre ele" (At 13.9-11). Cheio do Espírito Santo, Paulo testemunhou contra alguém que estava cheio de fraude. O mesmo Espírito que fala pelo Filho de Deus fala contra os filhos do diabo. Assim, para Lucas, a experiência de Jesus nas tentações do deserto é muito semelhante às experiências de seus discípulos.

Um estilo de vida de dependência do Espírito Santo

Dentre os evangelistas, apenas Lucas sugere que, para Jesus, a experiência da tentação no deserto não era uma confrontação única com o diabo, pois ele diz que o diabo "partiu dele até um momento oportuno" (4.13). Lucas reconhece que a tentação de abraçar os pontos de vista populares de justiça, tomar atalhos e condenar o mal para fazer o bem perseguiram os calcanhares de Jesus até a cruz. Assim, para Lucas, suportar as tentações não é meramente um ato encenado por um ser divino incapaz de ser tentado, mas um estilo de vida de um ser humano dotado pelo Espírito Santo e dependente dele. A ênfase de Lucas a respeito do Espírito na narrativa da tentação é ao mesmo tempo sóbria e encorajadora para os discípulos de Jesus em sua luta contra o mal.

CAPÍTULO 6

O ESPÍRITO SANTO E A INAUGURAÇÃO DO MINISTÉRIO PÚBLICO DE JESUS

Como no relato da tentação, o Espírito Santo é uma característica central da descrição de Lucas sobre a inauguração do ministério público de Jesus em Nazaré (Lc 4.14-30). Em ambos – sua introdução ao início do ministério público de Jesus (vv. 14-15) e sua versão do ministério de Jesus em Nazaré (vv. 16-30) – Lucas fala da atividade do Espírito Santo. Marcos e Mateus, porém, não dizem nada do Espírito em suas versões dos mesmos eventos. Só Lucas menciona que, depois da experiência do deserto, Jesus retornou à Galileia "no poder do Espírito" (4.14) e leu o rolo de Isaías na sinagoga de Nazaré: "O Espírito do Senhor está sobre mim" (4.18-19; Is 61.1).

O ajuste lucano do relato sinótico

Lucas se afasta conscientemente da versão de Marcos sobre o começo do ministério de Jesus: (1) ele edita e reordena o material marcano, muitas vezes diferindo-se do conteúdo, da cronologia e da ordem de Mateus, bem como de Marcos; (2) ele insere suas próprias observações usando seu vocabulário e estilo para fazer conhecer seus interesses imperativos; (3) além disso, ele prefere a versão de uma tradição mais antiga do que o relato de Marcos. Como antes no Evangelho, seu propósito é mostrar a centralidade do Espírito Santo no ministério de Jesus.

Criatividade lucana?

No início do século XX, alguns estudiosos afirmaram que Lucas criou uma nova versão do início do ministério de Jesus e da rejeição em Nazaré, reformulando e expandindo extensivamente a versão de Marcos em uma propaganda mais longa. Nessa reconstrução da história da tradição sinótica, Lucas foi muitas vezes visto como criando novos eventos na história de Jesus. Argumentou-se que Lucas fez isso para tecer um ponto teológico não observado por Marcos. Atribuir as variações sobre o tema no relato da rejeição de Nazaré à criatividade lucana provou ser atraente. Bultmann, Creed, Dibelius, Leaney e outros[51] sustentam uma criatividade lucana extensa. Leaney, no entanto, faz modificações em sua avaliação e considera Lucas 4.16-22a, 23a, 25-30 como possivelmente derivados de uma tradição que não vem de Marcos;[52] contudo, sustenta que a essência do relato de Lucas, criado por ele ou por um predecessor, vem de Marcos.[53]

As principais razões para considerar a passagem como uma obra da criatividade lucana são: (1) Lucas registra o conteúdo do discurso de Jesus enquanto Mateus e Marcos não o fazem; (2) o tema do discurso corresponde ao propósito de Lucas; (3) a referência parentética

---

51 I. R. Bultmann. *The history of the synoptic tradition*. Trad. J. Marsh. 2. ed. Oxford: Blackwell, 1972, pp. 31-32, 361, 368. Bultmann identifica os vv. 25-27 como tradicionais (cf. p. 32, Conzelmann. *Theology*, pp. 29-30, 31, n. 1) • De acordo com Dibelius, "toda a narrativa, no entanto, não é nova como uma lenda, mas só é preenchida por Lucas ou por algum narrador mais velho • As peculiaridades da narrativa de Marcos ainda constituem o esqueleto, ou seja, o espanto, a ofensa e o dito sobre o profeta desprezado" (*From tradition to Gospel*. Trad. B. L Woolf. Nova York: Scribner, 1965, pp. 110ss.) • cf. tb. H. Anderson. "Broadening Horizons: the rejection of Nazareth pericope of Luke 4.16-30 in light of recent critical trends". *Int* 18, 3 jul 1964, pp. 259-275 • Creed também afirma que não há fontes não pertencentes a Marcos, mas que a influência da versão de Marcos ainda pode ser traçada (*Luke*, 64, cf. tb. Leaney. *Luke*, 50ss.; Conzelmann. *Theology*, pp. 31-33.) • Para uma pesquisa de opiniões, cf. H. Anderson. *Rejection at Nazareth*.
52 Leaney. *Luke*, p. 54.
53 "Parece razoável concluir que Lucas escreveu sua versão da rejeição em Nazaré como um substituto de Marcos 6. 1-6, que ele omitiu" (ibid., p. 51).

a Cafarnaum sem antecedente explícito implica uma inversão na cronologia (v. 23);[54] (4) há uma aparente contradição entre o louvor da multidão de Jesus e sua animosidade para com ele (vv. 22ss., 28);[55] (5)

---

[54] Conzelmann assume que, como o nome do lugar, Cafarnaum, parece estar fora de ordem cronológica, Lucas deve estar usando Marcos como sua fonte, já que, nesse Evangelho, Cafarnaum vem após a introdução do ministério de Jesus e antes dos eventos em Nazaré (*Theology*, p. 33). A outra fonte, no entanto, poderia refletir a mesma ordenação dos eventos, como em Marcos (i.e., introdução, Cafarnaum, Nazaré) com o evento de Nazaré ocorrendo mais cedo, mas ainda em sucessão adequada, algo que Lucas não observa na sua pressa de ter Jesus afirmando a sua própria unção com o Espírito. De maneira semelhante, Lucas ignora a cronologia envolvendo a prisão de João e João batizando Jesus (3.18-21).

[55] Leaney observa: "Não é demais dizer que Lucas, em seu desejo de combinar a narrativa de uma visita triunfal com uma rejeição, nos deu uma história impossível" (*Luke*, p. 52). Alguns também afirmaram que a versão lucana trai sua estranha natureza composta: parece que a multidão primeiro fala bem de Jesus e, então, inexplicavelmente, volta-se contra ele. A aprovação de curta duração da multidão e, em seguida, a sua animosidade não necessariamente têm de ser vistas como estranhas. De fato, Lucas oferece mais por meio de explicação do que Mateus ou Marcos. Jesus deliberadamente antagonizou o povo com sua recusa em realizar milagres e sua alusão aos gentios como pessoas favorecidas. Além disso, *thaumazō* e *martyreō* não necessariamente indicam a aprovação da multidão, mas, na verdade, poderiam significar o oposto (cf. B. Violet. *Zum rechten Verständnis der Nazareth Perikope, Lc 4:16-30*. ZNW, 37, 1938, pp. 251-271) • F. Gils. *Jésus Prophète d'Après les Evangiles Synoptiques*. Louvain: Université de Louvain Institut Orientaliste, 1957, pp. 18ss. • Marshall. *Gospel of Luke*. • J. Jeremias. *Jesus's promise to the nations*. Trad. S. H Hooke. Londres: SPCK, 1958, pp. 44ss. • Jeremias sugere que não há nenhuma mudança essencial na atitude do público. Seguindo a sugestão de Violet para uma leitura pejorativa para *martyreō* e *thaumazō*, ele propõe que o povo se ofendeu por Jesus deixar de lado a referência ao "dia da vingança" para os iníquos em Isaías 61.2 (J. Jeremias. *Jesus's promise to the nations*, pp. 44ss.). Isso explicaria seu descontentamento se transformando em raiva cega quando Jesus repreendeu sua cidade natal, ao mesmo tempo admitindo que ele tinha feito milagres em Cafarnaum, provavelmente para gentios. Parece estranho, entretanto, por várias razões que a omissão da referência ao "dia da vingança" causaria animosidade na atitude geral do seu público. Jeremias está correto em sustentar que não há quebra nos versículos 22-23 (cf. tb Marshall. *Luke*, p. 180), mas a razão mais provável para a atitude ambivalente da multidão é a sua hesitação em aceitar o "menino da cidade natal" como um profeta. Lucas revela que este é o sentido da questão no verso 22, "Não é este o filho de José?", citando o provérbio "Médico, cure-te", no verso 23 (Anderson. *Rejection at Nazareth*, p. 268). Eles não podiam aceitá-lo, embora reconhecessem a verdade de suas palavras e desejassem ver mais evidências para sustentar suas afirmações. A ausência de uma referência explícita às multidões que se ofendiam com Jesus, antes que ele as antagonizasse nos vv. 25-27, pode ser devida à influência da versão de Marcos em Lucas

o tom universalista das referências aos gentios que mais tarde dominam a atenção de Lucas (vv. 25-27) tem paralelos com a missão da igreja que parecem estranhos neste primeiro período do ministério de Jesus; e (6) em Mateus e Marcos, a visita de Jesus a Nazaré resulta em rejeição e eficácia limitada, enquanto que, em Lucas, resulta em tentativa de assassinato por parte da multidão.

Uma tradição alternativa

Outros estudiosos, no entanto, têm uma teoria diferente para explicar as diferenças na versão de Lucas sobre a introdução do ministério de Jesus (4.14-15) e o ministério em Nazaré (4.16-30). Com base nas preferências de vocabulário de Lucas, eles identificaram uma tradição alternativa por trás de sua versão.[56]

Embora se deva admitir que alguma elaboração e adição ocorram no relato lucano,[57] as objeções a uma tradição alternativa como fonte podem ser respondidas. Todas as versões sinóticas observam que

---

ou sua fonte. Presume-se que a ofensa foi tomada sob a influência da história de Marcos. Contudo, é preciso salientar que não é necessariamente o caso; muitos dos "problemas" em nossa passagem existem principalmente quando Marcos é usado como a vara de medição. A passagem de Lucas não precisa ser completada por Marcos para esclarecimento; faz sentido por conta própria. Se o público de Nazaré estava inicialmente satisfeito ou confundido pelo anúncio de Jesus, Lucas deixa claro que o próprio Jesus provocou deliberadamente aqueles que o odiavam na advertência da passagem.

56 H. Schürmann. "'Bericht von Anfang' Ein Rekonstruktionsversuch auf Grund von Lk 4:14-16". In: *Traditionsgeschichtliche Untersuchungen zu der synoptischen Evangelien*. Düsseldorf: Patmos, 1968 • *Das Lukas-evangelium: Erster teil Kommentar zu Kap. Eu.* 1-9, 50. Freiburg: Herder, 1969, pp. 227-28 • Marshall. *Gospel of Luke*, pp. 176-190 • Chilton. *God on Strenght*, pp. 125-177 • Além disso, especialmente cf. Jeremias, que identifica o volume de 4:15-30 como tradicional com a mesma parte de 4:14 como pré-lucana (*Die Sprache*, pp. 119-128) • Para um resumo das principais posições sobre a passagem, cf. Fitzmyer. *Luke*, pp. 1.526-1.530.

57 Tal como nos vv. 25-27, que poderiam ser adicionados por Lucas de outra tradição. A referência a Cafarnaum no v. 23 provavelmente indica uma quebra na cronologia, mas isso não significa necessariamente que a ruptura se deva à apropriação do material de Marcos. Pode bem significar que outra tradição foi reordenada, como Schürmann sugere para o verso 14b (*Lukasevangelium*, p. 223).

Jesus ensinou em Nazaré. Só Lucas dá um relato do que foi dito, mas Jesus "deve ter dito *alguma coisa*, e não é improvável que Marcos tenha omitido detalhes, como costuma fazer".[58] O interesse de Lucas pela Pneumatologia é óbvio antes e depois desta passagem, mas isso não necessariamente exige que Lucas tenha criado o discurso de Jesus que declarou sua unção espiritual. A presença das referências ao Espírito Santo pode, de fato, ter atraído Lucas para a fonte não marcana.[59]

Joachim Jeremias trabalhou em um caso estatístico cuidadosamente estudado, demonstrando que grande parte da linguagem em Lucas 4.14-30 é pré-lucana. Palavras que Lucas geralmente evita de Marcos aparecem nesta passagem; na verdade, ele raramente usa essas palavras, mesmo em Atos. Jeremias considera tal fato como prova de que Lucas está utilizando tradições não pertencentes a Marcos.[60] Além disso, a presença de estruturas semíticas tende a confirmar o caráter pré-lucano da passagem.[61] Dos vários exemplos desta evidência, a ortografia usada para a cidade natal de Jesus é o mais impressionante. Em 4.16, Nazaré é escrita "Nazara". Esta ortografia nunca ocorre no Evangelho de Marcos, e Lucas prefere "Nazaré" em outro lugar do texto. É provável que Lucas receba essa ortografia de sua fonte não marcana.[62] Como isso ocorre apenas aqui e em Mateus 4.13, que também descreve o início do ministério de Jesus, Schürmann e Streeter sugerem que a Fonte Q pode ser a tradição alternativa de Lucas neste contexto.[63]

---

58 Marshall. *Gospel of Luke*, p. 180.
59 Mesmo Dibelius esquiva-se da extensa criatividade lucana: "Mas neste caso o autor de Lucas não possuía a liberdade do autor que, em Atos, o ajudou na composição dos discursos, não se atreveu a colocar tal 'discurso' na boca de Jesus" (*Tradition*, p. 111). Se Lucas é dependente de uma tradição para a citação de Isaías nos v. 18ss., então é mais fácil explicar a natureza composta da citação que não é caracterizada por Lucas (Leaney. *Luke*, 53 • Chilton. *God in Strength*, pp. 143-47).
60 Jeremias. *Die Sprache*, pp. 119-28.
61 Além de Jeremias. *Die Sprache*, 17-27, cf. Schürmann. *Lukasevangelium*, pp. 224-244 e Chilton. *God in Strength*, pp. 127-77.
62 Schürmann. *Lukasevangelium*, p. 227 • Jeremias. *Die Sprache*, 120-121 • Chilton. *God in Strength*, p. 129.
63 Schürmann. *Lukasevangelium*, pp. 227-28. Fitzmyer expressa cautela aqui, observando

A preeminência da redação lucana

Independentemente do veredito final, as origens da apresentação de Lucas sobre a inauguração do ministério de Jesus e sua agenda redacional e teológica contrastam com outros escritores do Evangelho. Felizmente, estes quesitos são identificáveis e imutáveis se a passagem é vista (1) como Lucas principalmente criando um novo evento do Evangelho ou (2) como resultado do cuidadoso equilíbrio de Lucas entre as tradições relacionadas e seu vocabulário distinto. Pesquisas recentes que revelam a tradição pré-lucana por trás dessa passagem não obscurecem a ênfase redacional de Lucas.

No primeiro caso, subestimando as referências ao arrependimento, Lucas transforma a tradição de Marcos em uma nova história de Jesus para apresentar o papel do Espírito Santo e o poder no ministério inicial de Cristo. No segundo caso, Lucas prefere uma tradição não marcana porque isso lhe proporciona uma oportunidade de enfatizar o Espírito Santo e o poder, em vez de o motivo do arrependimento encontrado na versão de Marcos das primeiras palavras públicas de Jesus (1.14-15). De qualquer maneira, a mensagem e os motivos de Lucas permanecem claros: Jesus é o homem guiado pelo Espírito *por excelência*.

Não é possível aqui identificar exaustivamente o caráter tradicional ou redacional do vocabulário de Lucas 4.14-30; tampouco é diretamente crucial identificar o *pedigree* dessas palavras para isolar os interesses redacionais de Lucas. Isso não quer dizer, entretanto, que as histórias das tradições do Evangelho sejam sem importância, pois a crença cristã se eleva ou cai sobre as testemunhas dentro da história. Essas testemunhas relacionam eventos sobrenaturais e naturais que

---

que a inauguração de Mateus do ministério de Jesus é em certa medida dependente de Marcos 1:14 (*Luke*, p. 1.530). No entanto, a confusão de Mateus de suas fontes marquinas e não marquinas é plausível. Em relação ao uso exclusivo de "Nazara" em Mateus 4.13 e Lucas 4.16, Streeter conclui: "Pareceria como se a Fonte Q, que claramente tinha uma ou duas palavras de introdução narrativa à pregação de João e à tentação, tivesse um breve aviso da mudança de cena em que o nome Nazara ocorreu" (*Four Gospels*, p. 206).

ocorreram no contínuo tempo-espaço da história terrena, e não em algum mundo mítico inferior. Nesse caso, Lucas está aparentemente usando outra tradição como fonte para 4.14-30, e *não* criando uma nova legenda. Ele está sendo cuidadoso para transmitir sua fonte fielmente, mas não hesita em usá-la para elaborar um argumento teológico.[64]

Embora a passagem possua realmente algumas características de Lucas,[65] muitos itens parecem ter uma coloração tradicional, alguns deles com afinidades e paralelos com passagens atribuídas à Fonte Q. As instâncias de terminologia não lucana tornam mais provável que Lucas é principalmente dependente de uma tradição não pertencente a Marcos.[66]

Felizmente, para esta investigação, nem uma reconstrução de fonte que confie fortemente em Marcos nem uma tradição de variante

---

64 Ao examinar o uso de Lucas do discurso escatológico de Marcos 13, F. C. Burkitt observa: "O que nos preocupa aqui não é que Lucas tenha mudado tanto, mas inventou tão pouco" (*Christian Beginnings*, Londres, 1924, p. 115) • F. F. Bruce segue a questão: "Se este é o veredito sobre Lucas em lugares nos quais sua fidelidade à sua fonte pode ser controlada, não devemos, sem razão, supor que ele não fosse igualmente fiel nos lugares em que suas fontes não estão mais disponíveis para comparação" (*The Acts of the Apostles: the greek text with introduction and commentary*. Leicester: InterVarsity, 1952, p. 19) • Para uma discussão mais completa sobre a historicidade em Lucas e Atos, cf. Gasque (*Criticism of Acts*) e Marshall (*Luke: historian and theologian*).

65 Tal como as palavras que Lucas costuma usar: ὑποστρέφω (32 vezes em Lucas e Atos do total de 35 vezes no NT); *atenizō* (12 vezes em Lucas e Atos do total de 14 no NT); a preferência lucana por *ou* e *pros* • Para uma lista mais detalhada, cf. Jeremias. *Die Sprache*, pp. 118-128.

66 A explicação de que Lucas combinou duas visitas diferentes de Nazaré não é impressionante • Cf. H. K. Luce. *The Gospel according to St. Luke*. CGTC, Cambridge: Cambridge University Press, 1933, p. 121 • M.-J. *Lagrange, evangile selon Saint Luc*. 3. ed. Paris: Victor Lecoffre, 1927, pp. 146-48 • J. P. Kealy. *Luke's gospel today*. Denville, N. J.: Dimension Books, 1979, 185 • A presença de uma ruptura aparente entre 4.22a e 4.22b "em que a aceitação e a rejeição de Jesus estão em justaposição insegura" é citada como evidência das duas visitas (Marshall. *Gospel of Luke*, p. 179). Os possíveis significados pejorativos de *thaumazō* e *martyreō*, no entanto, e a presença de aprovação e rejeição em algum grau em todas os relatos enfraquecem a sugestão. Mesmo que sejam aceitas, nossas observações não serão afetadas, pois a criatividade de Lucas e/ou sua preferência de uma fonte sobre outra seriam responsáveis pela passagem. Schürmann, Marshall e Chilton consideram que a fonte de Lucas é essencialmente não marquina e um paralelo com o relato de Marcos, não uma conflação.

não marcana afetariam significativamente nossas observações da manipulação de Lucas do discurso inaugural em Nazaré. Em ambos os casos, Lucas é responsável pelo produto final, quer pela sua seleção consciente de uma tradição em detrimento de outra, quer pela sua criatividade literária, e deve ser significativo para o seu programa se envolver em qualquer atividade.[67] Como costuma acontecer comigo, a reconstrução da fonte não impede o discernimento da intenção de Lucas.

As primeiras palavras públicas de Jesus em Lucas

O interesse de Lucas pela capacitação do Espírito de Jesus torna-se bastante claro quando contrastamos as primeiras palavras públicas de Jesus apresentadas em Mateus, Marcos e Lucas:

Mateus 4.12-17

Jesus, porém, ouvindo que João estava preso, voltou para a Galileia; e, deixando Nazaré, foi habitar em Cafarnaum, cidade marítima, nos confins de Zebulom e Naftali, para que se cumprisse o que foi dito pelo profeta Isaías, que diz: A terra de Zebulom e a terra de Naftali, junto ao caminho do mar, além do Jordão, a Galileia das nações; o povo, que estava assentado em trevas, viu uma grande luz; aos que estavam assentados na região e sombra da morte, a luz raiou. Desde então começou Jesus a pregar, e a dizer: Arrependei-vos, porque é chegado o Reino dos Céus.

---

67 Marshall. *Luke: Historian and Theologian*, p. 119. Conzelmann observa que, se 4.16-30 é uma "adaptação livre de Lucas da versão de Marcos", então devemos possuir não só uma ilustração impressionante de sua própria visão teológica, mas também do grau em que ele modificou suas fontes". Por outro lado, ele observa: "Mesmo que Lucas tenha substituído o relato de Marcos por uma variante de outra tradição, o fato é que ele estava familiarizado com ele. Por que ele não adere ao curso dos acontecimentos de Marcos? A questão é saber por que ele fez isso" (*Theology*, p. 32). Não podemos saber exatamente como Lucas modificou suas fontes, mas a reconstrução da fonte aqui não obscurece sua ênfase pneumatológica.

Lucas 4.14-19

Então, pelo poder do Espírito, voltou Jesus para a Galileia, e a sua fama correu por todas as terras em derredor. E ensinava nas suas sinagogas, e por todos era louvado. E, chegando a Nazaré, onde fora criado, entrou num dia de sábado, segundo o seu costume, na sinagoga, e levantou-se para ler. E foi-lhe dado o livro do profeta Isaías; e, quando abriu o livro, achou o lugar em que estava escrito: "O Espírito do Senhor é sobre mim, pois me ungiu para evangelizar os pobres. Enviou-me a curar os quebrantados de coração, a pregar liberdade aos cativos, e restauração da vista aos cegos, a pôr em liberdade os oprimidos, a anunciar o ano aceitável do Senhor".

Marcos 1.14-15

E, depois que João foi entregue à prisão, veio Jesus para a Galileia, pregando o Evangelho do Reino de Deus, e dizendo: O tempo está cumprido, e o Reino de Deus está próximo. Arrependei-vos, e crede no Evangelho.

As primeiras palavras de Jesus que Marcos apresenta dizem que ele introduziu o Reino de Deus, continuando o apelo de João Batista para o arrependimento e para que as pessoas confiassem no anúncio da boa-vontade de Deus. Mateus segue Marcos, sua fonte, e apresenta essencialmente a mesma mensagem. No entanto, Mateus vê uma oportunidade para elaborar seu tema frequente da realização geográfica da profecia (e.g., Belém, em 25-6; Egito, em 2.14-15; Rama, em 2.16-18; Nazareth, em 2.23; Deserto de Judá, em 3.1-3; Jerusalém, em 21.5; templo, em 21.12-13; campo do oleiro, em 27.7-10).

Lucas, no entanto, opta por seguir uma tradição diferente. Ao conectar primeiramente o arrependimento ao ministério de João, ele prefere associar a capacitação do Espírito Santo ao ministério de Jesus.

Como já foi apontado, o papel do Espírito Santo na capacitação de Jesus é tão importante para Lucas, que ele o menciona duas vezes em sua versão (4.14,18-19). Este padrão é uma continuação da dupla ênfase da influência do Espírito Santo sobre Jesus que Lucas estabeleceu na tentação (4.1 – "cheio do Espírito Santo" e "guiado pelo Espírito"). Claramente, Lucas é responsável por este posicionamento de referências ao Espírito.

Mais tarde, em Atos, Lucas novamente apresenta sua ênfase do Espírito no ministério de Jesus quando relata a pregação apostólica precoce. Pedro, por exemplo, associa Jesus com o poder espiritual (2.22; 4.27; 10.38), enquanto João Batista é associado ao arrependimento (10.37; 19.4).[68] Sem dúvida, pelo menos parte da razão mediante a qual Lucas se sente justificado ao fazer desta ênfase pneumática, especialmente no começo de sua apresentação do ministério de Jesus, é oriunda de a pregação precoce da igreja incluir esta ênfase (Note, no entanto, que mais tarde, no Evangelho, ele faz várias referências ao arrependimento em conexão com Jesus). Os paralelos entre Lucas 4 e a apresentação de Lucas da proclamação de Jesus pela Igreja Primitiva em Atos são impressionantes:

Lucas 4.14a, 18-19

Então, pela virtude do Espírito, voltou Jesus para a Galileia [...] O Espírito do Senhor é sobre mim, pois me ungiu para evangelizar os pobres. Enviou-me a curar os quebrantados de coração, a pregar liberdade aos cativos, e restauração da vista aos cegos, a pôr em liberdade os oprimidos, a anunciar o ano aceitável do Senhor.

Atos 2.22

Homens israelitas, escutai estas palavras: A Jesus Nazareno, homem aprovado por Deus entre vós com maravilhas, prodígios e sinais, que Deus por ele fez no meio de vós, como vós mesmos bem sabeis.

---

68 Em Atos 10.37, note que Pedro descreveu João como o "batismo que João pregou". Obviamente, Lucas usa o batismo como uma metonímia para o arrependimento, como é evidente em Lucas 3.3 e Atos 19.4.

Atos 10.38

Como Deus ungiu a Jesus de Nazaré com o Espírito Santo e com virtude; o qual andou fazendo bem, e curando a todos os oprimidos do diabo, porque Deus era com ele.

Como Chilton observa: "A tradição especial de Jesus utilizada por Lucas prega não a proximidade do Reino, mas precisamente o que a igreja prega (At 3, 20, 4, 27, 10, 38): sua própria unção.[69]

O ajuste lucano da cronologia do Evangelho

Para posicionar estrategicamente as referências ao Espírito Santo no capítulo 4 (vv. 1a, 1b, 14, 18), Lucas move o ministério de Nazaré cronologicamente para diante. Em Mateus e Marcos, a rejeição em Nazaré ocorre muito mais tarde, na campanha de Jesus na Galileia (Mt 13.53-58; Mc 6.1-6). A versão lucana exibe evidências de que ele próprio sabe que os acontecimentos estão fora de sequência, propositadamente permitindo que fique assim: "Antecipando as objeções do público, Jesus disse: 'Sem dúvida, me direis este provérbio: Médico, cure-te a ti mesmo: faze também aqui na tua pátria tudo *que ouvimos ter sido feito em Cafarnaum*'" (4.23, grifo nosso). Como Marcos e Mateus, Lucas está ciente de que Jesus ministrou primeiro em Cafarnaum, e realmente faz uma referência ao seu ministério em seu relato de Nazaré.

Dessa forma, Lucas ignora a cronologia a fim de agrupar eventos e ditos para construir um ponto teológico. Obviamente, para Lucas, a cronologia não é tão importante quanto a teologia. Já vimos outro exemplo disso quando ele registra o aprisionamento de João antes do batismo de Jesus. Uma vez que Marcos é uma de suas fontes, Lucas sabe muito bem que João batizou Jesus (3.19-22). Aparentemente, Lucas

---

[69] Chilton. *God in Strength*, p. 156.

tem pressa para anunciar a dotação de Jesus com o Espírito Santo no Jordão; portanto, o que ele vê como detalhes menores, como o fato de João funcionar como o agente da água do batismo de Jesus, por exemplo, deve ceder.

Da mesma forma, Lucas está com pressa para que Jesus leia a passagem de Isaías 61 em Nazaré: Jesus é ungido pelo Espírito Santo para cumprir sua missão. Somente depois de registrar este ponto é que Lucas foca sua atenção no ministério de Jesus em Cafarnaum (4.31-41).

Lucas é atraído para a passagem de Nazaré e se sente compelido a apresentá-la no início do ministério de Jesus, pois ele a vê como programática para todo o ministério do Cristo. No entanto, Jesus não é o único que Lucas tem em mente aqui. Chilton observa: "Lucas introduz a perícope de maneira a torná-la paradigmática para a missão de sua própria igreja".[70] Como Jesus, a igreja depende do Espírito Santo. Somente pelo seu poder a igreja dá continuidade às obras e às palavras de Jesus.

O Espírito e a fala inspirada no ministério de Jesus

A presença do Espírito Santo no início do ministério de Jesus tem uma dupla função: permitir que ele "cure e revele", tanto para realizar maravilhas como para falar com autoridade.[71] Parece que Lucas está interessado no falar inspirado mais do que no ato de operar maravilhas, mas os dois estão inextricavelmente ligados em Lucas-Atos. Na primeira metade de Lucas 4 e na declaração sumária dos versículos 14-15, no entanto, o ato de "falar" tem papel dominante. Lucas relata que Jesus voltou no poder (*dunamis*) do Espírito. Em outros lugares, *dynamis* está associado à cura e aos milagres. O principal resultado dessa dinâmica

---

70 Ibid., p. 134.
71 Utilizar o título de P. S. Minear, *Heal and reveal: prophetic vocation according to Luke*. Nova York: Seabury, 1976.

é o ensinamento de Jesus. Lucas mais tarde conecta a mensagem de Cristo à sua habilidade de realizar milagres (4.36); contudo, mesmo no evento anterior – a tentação –, Jesus foi autorizado pelo Espírito a não realizar um milagre (transformar pedras em pão), a fim de resistir efetivamente à tentação pela palavra de Deus. Também no resumo de Lucas sobre o início do ministério de Jesus (4.14-15), a primeira menção é: "ele ensinou nas sinagogas". Na passagem de Nazaré, Jesus basicamente funciona como um profeta com o Espírito cheio de palavras. Inspirado pelo Espírito Santo, Jesus lê, em Isaías,[72] sobre sua unção de Espírito, e declara que a profecia deve ser cumprida. Lucas observa aqui "as palavras graciosas que saíram da sua boca" (v. 22). Jesus antecipa as reservas dos ouvintes e profere palavras mais inspiradas, que dão início a um tumulto assassino.

Jesus alude seus milagres de Cafarnaum e compara seu ministério milagroso com o de Elias e Eliseu (4.23-27), dizendo que não haveria milagres em Nazaré. Sua unção de Espírito em Nazaré é para falar. Em contraste com os relatos de Mateus e Marcos sobre Nazaré, Lucas dá a impressão de que Jesus não faria milagres ali, em vez de não poder fazê-los por causa da incredulidade (Mc 6.5-6). Ele se recusa não só por causa da incredulidade, mas também porque quer construir um ponto teológico: desde o início, seu ministério é estendido aos gentios, um tema repetido em Lucas-Atos.[73]

Quando se analisa a profecia de Isaías lida por Jesus, falar parece ser o papel dominante. Jesus é ungido "para pregar boas novas aos pobres, proclamar a libertação aos cativos" e "o ano aceitável do Senhor". O anúncio profético domina. Isso não quer dizer que a investidura do

---

[72] Às vezes, supõe-se que Jesus pediu o rolo de Isaías (Lagrange. *Evangile Selon Saint Luc*, p. 138). Outros fazem caso de que esta passagem foi programada no lecionário judaico para ser lida nas sinagogas naquele sábado. Para um resumo destas posições, cf. Chilton. *God in Strength*, pp. 141, 160-161.

[73] Dada a frequente ênfase de Lucas sobre o Espírito Santo e a salvação para os gentios, especialmente em Atos, deve-se admitir sua limitação aqui.

Espírito não redunde em milagres. Lucas também menciona isso ao citar Isaías: "proclamar a libertação aos prisioneiros" e "libertar os oprimidos".[74] No entanto, note que, no contexto imediatamente seguinte ao acontecimento de Nazaré, Lucas se refere, em primeiro lugar, a ensinar em Cafarnaum "com autoridade" (vv. 31-32). Só depois de apontar o discurso inspirado de Jesus é que Lucas começa a contar sobre seu ministério de libertação e cura.

---

74 Perceba também a leitura variante, "curar os quebrantados".

CAPÍTULO 7

O ESPÍRITO SANTO E OS MILAGRES

Da concepção de Jesus até a inauguração do seu ministério em Narazé, vimos a ênfase de Lucas no papel do Espírito Santo na vida de Jesus. Esse interesse especial é uma de suas principais motivações ao escrever seu Evangelho, pois ele complementa outros que já haviam sido escritos (Lc 1.1-4). Lucas escreve porque quer trazer a tradição sinótica em conformidade com a Cristologia própria do querigma da Igreja Primitiva (pregação) como ele a entende. O ponto principal de Lucas é que Jesus é o Messias ungido pelo Espírito, tendo falado e realizado maravilhas pelo poder do Espírito Santo.

O Espírito Santo e os Milagres na Perspectiva Lucana

Embora em grande parte de seu Evangelho Lucas retrate o Espírito como autor do testemunho inspirado, ele não promove esse interesse especial em detrimento do ministério de milagres de Jesus e da Igreja Primitiva.[75] Lucas atrasa referências específicas sobre a realização de milagres de Jesus até depois de apresentar o ministério de Nazaré;[76] no

---

75 Minimizar os milagres violaria a visão inclusiva de Lucas da salvação, como expressa Lucas 4.18ss. e em outros lugares (cf. Lc 1.71; 6.9-14; 7.36-50; 8.36, 48, 50; 9.56 [variante]; 17.11-19; 19.1-10; At 4.9; 13.26; 16.30).
76 Em 4.23, Jesus menciona os milagres na antecipação dos pensamentos de sua audiência,

entanto, isso não significa que ele esteja desassociando os milagres da atividade do Espírito Santo. O volume de referências a milagres dissipa qualquer noção nesse sentido.

Lucas faz dois resumos principais que consideram o ministério de Jesus paradigmático. Um ocorre no Evangelho e, outro, em Atos; ambos se referem explicitamente a milagres de cura: "[...] Deus ungiu a Jesus de Nazaré com o Espírito Santo e com virtude (*dynamei*); o qual andou fazendo bem, e *curando* a todos os oprimidos do diabo, porque Deus era com ele" (At 10.38, grifo nosso).

> O Espírito do Senhor é sobre mim, pois me ungiu para evangelizar os pobres. Enviou-me a curar os quebrantados de coração. E pregar liberdade aos cativos, e *restauração da vista aos cegos*, a pôr em liberdade os oprimidos, a anunciar o ano aceitável do Senhor. (Lc 4.18, meu itálico)[77]

Além dessas referências principais à unção do Espírito Santo sobre Jesus para realizar milagres, Lucas também liga especificamente o Espírito Santo aos milagres nos seguintes episódios:

- A concepção de Jesus (Lc 1.35).
- O discernimento pré-natal de João e Isabel da gravidez de Maria e sua visitação divina (Lc 1.41-44).
- A identificação que Simeão faz de Jesus como o Messias (Lc 2.22-35).
- A glossolalia no Pentecostes (At 2.4).
- A operação de maravilhas de Estêvão (At 6.3, 5, 8).

---

mas apenas parenteticamente e sem antecedentes. Como demonstrado no capítulo 6, esta referência aos milagres está nas fontes de Lucas, as quais ele usa para enfatizar o discurso pela autoridade do Espírito Santo.

77 Observe tb. a variante de 4.18: "para curar os quebrantados de coração".

- A visão de Estêvão (At 7.55).
- A recepção samaritana do Espírito Santo (At 8.14-19).
- A recepção gentia do Espírito na casa de Cornélio (At 10.44-46).
- A orientação que o Espírito dá a Pedro (At 11.12).
- A escolha de Barnabé e Saulo, pelo Espírito Santo (At 13:2, 4).
- Paulo amaldiçoando Elimas Barjesus com cegueira (At 13.8-11).

Além disso, Lucas também usa as palavras "virtude/poder", *dynamis*, "autoridade" (*exousia*) e "graça" (*charis*) para ligar o Espírito Santo aos milagres, especialmente curas. Lucas compreende que essas qualidades sobrenaturais efetivas – poder, autoridade e graça – originam-se do Espírito Santo nos ministérios de Jesus e dos crentes.

O Espírito e o poder

Lucas normalmente mantém a tradicional distinção entre *dynamis* como poder efetivo cinético e *exousia* como autoridade pública. Às vezes, os dois sentidos se sobrepõem (cf. esp. Lc 4.36; 9.1; 10.19; tb. 21.26; At 8.19). Em Lucas, *dynamis*, usualmente refere-se ao "miraculoso", ao passo que a forma verbal *dynamai* normalmente conota "capacidade em geral". Parece que Lucas intenciona um significado especializado para *dynamis*, com o sentido de capacidade para efetuar milagres. Das 25 vezes em que ele usa essa palavra em Lucas-Atos, 18 referem-se especificamente aos milagres, especialmente às curas.[78]

---

78 Lucas 1.35; 4.36; 5.17; 6.19; 8.46; 9.1; 10.13, 19; 19.37; Atos 2.22; 3.12; 4.7, 33; 6.8; 8.10, 13; 10.38; 19.11. Além disso, *dynamis* é usado em referência ao discurso inspirado: 1.17; 4.14, 36; 24.49; Atos 1.18; 4.33; 6.3-10. Outras referências a *dynamis* não são suficientemente específicas, embora tenham também nuances sobrenaturais (Lc 21.26, 27; 22.69).

Um padrão praticamente idêntico surge no uso de *dynatos* em Lucas, que significa "forte, poderoso, vigoroso" (usado 32 vezes no NT). Das 10 vezes em que a palavra *dynatos* é encontrada em Lucas-Atos, seis referem-se a milagres. Lucas usa-a apenas duas vezes para descrever o poder convencional, e somente uma vez para descrever o poderoso discurso, exceto os milagres.[79] Às vezes, *dynamis* aparece com um artigo definido para significar um ato poderoso (e.g., Lc 10.13; 19.37)[80] e se referir ao poder de operar milagres: "Mas Jesus disse: 'Alguém me tocou; porque bem conheci que de mim saiu poder [*dynamin*]'" (8.46). Este poder pode ser dado aos discípulos de Jesus (9.1).[81]

Lucas liga *dynamis* ao Espírito em várias ocasiões, e mostra que ele é a fonte tanto do poder de operar milagres quanto da fala inspirada:

- João chama as pessoas ao arrependimento "no Espírito e poder de Elias" (Lc 1.17).
- Jesus é concebido em Maria porque o Espírito Santo veio sobre ela e "o poder do Altíssimo" a cobriu com suas asas (Lc 1.35).
- "Pelo poder do Espírito, retornou Jesus" – ensinar explícito, milagre implícito (Lc 4.14-15).
- Jesus prediz que os discípulos testemunhariam porque "a promessa do Pai" os "revestiria de poder do Alto" (Lc 24.49). A versão de Atos deixa claro que é o Espírito Santo.

---

79 O significado miraculoso ocorre em Lucas 1.49; 18.27; 24.19; Atos 2.24; 7.22; 11.17. O significado convencional é usado em Lucas 14.31; Atos 20.16; 25.5. Em Atos 18.24, Apolo é descrito como "poderoso [*dynatos*] nas Escrituras" (NASB), referindo-se ao seu ensinamento. Lucas 24.19 e Atos 7.22 referem-se a Jesus e a Moisés como "poderosos em palavra(s)" e "também em "obra(s)". O *dynatos* ocorre nos escritos de Lucas apenas em Lucas 18.27 para contrastar o poder humano com o poder de Deus, e em Atos 14.8 para a incapacidade do homen de Listra de andar.
80 C. K. Barrett. *Holy Spirit* (*Espírito Santo*), pp. 71-72. Lucas está em dívida com a tradição sinótica para esse uso (e.g., Mc 6.2, 14; 12.24; 13.25; 14.62).
81 Ibid., p. 75.

- "Mas recebereis poder do Espírito Santo, que há de vir sobre vós; e ser-me-eis testemunhas" (At 1.8).
- Estêvão, "cheio de fé e do Espírito" e "cheio de graça e poder", fazia prodígios (At 6.3-8).
- .Deus unge Jesus "com Espírito Santo e poder" para curar (At 10.38). No caso de Lucas 1.35 e Atos 10.38, o Espírito Santo e o poder de Deus parecem intercambiáveis. Lucas identifica o Espírito Santo com poder miraculoso. Além disso, associa a ele nomes divinos, como "Deus", "Pai" e "Senhor", com o poder de efetuar milagres.
- "O poder do Senhor estava com ele para curar" (Lc 5.17).
- "Toda a multidão dos discípulos, regozijando-se, começou a dar louvores a Deus em alta voz por todas as maravilhas [*dynameōn*] que tinham visto" (Lc 19.37).
- Jesus sentará "à direita do poder de Deus" (Lc 22.69).
- "A promessa do Pai" revestirá os discípulos com poder do Alto (Lc 24.49).
- "Jesus Nazareno, homem aprovado por Deus entre vós com maravilhas, prodígios e sinais, que Deus por ele fez no meio de vós" (At 2.22).
- Deus unge Jesus com "o Espírito Santo e poder" para curar (At 10.38).
- "E Deus pelas mãos de Paulo fazia maravilhas extraordinárias [*dynameis*]" (At 19.11).

Essas referências demonstram que Lucas compreende que o *dynamis* de Deus é o poder do Espírito Santo. Outras alusões ao poder miraculoso (*dynamis*) implicam a presença ativa do Espírito Santo. Por exemplo, C. K. Barrett observa: "Agora está comparativamente claro que, quando Jesus exorcizava um espírito mau, alguma inferência estava próxima sobre o Espírito de Deus; pois havia uma pressuposição de que aquele que vence o espírito é espírito".[82]

O Espírito e a autoridade

A palavra "autoridade", *exousia*, funciona de forma semelhante, embora não seja usada extensivamente para os milagres como *dynamis*. Isso explica a efetivação dos milagres ou a capacitação do discurso (Lc 4.32, 36; 5.24; 7.8 por implicação; 9.1; 10.19 e At 8.19). Como observado anteriormente, as funções de *dynamis* e *exousia* aparecem intimamente relacionadas ou mesmo intercambiáveis em Lucas 9.1 e 10.19. Daqui resulta que o Espírito Santo, responsável por ou atendente para o *exousia*, também é responsável pelos milagres.

O Espírito e graça

Nós já vimos a inter-relação de *charis* (graça), Espírito e discurso inspirado quando olhamos para o relacionamento de Maria com o Espírito Santo no capítulo 2 deste livro. Lá, percebemos o dom da graça do Espírito Santo não só para Maria e Jesus, mas também para o mártir Estêvão. Lucas adorna sua descrição da concepção de Jesus com as palavras do grupo *charis* (1.28, 30). Favor ou graça de Deus sobre Maria (particípio perfeito) resultaram na concepção e nascimento de Jesus. Lucas nos diz que o Espírito Santo foi o agente dessa graça (1.35). Da mesma forma, Estêvão "cheio de graça (*charitos*) e poder (*dynameōs*) fazia sinais e prodígios" (At 6.8); novamente, Lucas identifica o Espírito Santo como fonte de *charis* de Estêvão (At 6.3, 5, 10).[83]

---

82 Ibid., p. 69.
83 A inadequação das traduções em língua portuguesa para expressar a força deste particípio perfeito (*charitoô*) é evidente nas tentativas variadas: "agraciada" (ACF), "muito favorecida" (RA), "você é muito abençoada" (NVI). Em primeiro lugar, para acomodar os leitores em língua portuguesa, a força do tempo perfeito não é imediatamente aparente. Em segundo lugar, o uso da palavra "favor" não prontamente informa o leitor de que este é um exercício de graça que, em grego, é repetido no verso 30 com o uso do substantivo *charis*. O jogo de palavras entre *kechapitōmen*, *chaire* e *charis* em 1.28, 30 é perdido em português.

Em Lucas e Atos, *charizomai* ("outorgar graça ou favor") "expressa a doação de algo que não é devido, mas que revela favor do doador para o receptor".[84] Essa doação da graça pode ser milagrosa por natureza, pois, em Lucas 7.21, Jesus "dá/agracia" (*echarisatō*) aos cegos a visão. Na descrição do menino Jesus em 2.40 e 52, Lucas deixa claro que a sabedoria de Deus é uma graça concedida. Graça, em Atos, descreve o poder de Deus para fazer milagres (6.8; 11.23; 14.26; 15:40; 18.27).[85]

Uma questão sobre a realização de maravilhas por Jesus pela graça de Deus através do Espírito Santo pode ser colcoada: Em seu discurso na sinagoga de Nazaré, ele anunciou que foi ungido pelo Espírito Santo "para curar os quebrantados do coração" (4.18, ACF). Se isso se refere à cura miraculosa, pode ser visto, em seguida, como a graça divina que vem do Espírito, pois Lucas disse que o povo ficou maravilhado com "as palavras de graça que saíam da sua boca" (4.22, minha trad.). No esquema das coisas de Lucas, *charis* não é apenas uma maneira de dizer que Jesus era um orador público polido.[86] Pelo contrário, a graça refere-se à "questão da pregação de Jesus – sua descrição das obras da graça divina –, em vez da impressão recebida por seus ouvintes".[87] O uso do verbo *charizomai* para descrever as curas de Jesus em 7.21 vem reforçar esta leitura de 4.22. Assim, na mente de Lucas, a graça, o poder e a autoridade que executam as maravilhas do Reino se originam no Espírito Santo.[88]

---

84 Navone. *Themes*, p. 56.

85 Ibid., pp. 59-60 • Esser. "Grace", p. 119 • H. Conzelmann. *Charis* "χάρις", *TDNT* 9, pp. 359-415.

86 Isso é semelhante ao uso de *charis* por Plutarco para descrever as tentativas iniciais de Demóstenes de falar em público: *charin ouk echei pros ton demon* (trad.: "Ele não tinha graça com o povo"). Zahn assume que o χάρις descreve a habilidade de Jesus de falar (*Lucas*, p. 239). Bengel descreve-o como "uma doçura ou impressionabilidade pesada" ou "tornar-se"(*Gnomen*, p. 54). Plummer chama as palavras de Jesus de "palavras vencedoras".

87 Godet. *Luke*, p. 236 • Cf. tb. Marshall. *Gospel of Luke*, p. 186: "palavras cheias de graça divina" (At 14.3; 20.24, 32). O duplo sentido pode ser pretendido aqui • H. Flender. *St. Luke: theologian of redemptive history*. Trad. R. H. e I. Fuller. Londres: SPCK, 1967, pp. 153ss. • Conzelmann. "Charis". *TDNT* 9, 392, n. 153.

88 Navone. *Themes*, p. 60.

A inter-relação entre o discurso inspirado e os milagres

A doação do Espírito de graça, poder e autoridade habilitou Jesus e os crentes a proclamarem as palavras inspiradas de Deus (e.g., graça: Lc 4.22; At 4.33; 14.3; poder: Lc 4.14-15, 36; At 1.8; autoridade: Lc 4.32, 36; 9.1 com 10.19). Em alguns aspectos, é artificial para a operação de milagres e para o discurso inspirado que estejam separados, uma vez que são ambos miraculosos e operados pelo mesmo Espírito Santo. Os dois muitas vezes se sobrepõem em Lucas e Atos, e palavras inspiradas podem resultar em curas e milagres (e.g., Lc 4.32, 36; 7.11-17; At 10.34-40; 13.9-12); além disso, os milagres podem atestar a veracidade das palavras faladas (e.g., Lc 1.20; 1.36-37; 4.33-35; 5.20-26; At 2.22; 4.29,33; 6.7-8; 10.44; 13.9-12).

O discurso inspirado na operação de milagres

Lucas comumente enfatiza uma inter-relação entre a fala inspirada e os milagres. Ele às vezes identifica a fala como meio de operar milagres, mesmo quando os outros evangelistas mencionam outros formas (e.g.: o ato de tocar alguém como um catalisador do milagre). Todos os Evangelhos contêm relatos de que Jesus realizou maravilhas falando uma palavra, de modo que este não pode ser visto como um interesse exclusivamente lucano. Dado o volume dos milagres efetuados pela palavra da boca em todos os sinóticos, a atração de Lucas pelos relatos não parece óbvia à primeira vista; no entanto, a maneira como ele lida com a sua fonte marcana revela seu interesse.

Depois de Jesus anunciar sua unção divina na sinagoga de Nazaré, ele entrou na sinagoga de Cafarnaum e exorcizou um endemoninhado lá (Lc 4.31-37). Como Marcos (Mc 1.21-28), Lucas registra que Jesus realizou o exorcismo repreendendo o espírito imundo e exigindo que deixasse a vítima. Isso é feito verbalmente em ambos os relatos. Em Marcos, as testemunhas atribuem a autoridade com que Jesus exorcizou ao ensinamento que precedeu o exorcismo. Em Lucas, a autoridade está associada à sua palavra, *logos* (4.32, 36). Assim, "Que é isto?" (*ti estin touto*, Mc 1.27), em Marcos, torna-se literalmente "Que palavra é esta?" (*ti hos logos houtos*) em Lucas. Enquanto a multidão de Marcos ficou maravilhada com o evento do exorcismo e sua associação com o ensino, em Lucas, a multidão estava espantada com a palavra que continha autoridade e poder. Somente Lucas inclui dynais com *exousia* aqui, o que associa a palavra de Jesus à autoridade e ao poder de realizar milagres.

Pode-se sugerir que "palavra", *ho logos*, não se refere a palavras reais, mas ao próprio evento no versículo 36; ela deve ser vinculada com *suas* palavras (*ho logos autou*), no versículo 32, o que não pode ser visto como uma mera referência a um evento, mas como as palavras de Jesus. Em Lucas 4.32, a palavra é " com autoridade", e essa autoridade é explicada pelo relato do exorcismo.[89] Em Marcos, no entanto, é Jesus que tem a autoridade (1.22). Ambos os relatos apresentam um milagre realizado pela fala de Jesus, mas é significativo que Lucas apresente este primeiro milagre de Cristo como efetuado pela fala inspirada e como o início do cumprimento do programa cheio do Espírito Santo que ele anunciou na sinagoga de Nazaré.

Seguindo o esboço de Marcos, Lucas inclui a cura da sogra de Pedro. Neste segundo milagre, ele destaca a habilidade das palavras de Jesus para operar maravilhas. Desse modo, conscientemente, Lucas diverge de uma tradição sinóptica mantida por Mateus e Marcos (Mt 8.14-15; Mc 1.29-31; Lc 4.38-39), a qual nota que Jesus curou a mulher por tocá-la (Mt 8.15; Mc 1.31). Lucas, aparentemente por vontade própria ou em deferência a outra tradição não mais disponível para nós, registra a cura dessa maneira: "E, inclinando-se para ela, repreendeu [*epetimēsen*] a febre, e esta a deixou" (Lc 4.39a).

---

[89] Marshall. *Luke*, pp. 191-92 • Fitzmyer, pp. 1.546-1.547.

Casos semelhantes logo aparecem no material do Evangelho exclusivo de Lucas. No milagre da captura dos peixes (5.1-11), Pedro, depois de protestar, atendeu ao pedido de Jesus para deixar as redes. A redação da resposta de Pedro é interessante: "Mas em sua palavra [*rhêmat*] lançarei as redes". Neste material exclusivamente lucano, a palavra de Jesus foi especialmente acentuada como meio do milagre. Na ressurreição do filho da viúva de Naim (7.11-17) – novamente de uma das fontes não marcanas de Lucas –, a palavra de Jesus parece ser o principal agente do milagre.[90] A purificação dos 10 leprosos, outro milagre encontrado somente em Lucas, é realizada à medida que os beneficiários da cura obedecem às palavras de Jesus. Lucas não registra que Jesus usou o toque como meio de cura dos 10 leprosos, ao passo que, na tradição marcana, um leproso é limpo pelo toque (Mc 1.41; cf. tb. Lc 5.13).

---

90 Em Lucas 7.14, presume-se que Jesus tocou o caixão do filho da viúva de Nain não para transferir o poder revivendo o cadáver, mas a fim de parar os que levavam o caixão (contra BAGD, 102s2b). As palavras de Jesus são o efeito do milagre. Além disso, deve-se notar também que o ato de apoderar-se do ataúde e, portanto, parar a procissão fúnebre está temporariamente separado das palavras que Jesus pronunciou, causando a ressuscitação do jovem. "E, chegando-se, tocou o esquife (e os que levavam pararam), e disse: Jovem, a ti digo: levante-te" (7:14). Assim, o agente eficaz é a palavra de Jesus, não o ato de tocar o caixão. Se 7.14 é visto como um milagre efetuado pelo toque ou não, a inter-relação de fala inspirada e milagres é uma associação que Lucas gosta e realmente cultiva.
Lucas usa *haptō* em outros lugares para tocar nos casos de cura e bênção (5.13; 6.19; 8.44-47; 18.15; 22.51). Ao fazer isso, está utilizando o vocabulário sinóptico quatro vezes em cinco. Em 10 casos, Marcos usa a palavra, e todo uso está relacionado à cura ou bênção. Mateus segue o exemplo usando ἅπτω no mesmo contexto em sete de oito casos. Lucas usa, neste contexto, cinco vezes, seguindo Marcos. Em outros lugares, ele usa *haptō* de forma diferente ou prefere outra expressão. Em Lucas 8.16 e 11.33 e em Atos 28.2 (o único uso de *haptō* em Atos), refere-se a acender uma lâmpada ou fogo. Na versão de Lucas sobre a unção de Jesus pela mulher pecadora em Betânia, ele só descreve o ato da mulher como "tocante" (*haptō*) aos pés de Jesus. Ele não usa o termo no contexto de cura em sua digressão de Marcos. No material não marcano, em 14.4, Lucas descreve uma cura em que Jesus tomou o homem com hidropisia e o curou. Ele não usou *haptō* para descrever a ação, mas *epilambanō*. Por outro lado, Lucas descreve as curas efetuadas pelo toque com a frase mais lucana, *epitithemi tas cheiras* (13.13; cf. tb At 9.12, 17; 28.8 e provavelmente At 5.12 tb.: "E muitos sinais e prodígios eram feitos entre o povo pelas mãos dos apóstolos"). Assim, não é de surpreender que, nesta parte do material não marcano, Lucas não usa o termo *haptō* para efetuar o milagre.

Falando em nome de Jesus para curar

Na apresentação da acusação de Pedro e João ante Anás, Caifás e companhia (At 4.1-23), Lucas indica que há uma relação de causa e efeito entre a fala com autoridade e os milagres. Os governantes e os anciãos não proíbem os apóstolos de realizar milagres, mas orientam que "não falassem nem ensinassem no nome de Jesus" (4.18). Os versículos 16 e 17 mostram que os governantes acreditavam que a cura do homem coxo foi causada por se falar em nome de Jesus. Este é o pressuposto deles quando abordam a questão com os apóstolos: "Com que poder ou em nome de quem fizeste isto?" (4.7), e isso é o que Pedro assume quando dá sua resposta nos versículos 8-12. Embora a cura em questão seja realizada tanto por falar com autoridade (em nome de Jesus) quanto por tocar (3.6ss.), o principal fator responsável pelo milagre é a invocação do nome de Jesus (3.16, 4.10, 31) e o testemunho de Jesus por Pedro e João sob a direção do Espírito Santo (4.8, 20). Em Atos 3 e 4, os milagres estão associados com o nome de Jesus enquanto, no mesmo contexto, Lucas diz que a fala inspirada está associada ao "ser cheio com o Espírito Santo" (2.4, 4, 8, 31).

A atividade do Espírito Santo tão frequentemente ligada ao falar inspirado também é responsável pela cura. Invocar o nome de Jesus causa cura, enquanto ser cheio com o Espírito Santo resulta em fala inspirada. Esta divisão de papéis se sobrepõe em alguns pontos, como é evidente em Atos 4.29-31. Lucas diz que o nome de Jesus é responsável pelas curas no versículo 30, e no próximo instante ele relata que "todos foram cheios do Espírito Santo, e anunciavam com ousadia a palavra de Deus" (v. 31). Depois de observar, no versículo 29, que os crentes falam a palavra com ousadia, no versículo 30 Lucas nota que a "mão" de Deus efetua milagres através da fala. Aqui, a fala inspirada pelo Espírito Santo está associada com a operação de milagres. Também está presente a imagem de uma mão estendida para curar e para realizar sinais e maravilhas. Emoldurada pelas referências à fala nos versículos 29 e 31, a referência aos milagres no versículo 30 demonstra que a palavra inspirada está causativamente relacionada com a operação dos milagres.

Milagres operados por uma diversidade de meios

Também é significativo que Lucas associe a imposição das mãos com a cura (Lc 4.40; 13.13; At 9.12, 17; 14.3; 19.11ss. e 28.8, e talvez 5.12). Claro, Lucas é dependente de Marcos (5.23; 6.2; 7.32; 8.23 e talvez 16.18) no que tange à prática da igreja em geral para o conceito de imposição de mãos para a cura, mas ele também associa a imposição de mãos com o Espírito Santo (At 8.17ss.; 13.3ss. e 19.6). Obviamente, Lucas não está tentando evitar relatos que registrem eventos miraculosos operados por outros meios além da fala. Ele se sente confortável com a diversidade dentro da tradição sinótica, como podemos ver em seus relatos miraculosos exclusivos nos quais os meios são variados (5.4-11, palavra; 7.11-17, palavra; 17, palavra e imposição das mãos; 14.1-6, toque, palavra, obediência, fé; 22.50ss., toque). Lucas introduz associações de toque e cura no material de Marcos também (e.g., 4.40), e omite as palavras que causam a cura do menino epilético (Lc 9.42 contra Mc 9.25). Assim, Lucas não é limitado por seu interesse na relação de causa e efeito entre a fala e os milagres.

No entanto, parece que essa relação entre a fala com autoridade, o poder e a realização de milagres é uma ideia da qual Lucas gosta, e que é comum em sua obra em dois volumes. Em Atos, a operação de maravilhas está associada com a atividade do Espírito Santo, mas geralmente o Espírito está associado ao falar inspirado, que pode ou não produzir milagres. Tanto no Evangelho quanto em Atos, Lucas revela uma preferência por descrever a palavra da boca como meio pelo qual um milagre é realizado. O quanto Lucas está consciente dessa aparente preferência e quão importante ela é em relação ao seu programa geral certamente é um tema aberto a debate. No entanto, deve-se notar que a relação entre fala inspirada e milagres como encontrado em Lucas e Atos é paralela ao interesse de Lucas pela eficácia do discurso proferido sob a direção do Espírito Santo.

Testemunho confirmado pelo poder de operar milagres

Em razão de sua unção do Espírito, Jesus tornou-se "poderoso em obras e palavras" (24.19; At 10.38). Tanto suas obras como suas palavras eram evidências de que ele era o profeta de Deus. Lucas vê as "maravilhas, prodígios e sinais que Deus por ele fez no meio de vós" (At 2.22) como paradigmáticos para o ministério de Jesus. Por esse motivo, ele caracteriza esse ministério como dotado de palavras e obras espirituais em seus dois resumos estratégicos da história da salvação: o início do ministério público de Jesus e o início da missão aos gentios (4.18-19; At 10.38).

Sabendo que os crentes receberam de Jesus o mesmo Espírito Santo que o capacitou, Lucas espera que as palavras e as obras do Espírito continuem na igreja. Mesmo que acredite no fato de que a unção de Jesus seja única, Lucas cria conscientemente paralelos entre as atividades de Jesus e de seus discípulos, como Charles Talbert cuidadosa e convincentemente demonstra em suas listas de semelhanças em *Literary patterns, theological themes, and the genre of Luke-Acts* (*Padrões literários, temas teológicos e o gênero de Lucas e Atos*).[91] O volume de tais paralelos não se deve ao acaso. Capacitados pelo Espírito, os crentes continuam as obras de Jesus e confrontam as autoridades; como Jesus,

---

91 Charles T. *Literary patterns: theological themes, and the gerne of Luke-Acts*. SBLMS 20. Missoula, Mont.: Scholars, 1974. Talbert baseia-se especialmente no trabalho de R. B. Rackham, bem como na obra de F. B. Clogg, L. Cerfaux e V. Wilkinson. Cf. Página 30, notas 4, 5. Para a lista paralela, cf. pp. 16-18 em que Talbert oferece 32 paralelos.

os crentes sofrem pelo Reino.[92] A "arquitetura"[93] que Lucas fornece tanto para o Evangelho quanto para Atos constrói uma forte declaração: o denominador comum entre os atos de Jesus e os atos dos apóstolos é o poder do Espírito Santo.

A mensagem de Lucas para sua igreja é de fato carismática. O Jesus ungido pelo Espírito fez milagres e derramou este mesmo Espírito sobre os crentes, portanto, sua igreja é equipada para realizar as maravilhas de Deus. Lucas espera que a igreja seja um povo do poder de Deus. No entanto, ele mantém um Deus soberano que controla sozinho o dom do poder (At 8.20). Para que a igreja não se enamore de poder por si mesma como fez Simão, o mago (At 8.17-24), Lucas dirige seus leitores a testemunharem com ousadia e a não se preocuparem com o poder: "Não estejais solícitos de como ou do que haveis de, nem do que haveis de dizer, porque na mesma hora vos ensinará o Espírito Santo o que vos convenha falar" (12.11b-12) e "Porque eu vos darei boca e sabedoria a que não poderão resistir nem contradizer" (21.15).

É significativo que, quando descreve o retorno dos apóstolos do sinédrio hostil, Lucas não nota que a comunidade crente orou por libertação sobrenatural ou por poder de obra miraculosa; orou para que falassem "com toda a ousadia a tua palavra, enquanto estendes a tua mão para curar, e para que se façam sinais e prodígios pelo nome do teu santo filho Jesus" (At 4.29-30). A comunidade viu sua tarefa principal como a de testemunhas de seu Senhor. Autorizados, eles eram um povo de poder sobrenatural, mas apenas porque tinham um soberano sobrenatural que era o Senhor do poder. Os milagres seguiam suas

---

[92] R. B. Rackham observa os seguintes paralelos entre Lucas e Atos: (1) prefácio, (2) período de espera e preparação, (3) um batismo com o Espírito Santo, (4) "seguido por um período de trabalho ativo e de ministério", (5) uma longa seção de paixão ou sofrimento, que inclui (a) previsões iniciais das provações, (b) uma viagem a Jerusalém, (c) as últimas palavras do sofredor, e (d) a "paixão adequada", (6) terminando "com um período de vitoriosa mas calma preparação para um avanço adiante ou para outro volume" (*The Acts of the Apostles: an exposition*. Londres: Methuen, 1930, xlvii).

[93] Para usar a descrição de Rackham (*Acts*, xlvii).

orações, mas suas orações foram principalmente respondidas quando "moveu-se o lugar em que estavam reunidos, e todos foram cheios do Espírito Santo, e anunciavam com ousadia a palavra de Deus" (4.31). O poder acompanhou e afirmou seu testemunho (4.33). Assim, Lucas, em sua apresentação entusiasmada dos milagres, enfatiza o testemunho que o Espírito Santo dá.

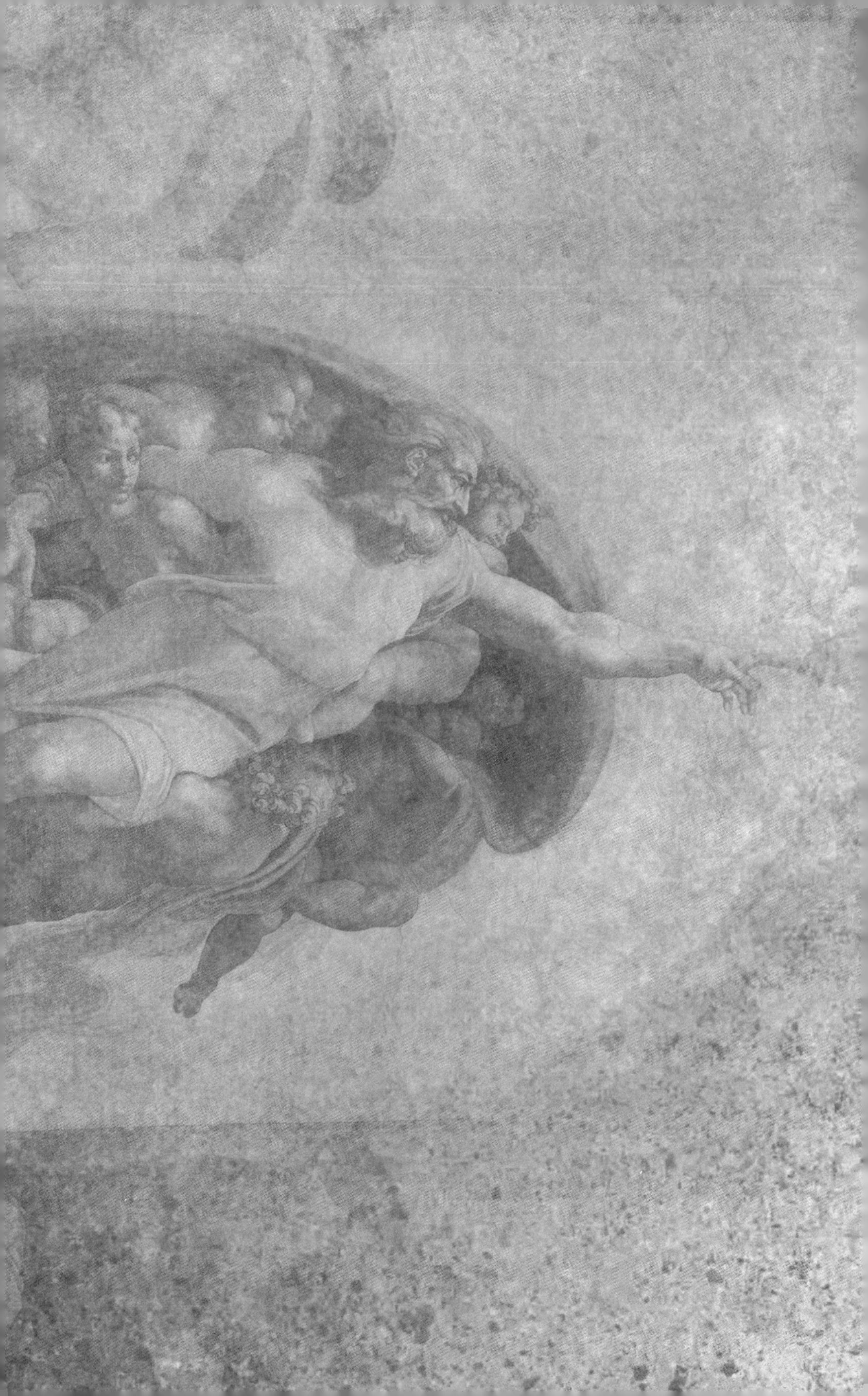

CAPÍTULO 8

O ESPÍRITO SANTO, A ORAÇÃO E O LOUVOR

Por todo o Evangelho de Lucas e Atos, Lucas destaca oração e louvor. Ele diz a seus leitores que o advento de Jesus e João foi acompanhado pelas orações dos justos (Lc 1.6, 10, 13) e recebido pelo louvor (1.46, 64, 68; 2.14, 20, 28, 38). Apenas o Evangelho de Lucas apresenta as eloquentes orações de louvor encontradas na narrativa da infância – *Magnificat* (1.46-55), *Benedictus* (1.68-79), *Gloria in Excelsis* (2.14) e *Nunc Dimittis* (2.29-32). Apenas ele dentre os escritores do Evangelho apresenta certos ensinamentos de Jesus sobre a oração (e.g., Lc 11.1-13; 18.1-14).

Lucas frequentemente observa que o louvor ocorre quando a menção de louvor está ausente nos relatos paralelos. Por exemplo, em Nazaré, cidade natal de Jesus, a primeira resposta do povo a ele foi o louvor (Lc 4.14-15, 22). Depois de ser curado da cegueira, Bartimeu glorificou a Deus como fez todo o povo (18.43). Na entrada triunfal, a multidão louvou a Deus em alta voz por causa das maravilhas de Jesus (19.37). O centurião louvou a Deus ao pé da cruz (23.47).

Além de sua narrativa da infância, Lucas apresenta eventos que não constam nos outros Evangelhos e que também incluem louvor e regozijo: a cura da mulher aleijada no sábado (13.10-17), as parábolas da dracma perdida e do filho pródigo (15.8-32), a purificação dos 10 leprosos (17.1-19), a conversão de Zaqueu (19.1-10) e a ascensão (24.52). Da mesma forma, somente Lucas relaciona Jesus em oração nos seguintes eventos sinóticos comuns:

- O batismo de Jesus – Jesus está orando quando o Espírito Santo desce (3.21).
- A purificação do leproso – Lucas conclui o evento dizendo que Jesus "retirava-se para os desertos, e ali orava" (5.16).
- A escolha dos Doze – Jesus ora toda a noite antes de escolher seus discípulos (6.12).
- A confissão petrina – as perguntas de Jesus são precedidas pela oração (9.18).
- A transfiguração – Jesus "subiu ao monte para orar" (9.28).
- O pai-nosso – vendo Jesus em oração, os discípulos pedem-lhe que os ensine a orar (11.1).
- A previsão da negação de Pedro – Lucas especificamente observa que Jesus orou em favor de Pedro (22.31-32).
- Getsêmani – Lucas registra as palavras de Jesus: "Orai, para que não entreis em tentação" (22.40).

O ponto que Lucas está tecendo é inconfundível, ou seja, "pode-se dizer que toda a missão de Jesus é realizada com espírito de oração".[94] Em Atos, Lucas continua insistindo na oração e no louvor. Destacam-se vários casos significativos. Lucas nos diz que, no Dia de Pentecostes, os discípulos estavam orando quando o Espírito Santo desceu, e eles começaram a louvar a Deus (1.14; 2.11, 47). No momento da oração, Pedro e João curaram um homem coxo que louvava a Deus. Quando os discípulos oravam por ousadia para testemunhar, estavam cheios do Espírito Santo e "anunciavam com ousadia a palavra de Deus" (4.29-31). Cheio do Espírito Santo, Estêvão orou em seu martírio (7.55-60). Paulo (Saulo) estava orando quando Ananias impôs as mãos sobre ele para que fosse curado e recebesse o Espírito Santo (9.11, 17).

Tanto Pedro como Cornélio oraram diante da visão de Pedro e o recebimento do Espírito Santo por Cornélio (10.1-4, 9). A libertação de Pedro da prisão foi precedida pelas orações da comunidade (12.5,

---

94 Kealy. *Luke's Gospel*, p. 93.

12). A igreja em Antioquia estava jejuando e orando quando o Espírito Santo chamou Saulo e Barnabé para uma missão (13.2-3). Paulo e seus companheiros procuraram os crentes filipenses em "um lugar de oração" (16.13-14). Paulo e Silas oraram e cantaram hinos antes de serem libertos milagrosamente da prisão (16.25). Outros exemplos da ênfase de Lucas no louvor em Atos: 2.47; 3.8, 9; 4.21; 11.18; 13.48; 21.20.

Não surpreendentemente, Lucas observa que o Espírito Santo capacita as pessoas a orar e a louvar a Deus. Isso é verdade para Maria (Lc 1.35, 46), Zacarias (1.64, 67ss.), Simeão (2.25-32), Jesus (10.21), os discípulos no Pentecostes (At 2.11, 47) e, mais tarde, Cornélio (10.44-46). Em Lucas-Atos, também encontramos que a atividade do Espírito Santo é muitas vezes baseada na oração. À custa da reafirmação, isolaremos e listaremos essas ocorrências: Jesus estava orando quando o Espírito desceu ao Jordão (Lc 3.21); Jesus ensinou que o Espírito Santo é a resposta à oração (11.13 contra as "boas dádivas" de Mateus em Mt 7.11); os discípulos estavam orando antes de serem cheios do Espírito Santo (At 1.14; 2.4, 31); Paulo estava orando antes de ser cheio do Espírito Santo (9.11, 17); Pedro e Cornélio estavam orando antes que o Espírito fosse derramado sobre os gentios (10.1-4, 9, 44-46); a adoração precedeu o comissionamento, pelo Espírito Santo, de Saul e Barnabé (13.2-3).

Lampe chama isso de "um dos traços mais característicos do ensinamento de São Lucas, a saber, sua insistência na oração como meio pelo qual a energia dinâmica é apreendida".[95] A capacitação do Espírito é precedida e realizada pela oração. Na verdade, Lucas muitas vezes relata que as pessoas estavam orando antes de eventos importantes na história da salvação.[96] Orar tornou-se um meio de participação humana e de antecipação da intervenção divina na história.

---

95 G. W. H. Lampe. "The Holy Spirit in the writings of St. Luke". In: *Studies in the Gospels: essays in memory of R. H. Lightfoot.* Ed. D. E. Nineham. Oxford: Blackwell, 1955, pp. 159-200, esp. 169.
96 "Quero sugerir que, tanto em Lucas como em Atos, *Espírito, Reino* e *oração* estão intimamente relacionados a momentos importantes no progresso da história da salvação" (S. S. Smalley. "Spirit, Kingdom and prayer in Luke-Acts". *Nov T*, 15, 1, 1973, pp. 59-71, esp. 64).

Nosso foco principal neste capítulo, entretanto, é o papel do Espírito Santo em capacitar as pessoas a proferirem uma oração inspirada e eficaz.

"Se alegrou Jesus no Espírito Santo"

Tanto Mateus quanto Lucas registram o caso do louvor de Jesus ao Pai, mas eles diferem em contextos. Além disso, apenas Lucas diz que Jesus "se alegrou no Espírito". Mateus contrasta as "criancinhas" que receberam a revelação com as cidades incrédulas, Corazim, Betsaida e Cafarnaum (Mt 11.20-30). Lucas, assim como Mateus, inclui as aflições contra as cidades antes desta palavra de Jesus (10.13-15), mas o contexto imediato de Lucas não se refere à incredulidade e à falta de arrependimento como em Mateus (11.17-20).

Mateus 11.25-27

Naquele tempo, respondendo Jesus, disse: Graças te dou, ó Pai, Senhor do céu e da terra, que ocultaste estas coisas aos sábios e entendidos, e as revelaste aos pequeninos. Sim, ó Pai, porque assim te aprouve. Todas as coisas me foram entregues por meu Pai, e ninguém conhece o Filho, senão o Pai; e ninguém conhece o Pai, senão o Filho, e aquele a quem o Filho o quiser revelar.

Lucas 10.21-24

Naquela mesma hora se alegrou Jesus no Espírito Santo, e disse: Graças te dou, ó Pai, Senhor do céu e da terra, que escondeste estas coisas aos sábios e inteligentes, e as revelaste às criancinhas; assim é, ó Pai, porque assim te aprouve. Tudo por meu Pai foi entregue; e ninguém conhece quem é o Filho senão o Pai, nem quem é o Pai senão o Filho, e aquele a quem o Filho o quiser revelar. E, voltando-se para os discípulos, disse-lhes em particular: Bem-aventurados os olhos que veem o que vós vedes. Pois vos digo que muitos profetas e reis desejaram ver o que vós vedes, e não o viram; e ouvir o que ouvis, e não o ouviram.

Apenas Lucas nos diz que a ocasião para a alegria de Jesus e de seus discípulos é a bem-sucedida Missão dos Setenta. Mateus 1.25-26 relata que Jesus deu graças pela credulidade sobre a incredulidade, mas, em Lucas, Jesus e companhia também se regozijam por um ministério bem-sucedido, com exorcismos e curas: "E voltavam os setenta com alegria, dizendo: 'Senhor, pelo teu nome, até os demônios se nos sujeitam!'" (Lc 10.17). Jesus afirmou que Satanás havia sido abalado e que os discípulos haviam exercido poder sobre o inimigo, mas também os advertiu de não serem apaixonados pelo poder, sugerindo que se alegrassem, ao invés disso, por seus nomes escritos no céu (10.20). Esta leve repreensão, porém, não extinguiu a alegria de Jesus, pois "naquela mesma hora" louvou o Pai por revelar a queda de Satanás e a vinda do Reino em poder a seus discípulos.

Em Lucas, a crença das "criancinhas" produziu resultados: pregação, cura e exorcismo. Em contraste com Mateus, Lucas enfatiza o testemunho poderoso dos discípulos como ocasião para a alegria de Jesus, que, segundo Lucas, é inspirada pelo Espírito Santo.[97]

O contexto original: Mateus ou Lucas?

Como no caso da maior parte do material da Fonte Q, os estudiosos não podem dizer definitivamente qual contexto – de Mateus ou de Lucas – é original. Isso é especialmente verdadeiro aqui, pois não existe paralelo para a Missão dos Setenta. Também não se pode escolher facilmente entre os contextos de Mateus ou de Lucas para a bênção que segue o júbilo de Jesus:[98] "Bem-aventurados os olhos que veem o que

---

97 Marshall corretamente observa que o evento do júbilo de Jesus são "as obras poderosas e a pregação de Jesus como os sinais de cumprimento" (*Gospel of Luke*, p. 431).
98 O que segue, porém, sustenta que Mateus inseriu no dito em seu próprio contexto: Bultmann. *Synoptic tradition*, p. 171 • T. W. Manson. *The sayings of Jesus*. Londres: SCM Press, 1949, pp. 185ss. • Dibelius e Norden, por outro lado, consideram Mateus 1.25-30 como uma unidade indissolúvel quando Mateus encontrou as três seções. Dibelius acredita que Lucas é responsável pela inserção da oração de louvor no contexto do retorno dos Setenta. (*Agnostos Theos: Untersuchungen zur Formengeschichte relzgiöser Rede*. Leipzig:

vós vedes, pois vos digo que muitos dos profetas e reis desejaram ver o que vós vedes, e não o viram, e ouvi o que ouvis e não o ouviram" (Lc 10.23-24; Mt 13.16-17).

Em Mateus, a bênção alude a abertura dos discípulos de Jesus ao significado de suas parábolas, em contraste com aqueles discípulos mencionados na profecia de Isaías, encontrada em Mateus 13.14: "Ouvindo, ouvireis, mas não compreendereis, e vendo, vereis, mas não percebereis". Em Lucas, a bênção é em resposta aos discípulos que viram e ouviram o que os profetas e reis desejavam ver, isto é, a vinda do Reino no poder.[99] O contexto imediato de Lucas fornece antecedentes tanto para ver como para ouvir; enquanto, em Mateus, o contexto imediato refere-se a parábolas. Portanto, Lucas pode refletir melhor a situação na qual o dito ocorreu.[100]

Alternativamente, o dito poderia ter circulado desprovido de contexto. Ambas as aplicações se encaixam bem e podem refletir duas tradições genuínas. Independentemente da forma original da Fonte Q, os motivos editoriais de Lucas são claros. Se por um lado Mateus reflete mais de perto a ordem e o programa teológico da Fonte Q, então Lucas

---

Teubner, 1913, pp. 277ss.) • Dibelius. *Tradition*, pp. 279ss. • Marshall mostra por que Mateus é suspeito da inserção: "A bênção sobre os discípulos foi inserida por Mateus em um contexto marcano e, portanto, Lucas pode preservar a configuração original na Fonte Q" (*Gospel of Luke*, p. 431) • Marshall, Jeremias e Cadbury mostram que uma tradução ou tradição variante subjazem à versão de Lucas • Cf. Jeremias. *The prayers of Jesus*. Londres: SCM Press, 1967, p. 46 • H. J. Cadbury. *The style and literary method of Luke*, HTS 6, Cambridge: Harvard, 1920. Assim, a possibilidade de uma tradição dual com contextos diferentes deve ser considerada.

99 "É difícil dizer qual evangelista reproduz a redação na Fonte Q, mas a frase é certamente baseada na Fonte Q e se refere à ocasião de qualquer palavra que a preceda na Fonte Q (10.13-15 ou 10.17-20). Para Lucas, isso se refere à revelação do poder divino visto no exorcismo dos demônios pelos discípulos, mas em Mateus há um forte contraste entre a rejeição da mensagem de Jesus pelas cidades da Galileia e a aceitação de sua mensagem como revelação divina pelos discípulos" (Marshall. *Gospel of Luke*, p. 432).

100 "O contraste expresso no dito entre os sábios e os simples pode talvez favorecer a ordenação de Mateus dos ditos, mas isso não é de modo algum conclusivo" (ibid., p. 432).

conscientemente a reestruturou para fazer um argumento distintivo. Por outro lado, se Lucas é uma melhor preservação da Fonte Q, temos de perguntar por que ele foi atraído para ela. Em ambos os casos, seus motivos são os mesmos: ele apresenta os discípulos dando testemunho divino e fazendo maravilhas, e Jesus, por sua vez, dando uma resposta inspirada à participação deles no Reino. Com toda a probabilidade, Lucas é responsável pela referência ao Espírito Santo, pois ele sobrepõe essas referências ao material sinótico e as usa livremente em Atos.

"No Espírito Santo"

A frase que se refere a Jesus tendo o Espírito Santo em Lucas 10.21 está somente na versão de Lucas da Fonte Q e em diversas leituras variantes. Ambos – "no Espírito Santo" e "no E/espírito" – aparecem nos manuscritos.[101] A melhor evidência aponta para as variantes com *tō hagiō* (o Santo),[102] assim, "no Espírito Santo" é a leitura preferível. Contudo, mesmo que a variante "no E/espírito" seja permitida, Lucas não pretende que a frase seja uma referência ao espírito de Jesus (i.e., seus membros incorpóreos) ou uma frase generalizada para o reino espiritual. Se Lucas assim pretendesse, provavelmente teria ligado *pneuma* e um pronome possessivo ao verbo *agalliaō*, como faz em 1.47 ("E meu espírito se alegra em Deus, meu Salvador"). Em outra parte, Lucas usa a expressão para significar o Espírito Santo (1.17; 2.27; 4.1, 14), e não há nada neste texto que exija uma leitura especial.

---

101 Metzger relata que o Comitê de Tradução da UBS considerou que a "estranheza" da expressão pode ter levado à omissão de *to hagiō* de certos MSS (Metzger. *Textual commentary*, p. 152) • Cf. tb. Plummer. *Luke*, p. 281 • Marshall ressalta que, embora *en tō pneumati* "possa parecer apoiado pelo uso de Lucas (2.27; 4.1; At 19.21)", nas referências no Evangelho, "o adjetivo *hagios* está faltando, porque a frase completa acabou de ser usada (2.25ss.; 4.1), o que não é o caso aqui". Como não há antecedente para a frase simplificada no contexto de 10.21, esta leitura é duvidosa (Marshall. *Lucas*, p. 433).

102 A presença ou ausência de *em* não pode ser determinada conclusivamente. O Comitê de Tradução da UBS opta pela leitura com εν desde que a LXX geralmente anexa *agalliaō* (Metzger. *Textual Commentary*, p. 152).

As características lucanas da frase: "Se alegrou no Espírito Santo"

A frase "se alegrou no Espírito Santo" é caracteristicamente lucana em contraste com os outros evangelhos sinóticos. A frase aparece na introdução ao louvor de Jesus, um texto que Lucas aparentemente forneceu. A maioria das referências de Lucas ao Espírito Santo permitindo que alguém fale ocorre em sua narração do evento, e não nos ditos reais. *Agalliaō* ("regozijar-se"), provavelmente da própria caneta de Lucas, contrasta com o simples *eipen* de Mateus ("declarou" ou "disse"). De um total de 11 ocorrências no NT, *agalliaō* aparece quatro vezes em Lucas e Atos (uma é citação de um Salmo, At 2.26), duas vezes em João e apenas uma vez nos outros sinóticos (Mt 5.12). Quanto ao restante das ocorrências do NT, três aparecem em 1Pedro e uma em Apocalipse.[103]

O uso de *agalliaō* mais frequente de Lucas em comparação com os escritores sinóticos está de acordo com suas repetidas referências a dar graças, louvar e regozijar. Muitas vezes, Lucas relata que essas atividades ocorrem durante eventos paralelos em outros Evangelhos, mas os paralelos não dizem nada sobre louvar ou regozijar-se. (E.g., o contraste com os paralelos sinóticos são: Lc 4.14-15, 22; 18.43; 19.37; 23.47.) Esses temas estão sempre presentes em Atos também (e.g., 2.26; 3.8-9; 4.21; 11.18; 21.20).

O uso dominante de Lucas do verbo *agalliaō* é paralelo com o uso de outras palavras relativas a este assunto. Em seu Evangelho são:

(1) Mais de 20 referências à alegria ou regozijo (*chara, chairō, synchairō*).
(2) 22 referências à glória ou glorificação (*doxa, doxazō*).
(3) 4 referências a dar graças (*eucharisteō*).

---

[103] Lucas também domina o uso da forma substantiva de *agalliaō*, que é *agalliasis*. De suas cinco ocorrências no NT, três são em Lucas e Atos, uma em hebreus e uma em Judas.

(4) O uso de *aineō* para "louvor" – entre os escritores do Evangelho, apenas Lucas usa essa palavra em particular. Das 8 vezes em que aparece no NT, Lucas e Atos usam-na 6 vezes; *aineō* é uma palavra distintamente lucana, que serve a seu interesse especial no louvar.

(5) O uso de *eulogeō* para "abençoar" – Lucas costuma usar esta palavra em referência a Deus ou a Jesus. Das 42 vezes em que ocorre no NT, ela aparece 15 vezes em Lucas e Atos, e mais frequentemente em Lucas entre os Evangelhos (Mateus: 5 vezes; Marcos: 5 vezes; Lucas: 13 vezes; João: 0).

(6) 5 referências a *euphrainō* para "alegrar" ou "celebrar" (nenhum outro evangelista usa esta palavra; dos 14 casos no NT, 8 ocorrem em Lucas e Atos).

Lucas frequentemente usa a frase "no Espírito Santo" e suas paralelas, como "no Espírito", "no poder do Espírito" e "o Espírito", no caso locativo/instrumental (Lc 1.17; 2.27; 3.16; 4.1, 14; 10.21; At 1.5; 6.10; 10.38; 16.18; 19.21; 20.22). A construção ocorre em outras partes do NT, mas o uso que Lucas faz dela é dominante entre os Evangelhos Sinóticos (em Mateus, 3 vezes; em Marcos, 2 vezes).[104]

A referência ao momento da alegria e da bênção, *en autē tē hōra* ("naquela mesma hora"), também é distintamente lucana.[105] Aparentemente,

---

[104] Jeremias considera o uso do *tō pneumati* como tradicional e o volume de Lucas 10 como pré-lucano (*Die Sprache*, pp. 115, 189). No entanto, sua frequência e as construções sintáticas relacionadas mostram que, se for tradicional, Lucas assumiu a expressão tradicional e usou como sua. Marshall dá outra opinião: "Uma vez que a seguinte frase é provavelmente lucana, o mesmo pode ser verdade para o verbo que, em qualquer caso, está faltando em Mateus neste momento" (*Gospel of Luke*, p. 433).

[105] A frase com suas expressões paralelas (autos/auto/autē com ou sem artigos) + um substantivo de tempo é encontrada apenas em Lucas e Atos (Jeremias. *Die Sprache*, pp. 98, 189 [embora considere o uso temporal de *en* como indicativo da tradição]) • Cf. tb Creed. *Luke*, p. 148 • Plummer. *Luke*, p. 281 • Manson, no entanto, sugere que a frase de Lucas corresponde a uma frase rabínica, e que a expressão de Mateus, "naquela estação", é

Lucas usa esta frase para substituir *en ekeinō kairō* ("naquele momento"). Ao fazê-lo, enfatiza destacadamente a alegria de Jesus com o sucesso da Missão dos Setenta. Isso contrasta com Mateus, cuja frase temporal liga a alegria ao fato de que as criancinhas do Reino creram, enquanto as cidades que viram seus milagres não o fizeram. Lucas é responsável por esta única razão para o júbilo de Jesus. Assim, vemos que, com base em suas preferências de vocabulário, seus interesses teológicos distintos e sua sintaxe favorita, toda a frase "Se alegrou Jesus no Espírito Santo" é, com toda a probabilidade, do próprio Lucas.[106]

---

cunhada por ele (*Sayings*, p. 79) • Strack e Billerbeck veem tanto as referências de Mateus quanto as de Lucas sobre os tempos como tendo paralelos judaicos • Cf. Herman L. Strack e Paul Billerbeck. *Kommentar zum Neuen Testament aus Talmud und Midrash*. Munique: C. H. Beck, 1926, 606; 2, p. 176 • Lucas aparentemente intensificou a referência ao tempo (se sua fonte o forneceu), e ele usa sua própria expressão. Manson também considera que a frase de Lucas é um reflexo do uso rabínico (*Sayings*, p. 79) • As referências de Strack e Billerbeck à convenção de que os rabinos deveriam estar prontos a orar são um ponto periférico em que a frase "naquela mesma hora" existe principalmente para conectar as palavras de Jesus com o retorno dos Setenta de uma missão bem-sucedida.

106 Creed observa o paralelo entre a frase aqui e em 1.47 (*Luke*, p. 148) • Cf. tb. Zahn. *Lucas*, p. 424 • A. H. McNeile vê muita evidência para uma contribuição de Lucas aqui. *Agalliaō* é lucano, e assim é a referência ao Espírito Santo (*The Gospel according to St. Matthew*. Londres: Macmillan, 1961, p. 161) • Strack e Billerbeck observam que a alegria no Espírito Santo na profecia inspirada pelo Espírito é semelhante ao caso de Simeão em Lucas 2.25. É verdade que Lucas e sua comunidade estão em dívida com o judaísmo pelo conceito, mas a expressão é de Lucas • M. Miyoshi considera o uso de Lucas de *agalliaō* como resultado da influência da LXX • Cf. *Der Anfang des Reiseberichts, Lk. 9, 51-10, 24:Eine redaktionsgeschichtliche Untersuchung*, AnBib 60. Roma: Instituto Bíblico, 1974, p. 134 • Bultmann reconhece que a conexão do verbo com a inspiração do Espírito Santo é lucana, *agalliasis* (*TDNT*, n. 1, p. 20).

O significado do programa proposto por Lucas

Embora Lucas mantenha grande parte do vocabulário e da estrutura em 10.21-22[107], ele também faz alguns ajustes nela.[108] Isso é especial-

---

[107] A narrativa que fornece uma introdução ao *logion* indubitavelmente é lucana no tema e na formulação; os provérbios que se seguem, entretanto, fornecem um tom semítico, que sugere uma tradição pré-lucana. Como os temas da filiação e da paternidade se assemelham aos motivos joaninos, alguns estudiosos pressupõem que tais temas devem refletir uma origem posterior e mais helenística para o *logion* ou, pelo menos, um ponto posterior na evolução do material da Fonte Q • Bultmann. *Synoptic Tradition*, p. 159 • P. Hoffmann. *Studien zur Theologie der Logienquelle*. Munique: C. H. Beck, 1924, p. 210 • E. Schultz. *Q-Die Spruchquelle der Evangelisten*. Zurique: Theologischer Verlag, 1972 • Entretanto, isso não leva em conta a estrutura semítica que não pode ser explicada pelas tentativas de Lucas de "semitizar" seu estilo, pois é o domínio comum da tradição da Fonte Q • Manson descreve a passagem como cheia de giros semíticos de frase, e certamente de origem palestina (*Sayings*, p. 79) • Jeremias vê *oudeis* [...] *ei mē* como semítico (citando K. Beyer em *Prayers*, p. 46) • Oepke observa que o significado "revelar" para *apokalyptō* não é tipicamente grego em *kalyptō* (*TDNT*, 3, pp. 556-592, 557) • Creed nota que *exomologoumai soi* é frequentemente encontrado nos Salmos da LXX para hwd l, enquanto *emprosthen sou* é "uma perifrástica semítica para evitar uma maneira muito familiar ao falar do propósito divino" (*Luke*, p. 148, Strack e Billerbeck, 2, p. 606) • *Emprosthen* = aramaico • G. Schrenk. "*Eudokia*". *TDNT*, 2, p. 747 • Jeremias. *New Testament Theology: the proclamation of Jesus*, Londres: SCM Press, 1971, 190, n. 7 • A abordagem de Deus como Senhor do céu e da terra é judaica, e o dito sobre os bebês tem paralelos judaicos também (Strack e Billerbeck, 2, p. 607) • Jeremias identifica o Pai-Filho/Filho-Pai dizendo como uma expressão gnômica entendida pelo público (*Prayers*, pp. 50ss.) • O assíndeto não é lucano, nem o parataxe encontrado aqui é típico de Lucas. "A construção paratática ecoa o idioma semítico" (Creed. *Luke*, p. 148). Este é semítico na característica e provavelmente não é devido ao estilo de Lucas, adquirindo um sabor semítico. Perceba que, no começo da terceira linha do louvor, a presença de *kai* "não pode ser atribuída à edição de Lucas enquanto Lucas diminui o uso frequente de καί no seu material e nunca altera um *oude* no texto de Marcos para *kai*" (Jeremias. *Prayers*, p. 46 e *Die Sprache*, p. 189). Claramente, uma fonte semítica está por trás do louvor e da bênção.

[108] A passagem mostra sinais de alguma emenda de Lucas. A presença de *tis* em 10.22 é provavelmente devida à preferência de Lucas para hipotaxe e pode ser parte de uma tentativa de Lucas na abreviação. O *oudeis/oude* é repetido em Mateus 11.27, mas Lucas usa apenas um. Embora ele nunca possa substituir *oudé* com *kai* no material de Marcos, Lucas pode estar omitindo o segundo aqui, já que ele omite o uso correspondente do verbo (*epiginōskō*) para o qual *oude* serve como um assunto em Mateus 1.27. Lucas evita a repetição do verbo (que é parte da estrutura paralítica semítica) "que o gosto grego achou feio" (Jeremias. *Prayers*, p. 46). Assim, ao descartar o verbo e criar uma elipse, ele também decidiu remover o correspondente.

mente verdadeiro para o prefácio que ele fornece para o dito: "Naquela mesma hora se alegrou Jesus no Espírito Santo, e disse [...]" (v. 21). Aqui, a referência ao Espírito Santo revela vários pontos interessantes da Pneumatologia lucana.

Primeiro, Lucas salienta que Jesus proferiu este louvor e experimentou essa alegria por meio do Espírito Santo. As fronteiras entre este ato da fala inspirada, os eventos de Pentecostes[109] e a alegria expressa pelas testemunhas nas histórias da infância são claras.[110] Todas elas testemunharam com alegria a respeito de Jesus pelo poder e revelação do Espírito Santo.

Segundo, a frase "se alegrou no Espírito Santo" indica que a revelação ocorreu; a verdade foi revelada. Leaney observa: "A frase é única e bem expressa a alegria daqueles que, como Maria e Isabel, têm permissão para compartilhar o conhecimento do plano da salvação de Deus. Em seu caso, como no do Senhor aqui, é alegria em uma visão apocalíptica. Lucas parece ser o responsável pela frase".[111]

Terceiro, ao se alegrar no Espírito Santo, Jesus proferiu uma declaração inspirada.[112] Os verbos *ēgalliasato* ("regozijou") e *eipen* ("disse")

O *kai* na frase *kai tis estin ho patēr ei mē ho hyios* (v. 22) pode servir como conectivo entre as duas cláusulas relativas, que são provavelmente lucanas. Creed afirma: "A questão indireta é provavelmente uma alteração estilística de Lucas" (*Luke*, p. 149) ao eliminar algumas das estruturas paralelas que Mateus retém e que Lucas aparentemente continua ajustando nos versos 23 e 24. Lucas não mantém todas as referências a ver e a ouvir que Mateus faz na bênção (10.23-24 contra Mt 13.16-17). Lucas também parece ser responsável pelo uso grego de *hypo* após o *paredothē* passivo (cf. v. 22) • Cf. G. Dalman. *The words of Jesus*, 1, Edinburgh: T. & T. Clark, 1902, p. 284, n. 1 • Além disso, Lucas pode ser responsável pelo particípio *strapheis* na transição que ele faz entre o louvor e a bênção sobre os discípulos (v. 23; cf. tb. 7.9) • Cf. Marshall. *Gospel of Luke*, p. 438 • Jeremias. *Die Sprache*, pp. 155, 189.

109 No Pentecostes, o louvor aberto da obra de Deus e o ousado e espontâneo testemunho público da verdade de Deus que culmina nos lábios de Pedro, paralelamente à intenção da expressão de Jesus.

110 Leaney. *Luke*, 279. Cf. tb. Miyoshi. *Anfang des Reiseberichts*, p. 121.

111 Leaney. *Luke*, p. 279. Cf. tb Smalley. *Spirit, kingdom and praise*, pp. 59-71 • J. G. D. Dunn, 1970-1971, pp. 36-40 • A. A. Trites. "The prayer motif in Luke-Acts". In: *Perspectives in Luke-Acts*. C. H. Talbert. Edimburgo: T. & T. Clark, 1978, pp. 168-186.

112 "Jesus está cheio de alegria e do Espírito antes de proferir uma declaração inspirada"

descrevem eventos não separados, mas a mesma ação súbita e fluida. Esse uso de dois verbos para expressar o ato de falar soa semítico e pode representar uma introdução fornecida pela fonte de Lucas à qual ele acrescentou a frase preposicional "no Espírito Santo". Entretanto, dado o uso que Lucas faz de *agalliaō* em outros lugares, isso pode refletir seu estilo semitante. Nada na versão de Lucas ou de Mateus sugere duas ações separadas descritas pelos dois verbos. A alegria de Jesus está contida na citação que segue, e não indica que Jesus se alegrou no Espírito em outra declaração antes da cláusula: "Pai, eu te dou graças". A expressão é direcionada a Deus e acontece na prática oração. Lucas provavelmente reconhece este ato de Jesus como um paradigma para a atividade na igreja, identificado-o como "orando no Espírito" (1Co 14.15; Jd 20) e vendo-o como louvor dirigido pelo Espírito Santo.

Em quarto lugar, isso significa não só que Jesus foi inspirado a dirigir-se ao seu Pai (vv. 21-22), mas também que foi capacitado pela experiência a proclamar esta verdade aos seus discípulos, dizendo-lhes que tinham visto o Reino de Deus vindo em poder (vv. 23ss.). A referência aos discípulos no versículo 22 demonstra que o louvor não era apenas para o ouvido de Deus, mas também para a iluminação dos discípulos.[113] A atividade do Espírito Santo é um pré-requisito para revelar e

---

(E. Schweizer. "Pneuma". *TDNT*, 6, pp. 332-455, 405). Miyoshi nota a ênfase em falar aqui também (*Anfang des Reiseberichts*, pp. 134-136). Schweizer e Miyoshi identificam esta atividade de Jesus como profecia do Antigo Testamento, mas a descrição característica é pentecostal. Claramente, o modelo para a fala de Jesus e das testemunhas das narrativas da infância é a visão abrangente da profecia em Atos e a Igreja Primitiva, e não apenas o AT. Os paralelos entre o Jesus cheio do Espírito em 4.18 – que por sua fala efetua exorcismos (proclama "libertação aos cativos") – e seus discípulos que exorcizam demônios em seu nome (v. 17) demonstram que a Pneumatologia de Lucas não se enquadra na generalização inadequada que define tanto a profecia do AT quanto a Pneumatologia de Lucas como discurso inspirado somente. Pode-se dizer, no entanto, que a Pneumatologia em Lucas se refere principalmente à fala inspirada.
113 Embora as declarações inspiradas pelo Espírito de Zacarias e Simeão fossem dirigidas a Deus primeiramente (Lc 1.67ss.; 2.29ss.), ambas se dirigem a uma audiência humana também • Cf. tb. Atos 4.24-31 • Cf. tb. Zahn. *Lucas*, p. 424 e Dibelius, que tb. cita João

proclamar a salvação de Deus. Nesta passagem, Jesus testemunha, pelo Espírito Santo, a verdade diante de Deus e daqueles que o rodeiam.

O contexto para a ocasião de Jesus regozijando-se no Espírito Santo está firmemente ligado com o retorno dos Setenta, e é este contexto que lança muita luz sobre a compreensão de Lucas da frase. Na passagem da missão (10.1-20), Lucas preserva a dupla comissão dada por Jesus: pregar e realizar maravilhas (10.9). O papel do discurso na missão é ainda mais intensificado quando os exorcismos ocorrem usando o nome de Jesus (10.17). Lucas também descreve o ministério de exorcismo de Jesus em termos de fala (4.18ss.), quando, pela unção do Espírito Santo, ele proclamou a libertação dos cativos. (Isto é imediatamente seguido pelo exorcismo em Cafarnaum, 4.31ss.) Jesus se alegrou em virtude de os discípulos terem experimentado o Reino de Deus através de seus próprios ministérios. Lucas considera o discurso de autoridade como o destaque do relatório dos Setenta (v. 17) e, apropriadamente, observa que a resposta de Jesus ao relatório foi motivada pelo Espírito Santo, o mesmo Espírito que em breve capacitaria os discípulos (Lc 24.49; At 1.8).

Lucas evita fazer associações diretas entre o Espírito Santo e a atividade dos discípulos pré-pentecostais, uma vez que eles não estão cheios com o Espírito Santo até Pentecostes. Em vez disso, ele preserva o que é dito em 10.19: "Eis que vos dou poder para pisar serpentes e escorpiões, e toda a força do inimigo", o que retrata Jesus como a fonte de sua autoridade, em vez do Espírito. Esta situação única de os discípulos possuindo poder antes de este ser oficialmente dado a eles pelo Espírito Santo é criada por Lucas observando as eras da antiga e da nova aliança, uma convenção que ele ignora quando descreve os ministérios de muitos personagens na narrativa da infância na pós-ascensão, em termos pentecostais. Para os discípulos, ele reserva referências ao Espírito Santo até Pentecostes, embora, em certo sentido, tenham o poder do Espírito em sua missão miraculosa em Lucas 10.1-20.

11.41 como um exemplo de oração com mais de uma audiência (*Tradition*, p. 281).

A explicação de Lucas para a fonte do louvor de Jesus ao Pai (vv. 21-22) e sua bênção aos discípulos (vv. 23-24) é um modelo para a apresentação distintamente lucana da obra do Espírito Santo. A ênfase principal é um testemunho inspirado. Não é acidente que a "alegria no Espírito Santo" prefacie e amplifique a declaração de Jesus sobre seu relacionamento como filho de Deus Pai, uma revelação que sacode o reino de Satanás e manifesta o Reino de Deus no poder. A Pneumatologia especial de Lucas afirma e revela sua declaração cristológica suprema: Jesus é o filho ungido pelo Espírito. Tipicamente, Lucas expressa a Cristologia através da Pneumatologia (e.g., 1.35; 3.15-22; 10.21 e At 10.37ss.). Assim, Lucas nos diz que o Espírito Santo revela a natureza da relação entre o Pai e o Filho, mas, ao fazê-lo, também manifesta a relação entre o Filho e o Espírito Santo. O Espírito Santo unge Jesus e dá origem às suas palavras que revelam o relacionamento.

O Espírito Santo e a Oração do Pai-Nosso

"Venha sobre nós o teu Espírito Santo; purifica-nos."

Perto dos saltos da passagem de "regozijo no Espírito Santo" vem a versão de Lucas da Oração do Senhor. "Pai, santificado seja o teu nome, venha o teu Reino" (Lc 11.2). Em algumas cópias antigas de Lucas, a oração contém uma referência ao Espírito Santo. Nos escritos de Gregório de Nisa, lemos o seguinte: "Pai, santificado seja o teu nome, venha sobre nós o teu Espírito e [*katharisatō*] purifica-nos". (Maximus e manuscritos 162 e 700 têm leituras semelhantes.) Tertuliano, talvez citando Marcião, menciona o pedido do Espírito Santo antes do pedido: "Venha o teu Reino" (*Adversus Marcion*, 4:26). Enquanto a maioria das evidências textuais aponta para sua ausência, a leitura que inclui a referência ao Espírito Santo não pode ser facilmente descartada, uma vez que a tendência do escriba para ajustar os textos à versão de Mateus parece precoce e generalizada.[114] O manuscrito Codex Bezae (D) parece refletir o conhecimento de ambas as tradições quando fornece a confusão: "sobre nós venha o seu Reino".[115]

A validade da variante do Espírito Santo

O conceito da descida do Espírito não é, naturalmente, alheio ao judaísmo do AT ou à Igreja Primitiva. Leaney observa semelhanças em Lucas e Atos, João e as epístolas.[116] A descida se encaixa bem no interesse universal de Lucas pelo Espírito Santo. Além disso, "uma referência ao Espírito Santo é adequada em uma oração que contrasta com uma oração joanina (11.1)",[117] uma vez que João Batista previu a vinda do Espírito Santo. Também corresponde à íntima associação de Lucas entre Espírito Santo, oração e revelação.[118] Um paralelo impressionante está em Lucas 1.35, quando o Espírito Santo veio sobre Maria, fazendo com que o menino Jesus fosse chamado "santo" (*hagion*). Especialmente importante é a associação do Espírito Santo com a fala inspirada, que ocorre consistentemente no programa de Lucas. Esta oração, como a oração fortalecida pelo Espírito Santo em 10:21ss., elicia o louvor a Deus e a revelação a um público humano.

Os estudiosos estão divididos em relação à variante estar ou não em Lucas.[119] A variante poderia ser original: (1) se Lucas estivesse editando

---

114 Leaney. *Luke*, 61 e G. D. Kilpatrick. *The origins of the Gospel according to St. Matthew.* Oxford: Blackwell, 1946, 76ss. • Manson. *Sayings*, p. 265.

115 E. Lohmeyer contesta que este é o caso em D. Lohmeyer. *The Lord's prayer.* Londres: SCM Press, 1965, pp. 258-261.

116 Leaney. *Luke*, p. 62.

117 Marshall enumera várias razões pelas quais esta variante não pode ser levemente rejeitada. Ele sente, no entanto, que o peso da evidência textual é um argumento contundente para sua exclusão do texto lucano, e que os vários manuscritos que apoiam sua inclusão o fazem parecer fraco (*Luke*, p. 458). Metzger considera a evidência de Tertullian fraca desde que menciona a variante durante seu período "montanista", enquanto ele não faz anteriormente nenhuma alusão à variante em suas referências à Oração do Pai-Nosso (*Textual Commentary*, pp. 156-157).

118 Lampe. *The Holy Spirit in Luke*, pp. 169ss.

119 A. Harnack. *The sayngs of Jesus.* Londres, 1908, pp. 63ss. • B. H. Streeter. *Four Gospels*,

Mateus ou a Fonte Q; (2) se Lucas estivesse citando uma alternativa à Fonte Q; (3) se ele tivesse uma versão diferente da Fonte Q ou (4) se a Oração do Pai-Nosso flutuasse como uma tradição independente e variada. A leitura provavelmente não estava na Fonte Q como compartilhada pelo primeiro e terceiro evangelhos, pois é improvável que Mateus a teria descartado se ela estivesse lá.[120] Assim, a originalidade da leitura em Lucas deve ser baseada em uma fonte, exceto a Fonte Q, ou em uma redação lucana de Mateus ou da Fonte Q.

Não é possível aqui examinar exaustivamente essas opções sobre a leitura variante ou a questão relativa à originalidade das versões de Mateus e Lucas de toda a Oração do Pai-Nosso. Para nosso estudo, é irrelevante se Lucas está inserindo a referência ao Espírito em sua fonte ou se está favorecendo uma tradição que a continha em detrimento de uma versão que não o fez. Qualquer que fosse a razão para a variante, se ela estivesse em Lucas, estava ali porque serviu ao propósito lucano, e modificaria o significado da oração.

O significado da variante

A invocação do Espírito Santo no início da oração evoca vários significados no contexto da teologia lucana. A ação imediata do Espírito é a purificação. Se "santificado seja o teu nome" acompanha "venha sobre nós o teu Espírito Santo e purifica-nos", então é aparente uma associação de palavras entre "santificado" (*hagiasthētō*) e "Espírito Santo"

---

277. • Leaney. *Luke*, pp. 59-68 • E. Grässer. *Das Problem der Parusieverzögerung em den synoptischen Evangelium und in der Apostelgeschichte*. Berlin: A. Töpelmann, 1957, pp. 109-141 • W. Ott. *Gebet und Heil*. Munich, 1965, pp. 112ss. • Lampe. *The Holy Spirit in Luke*, p. 170 • R. Freudenberger. "Zum Text der zweiter Vaterunserbitte", *NTS* 15 (1968-1969), pp. 419-32 • Contra: Metzger. *Textual commentary*, pp. 154ss. • Jeremias. *Prayers*, pp. 83ss., que acredita que a associação da Oração do Pai-Nosso com o batismo de iniciados levou à inserção da invocação (p. 84) • Marshall. *Gospel of Luke*, p. 458 • Lohmeyer. *The Lord's Prayer*, pp. 261-270 • J. Carmignac. *Recherches sur le "Notre Père"*. Paris, 1969, pp. 89-91. Barrett implica que a experiência da igreja é responsável por ela (*Holy Spirit*, 46, n. 1).

120 A menos que Mateus esteja substituindo a versão da oração com a qual ele estava familiaarizado pela forma preservada em Lucas, como sugerido por Marshall, *Gospel of Luke*, p. 455.

(*to pneuma sou to hagion*). A implicação é que o Espírito Santo do Pai Santo (santificado) cria um caráter semelhante naqueles sobre quem ele desce e purifica. Assim, os suplicantes esperam ser do mesmo caráter e mente daquele a quem se dirigem. Consequentemente, a atividade do Espírito permite que os suplicantes orem corretamente. Esta habilitação dos crentes para orar por meio da atividade do Espírito Santo é ainda apoiada pela presença de "sobre" (*epi*). Tal conceito tradicional do Espírito Santo vindo sobre alguém é semelhante ao uso exclusivo de Lucas da frase "cheio do Espírito Santo", e sugere uma nova doação do Espírito para orar de acordo com a vontade de Deus. Além disso, esta atividade se encaixa bem no ensino cristão primitivo de que só pelo Espírito Santo se pode chamar Deus de "Abba, Pai" (Rm 8.15; Gl 4.6).

Isso se encaixa bem no programa geral de Lucas. Várias passagens sugerem que a atividade do Espírito Santo aqui (i.e., a purificação) permite que a fala inspirada da parte do peticionário ocorra. Lucas registra vários casos em que a atividade do Espírito Santo é observada antes da comunicação com Deus (a bênção de Deus em Zacarias, 1.67ss.; a oração de Simeão, 2.29ss. e, no contexto anterior, a oração de louvor de Jesus, 10.21ss.). Como todas essas orações, a Oração do Pai-Nosso não é apenas para o benefício de Deus, mas também tem um público humano. O "nós" de 11.2 e o pedido dos discípulos para instrução sobre como orar (11:1) indicam que a Oração do Pai-Nosso tem um público mais amplo. Assim, uma referência ao Espírito Santo na oração inspirada a Deus antes dos testemunhos tem precedência lucana (cf. tb. a oração de Estêvão, At 7.55-60, e uma situação semelhante na oração dos discípulos ameaçados, At 4.24-31).

As referências ao Espírito Santo aqui se encaixam bem com outras tendências lucanas. A estreita relação entre a oração e a obra do Espírito Santo é óbvia.[121] Como mencionado anteriormente, a frase do

---

121 Assim, Lampe declara que "a oração é, de fato, complementar à atividade do Espírito, já que é o ponto em que a comunicação da influência divina se torna efetiva para os seus destinatários" (*The Holy Spirit in Luke*) • Cf. tb. Plummer. *Luke*, xlv • Para uma visão geral da erudição sobre a oração em Lucas e Atos, cf. A. A. Trites. *Prayer motif*, pp. 168-186.

Espírito Santo é seguida por "Venha o teu Reino". Se Lucas é responsável pela presença deste trecho, então ele vê o Reino em termos da atividade do Espírito Santo; para ele, o Reino e o Espírito estão inseparavelmente ligados. Ambas as ideias têm precedência em Lucas. Dunn apontou que as conexões entre o Espírito e o Reino são tão próximas, que os dois se misturam, e as distinções entre eles são muitas vezes ofuscadas. Isso é visto no comissionamento dos discípulos em Lucas 24.36-53 e Atos 1.3-8. Os dois se tornam intercambiáveis a tal ponto, que Dunn afirma: "Assim, não é tanto um caso de onde *Jesus* está há o Reino quanto onde o *Espírito* está há o Reino".[122] S. Smalley vai um passo adiante observando que "Espírito, Reino e oração estão todos intimamente relacionados em momentos importantes no progresso da história da salvação".[123] Ele aponta que esses elementos estão presentes em muitos dos eventos que mudam a história, registrados tanto no Evangelho de Lucas como em Atos.[124] Ele também observa que, se a leitura variante na Oração do Pai-Nosso de Lucas é aceita, então os três elementos são agrupados novamente. "É ainda mais significativo que a leitura alternativa, mas provavelmente inferior, de alguns manuscritos neste momento é 'o teu Espírito Santo vem sobre nós e purifica-nos'". Uma vez mais o Espírito e o Reino são indissoluvelmente associados no contexto das orações peticionárias.[125]

O valor da variante para o programa de Lucas

O contexto que Lucas estabelece para a Oração do Pai-Nosso se encaixa bem com a leitura variante. Lucas relata que, ao ver Jesus orando, os discípulos lhe perguntaram: "Senhor, ensina-nos a orar, como também João ensinou aos seus discípulos" (11.1). Com a variante, a oração de

---

122 Dunn. *Spirit and Kingdom*, p. 38.
123 Smalley. "Spirit, Kingdom and Prayer", p. 64.
124 Ibid., pp. 64ss. Em alguns casos, a presença de um dos elementos é, na melhor das hipóteses, implícita, no entanto, Smalley demonstra um padrão distinto de Lucas.
125 Ibid., pp. 68ss.

Jesus, que contém apropriadamente uma referência à doação do Espírito Santo, contrasta bem com o provável ensinamento de João sobre a oração, que poderia conter apenas uma promessa do Espírito Santo, na melhor das hipóteses. Assim como o batismo do Espírito de Jesus substituiu o batismo de águas de João, a oração de Jesus em contraste com a de João torna-se uma "oração do Espírito".[126]

A leitura variante também se encaixa bem com o contexto maior da Oração do Pai-Nosso. Em 10.21, Jesus é apresentado como um exemplo de oração, sendo ele mesmo inspirado pelo Espírito Santo para louvar a Deus. Em 11.13, vemos que o Espírito Santo, o qual capacitou os discípulos (e Jesus) a orar de acordo com a vontade de Deus e a afirmar sua verdade, é o mesmo Espírito através do qual todas as orações são respondidas e todas as necessidades são atendidas. Assim, o tema do Espírito Santo é intrínseco ao contexto maior de Lucas em torno da Oração do Pai-Nosso. A influência penetrante do Espírito Santo sobre a oração fornece um prelúdio e um epílogo à Oração do Pai-Nosso de Lucas. Em 12.12, os crentes são assegurados de que o Espírito Santo concederá as palavras apropriadas de testemunho. Quando se considera seu contexto mais amplo, que também inclui referências ao Espírito Santo, a validade da leitura variante deve ser levada em conta, mesmo que seu atestado textual seja fraco. Ela se encaixa bem no programa de Lucas – do Espírito e da oração – e também faz paralelos a seu tema menor – de ligar o Espírito e a purificação (cf. At 10.15 com 10.44; 11.9 com 11.16 e 15.8-9).

O Espírito Santo como a resposta para a oração

Imediatamente depois de apresentar a Oração do Pai-Nosso, Lucas insere mais ensinamentos sobre oração: a parábola do amigo persistente

---

126 A referência às atividades de João Batista e às atividades de Jesus que as substituem pode ser devida à tendência de Lucas e da igreja de absorver os elementos joaninos na pregação e na adoração cristãs.

(11.5-8), a declaração de pedir-procurar-bater (11.9-10) e o incidente do filho pedindo ao pai um peixe (11.11-13). No último verso, Lucas conclui: "Pois se vós, sendo maus, sabeis dar boas dádivas aos vossos filhos, quanto mais dará o Pai celestial o Espírito Santo àqueles que lho pedirem!" (11.13). O "Espírito Santo" de Lucas está no lugar das "boas dádivas" de Mateus (Mt 7.11).

A erudição está dividida a respeito de qual leitura é a original;[127] entretanto, a maioria acredita que as "boas dádivas" de Mateus configuram este original, e que Lucas interpretou os dons de Mateus como o dom do Espírito Santo (At 2.38).[128] Também é possível que Lucas esteja preservando uma tradição alternativa. Poder-se-ia considerar, de igual modo, que Mateus trocou "Espírito Santo" por "boas dádivas".[129] Mas também, dada a inclusão redacional do Espírito Santo por Lucas nos Atos de Lucas, é claro que Lucas é responsável pela sua inserção ou preservação, o que serve a um propósito teológico. "De fato, o evangelista veria esta promessa de Jesus em 11.13 como a base para o Pentecostes".[130]

Para Lucas, o Espírito Santo é a resposta à oração. O poder do Espírito pode remediar qualquer situação. Quando 11.13 conecta-se ao contexto do Espírito e da oração de 10.21, e possivelmente 11.2, a

---

127 Fitzmyer atribui o "Espírito Santo" à redação de Lucas, de acordo com seu frequente interesse pelo Espírito Santo. Ele também vê a ausência do artigo definido antes do "Espírito Santo" como evidência da mão de Lucas. *Luke*, pp. 2.915-2.916 • Cf. tb E. Schweizer. *The good news according to Luke*. Atlanta: John Knox Press, 1984, p. 192 • R. Stronstad. *The Charismatic Theology of St. Luke*. Peabody, Mass: Hendrickson, 1984, p. 46.

128 "As 'boas dádivas' em Mateus devem certamente ser entendidas num sentido espiritual (Rm 3.8; 10.15; Hb 9.1; 10.1; Lc 1.53)" (Marshall. *Gospel of Luke*, p. 470) • *agatha* (Mt 7.11) tem o mesmo significado escatológico que *pneuma hagion* visto que *ta agatha* frequentemente designa dons da era messiânica" (Jeremias. *The parables of Jesus*, 2. ed. rev. Nova York: Charles Scribner's Sons, 1924, p. 145).

129 C. S. Rodd. "Spirit or finger". *Exp T* 72 (1960-1961), pp. 157-158.

130 C. H. Talbert. *Reading Luke: a literary and theological commentary on the third Gospel*. Nova York: Crossroad, 1986, 133 • Stronstad sugere que Lucas usou *midrash pesher* para interpretar "boas dádivas" nos termos da realidade "pós-pentecostes do dom do Espírito" (Nova York: Crossroad, 1986) (*Charismatic Luke*, p. 46) • Cf. tb. R. Tannehill. *The narrative unity of Luke-Acts*. Filadélfia: Fortress, 1986, p. 239.

mensagem de Lucas é clara: o Espírito Santo é o meio para pedir um dom, a esfera na qual o pedido é feito e a essência da boa dádiva que é dada. O Espírito superintende os aspectos verticais e horizontais da oração: seu louvor a Deus e seu testemunho aos seres humanos. Para Lucas, o Espírito também superintende a resposta à oração, tornando-se a resposta. A oração espiritual contrasta com a fala blasfema dos inimigos de Jesus nos versos seguintes de Lucas 11, que discutiremos no capítulo 9.

CAPÍTULO 9

O ESPÍRITO SANTO, BLASFÊMIA E TESTEMUNHO

> *E digo-vos que todo aquele que me confessar diante dos homens também o Filho do Homem o confessará diante dos anjos de Deus. Mas quem me negar diante dos homens será negado diante dos anjos de Deus. E a todo aquele que disser uma palavra contra o Filho do Homem ser-lhe-á perdoada, mas ao que blasfemar contra o Espírito Santo não lhe será perdoado. E, quando vos conduzirem às sinagogas, aos magistrados e potestades, não estejais solícitos de como ou do que haveis de responder, nem do que haveis de dizer. Porque na mesma hora vos ensinará o Espírito Santo o que vos convenha falar. (Lc 12.8-12)*

O interesse exclusivo de Lucas no Espírito Santo em nenhum outro lugar está mais claro do que em seu relato da blasfêmia do Espírito Santo. Seu contexto para a blasfêmia diz respeito ao testemunho,[131] ao passo que Mateus e Marcos não mencionam testemunho neste contexto. Lucas

---

[131] P. Alexandre. "Blasphemy against the Holy Spirit" ("Blasfêmia contra o Espírito Santo"). *Dictionary of pentecostal and charismatic movements*. Ed. S. Burgess, G. McGee. Grand Rapids: Zondervan, 1988, p. 88.

coloca de forma deliberada o dito em um lugar completamente diferente de Mateus e Marcos.[132] Enquanto em Mateus e Marcos Jesus dirige o dito aos seus inimigos, em Lucas ele se dirige aos seus discípulos. Além disso, em Lucas, a blasfêmia contra o Espírito Santo significa algo bem diferente do que em Mateus e Marcos. Em Mateus e Marcos, blasfemar contra o Espírito Santo é chamar o bom de mau e o mau de bom; em Lucas, é falhar no testemunho quando chamado a fazê-lo.

O contexto da blasfêmia em Mateus e Marcos

Mateus e Marcos relatam que a ocasião para o dito da blasfêmia era a cura de um endemoninhado. Em resposta a essa cura, os inimigos

---

132 C. E. B. Cranfield enumera várias razões para preferir o contexto de Marcos para a blasfêmia sobre o cenário de Lucas: (l) Mateus apoia o contexto de Marcos fazendo com que a Fonte Q se conforme com ele, (2) Lucas 12.10 "não parece particularmente apropriado no seu contexto", (3) a versão de Marcos é mais apropriada para a acusação dos escribas e (4) Marcos liga 3.28ss. com o v. 22 por meio do v. 30. Marcos é restringido em dar ligações. "Portanto, estamos inclinados a considerar o versículo 28ss. como no seu próprio contexto histórico". Dada a adequação da afirmação em Marcos 3.28ss, que prontamente define o pecado contra o Espírito Santo como atribuindo as obras do Espírito Santo a Belzebu, e os problemas incômodos criados pelo contexto de Lucas, é preciso considerar que o contexto de Marcos para o dito poderia ter sido da Fonte Q também (Cranfield. *The Gospel according to Saint Mark: an introduction and commentary*. CGTC. Ed. C. F. D. Moule. Cambridge: Cambridge University, 1959, p. 139) • M. Black observa que o uso aramaico da parataxe em Marcos está reordenado "com particípios hipotáticos conspícuos" na versão de Lucas da controvérsia de Belzebu (*An aramaic approach to the Gospels and Acts*. 3. ed. Oxford: Clarendon, 1967, p. 189). Ele sugere que esta é uma "reescrita literária de um dito lucano na Fonte Q". Com o uso de *blasphēmēsanti* na perícope da blasfêmia de Lucas (12.10), temos a mesma tendência de reescrita que Black também observa em Lucas 1.17ss. Black também identifica a deliberada desvalorização de Lucas do sentimento severo retido em Marcos como "a obra editorial de Lucas" consistindo "de uma acomodação de seu material judaico aos modos de pensamento gentio, e parte dessa edição consistiu na remoção de algumas passagens e na simplificação de outras" (*Aramaic Approach*, p. 189) • J. Jeremias descreve *tō blasphēmēsanti* como redacional (*Die Sprache*, p. 214). Após essas características não semíticas da forma lucana da Fonte Q, Black deixa a possibilidade aberta de que a Fonte Q em Lucas pode não refletir consistentemente o original da Fonte Q (*Aramaic Approach*, p. 190).

de Jesus – os fariseus de Mateus e os escribas de Marcos – afirmaram que seu poder de realizar maravilhas veio de uma fonte perversa: "Este não expulsa os demônios senão por Belzebu, príncipe dos demônios" (Mc 3.25; Mt 12.24). Jesus então os advertiu sobre blasfemar contra o Espírito Santo, dizendo-lhes que estavam em perigo de julgamento eterno: "Na verdade vos digo que todos os pecados serão perdoados aos filhos dos homens, e toda a sorte de blasfêmias com que blasfemarem. Qualquer, porém, que blasfemar contra o Espírito Santo nunca obterá perdão, mas será réu do eterno juízo" (Mc 3.28-29; Mt 12.31-32). Imediatamente Marcos acrescenta: "Porque eles haviam dito: Ele tem um espírito imundo" (3.30). Marcos está registrando claramente o que é esse pecado perigoso – ele não deixa para que seus leitores descubram. Em Mateus e Marcos, o pecado de blasfemar contra o Espírito Santo é chamar o bom de mau e o mau de bom.

Essa palavra de Jesus causou muita preocupação. Contudo, enquanto Jesus não estava impedindo a possibilidade de perdão, ele estava prevendo que a persistência em tal crença e práticas errôneas resultaria em destruição irrevogável.[133] Que esperança há para aquele que persiste em chamar o bom de mau e o mau de bom? Tal pressuposto impediria reconhecer a salvação pelo que ela é. Aparentemente, os inimigos de Jesus estavam prestes a cometer o mesmo erro permanente que o Satanás de Milton, que disse: "Serás meu bem, ó mal!" (*Paradise Lost*, Livro 4).

A relocação de Lucas da blasfêmia sob a perspectiva de Marcos

No relato de Lucas sobre a cura do endemoninhado mudo (11.14ss.), ele inclui o exorcismo e a acusação de Belzebu, que segue sem identificar

---

[133] A conversão de Saulo, o veemente inimigo da igreja que estava convencido de que Jesus e seus seguidores eram maus, demonstra que o perdão é possível. Somente aqueles que persistem no pressuposto fatal estão condenados.

especificamente os acusadores (*tines*, 11.15).[134] Além disso, omite a advertência de Jesus contra a blasfêmia neste momento, inserindo, em vez disso, o retorno da perícope do espírito do mal (1.24-26), reservando a blasfêmia para mais tarde. Parece que Lucas sente que o ditado "Quem não é comigo é contra mim; e quem comigo não ajunta, espalha" (11.23) responde adequadamente aos acusadores de Jesus.

Há pouca dúvida de que, ao escrever seu Evangelho, Lucas está ciente do dito da blasfêmia, já que usa Marcos como sua fonte; mesmo que Mateus fosse sua fonte, ele ainda estaria ciente disso.[135]

---

134 J. M. Creed (*Luke*, p. 51) observou que Lucas preferiu um público mais generalizado em contraste com uma identificação mais específica nos paralelos sinóticos (e.g., Lc 11.15 comp. com Mt 12.24 e Mc 3.22; Lc 11.29 comp. com Mt 12.38, 39 e Mc 8.11; Lc 12.54 comp. com Mt 16.1 e Mc 8.11).

135 Há, naturalmente, alguns estudiosos seguindo a sugestão de Griesbach de que Marcos como fonte de Lucas não é uma suposição segura: e.g., W. R. Farmer. *The synoptic problem: a critical analysis*. Dillsboro, N. C.: Western North Carolina, 1976 • B. Orchard e T. R. W. Longstaff, eds. "J. J. Griesbach, synoptic and text-critical studies", 1776-1976, *SNTSMS*, p. 34. Cambridge: Cambridge University, 1978 • B. Orchard. *Matthew, Luke and Mark: the Griesbach solution to the synoptic question I*. Manchester: Koinonia, 1976 • Alguns que concordam com Griesbach sugerem que a Teoria de Duas Fontes tem sido seriamente desafiada com a prioridade de Mateus ganhando popularidade. Mas grande parte da erudição atual permanece não convencida, como o artigo de Fitzmyer sobre as fontes de Lucas sugere: J. A. Fitzmyer. "The priority of Mark and the 'Q' Source in Luke". In: *To Advance the Gospel: New Testament Studies*. Nova York: Crossroad, 1981, pp. 3-40). Alguns estudiosos desesperam-se completamente em relação às soluções para os problemas de origem e sugerem que os estudos redacionais evitem fazer conclusões com base na prioridade de Marcos ou em qualquer teoria de fonte particular. Talbert declarou: "Empregar Marcos como um controle hoje é tão convincente quanto usar Colossenses e Segunda Tessalonicenses para descrever a teologia de Paulo" • Cf. "Shifting sands: the recent study of the Gospel of Luke". *Int* 30, 1976, pp. 381-395, esp. 393 • Uma visão similar é expressa por J. B. Tyson. Observando que ambas as hipóteses de Griesbach e de duas fontes usam os mesmos dados como evidência de prova, ele conclui: "Estamos, portanto, em um momento no qual deve ser dito que não temos conhecimento confiável sobre as fontes de Lucas". Alternativamente, ele sugere uma "abordagem holística" como base para os estudos de redação (Tyson. "Source Criticism of the Gospel of Luke". In: *Perspectives on Luke-Acts*. Ed. C. H. Talbert. Edimburgo: T. & T. Clark, 1978, pp. 24-39, 36, 39). Tal abordagem é empregada por Talbert em *Literary Patterns*. Na verdade, nenhuma solução definitiva para a questão da fonte sinóptica aparece à vista, e as observações redacionais não

O material paralelo de Mateus 12, Marcos 3 e Lucas 1 sugere que Lucas tem Marcos e a Fonte Q antes de Marcos. Nessa passagem, ele às vezes reflete o conteúdo e a ordem de Marcos enquanto, em outras ocasiões, apresenta material comum a Mateus e a si mesmo que não está contido em Marcos. A colocação de Mateus da blasfêmia pode refletir a ordem de Marcos, e a colocação de Lucas pode refletir a da Fonte Q.[136] Novamente, é possível que Lucas esteja seguindo uma fonte disponível apenas para ele, ou ele próprio pode ser o responsável pela colocação única do *logion* em seu Evangelho. Felizmente, para o nosso estudo, uma solução definitiva para questões de fontes não é um pré-requisito para a resposta à nossa pergunta original. A presença das passagens de Belzebu e da blasfêmia em Marcos salva a detecção dos motivos lucanos de se afundar em reconstrução hipotética da Fonte

---

devem se basear apenas em uma teoria de fontes particulares. O autor observou tendências de redação no trabalho geral de Lucas e Atos, mas isso não exige que as evidências que a fonte crítica ofereça a uma análise de redação devam ser ignoradas, especialmente quando a solução de dois documentos ainda parece ser a melhor saída. Nossas observações sobre o uso de Lucas da blasfêmia do Espírito Santo são válidas independentemente de a hipótese de Farrar, de Griesbach ou das duas fontes ser aceita. Se essas observações são verdadeiras no sistema de duas fontes, então eles são certamente verdade nas outras duas. A única teoria que impossibilitaria grande parte da crítica da fonte de comentar sobre a nossa passagem é a Teoria da Prioridade Lucana de R. Lindsey. Nesse caso, apenas as tendências gerais e as fontes mais hipotéticas poderiam lançar luz sobre as questões redacionais de Lucas. As sugestões de Lindsey, embora inovadoras, não são convincentes, e geralmente não são aceitas • Cf. "A new approach to the synoptic gospels: a modified two-document theory of the synoptic dependence and inter-dependence". *Nov T* 6, 1963, pp. 239-269 • Para uma crítica do trabalho de Lindsey, cf. Tyson. *Source Criticism* • Felizmente, o intenso interesse de Lucas pela Pneumatologia e pelo testemunho inspirado é demonstrável em qualquer teoria de origem. No entanto, a evidência é forte de que Lucas ajustou suas fontes para tornar claras as ligações entre o Espírito e a testemunha.

136 Há algumas sobreposições entre Marcos e a Fonte Q nesta passagem. Cf. C. K. Barrett. *Holy Spirit*, 60ss. Embora não se possa ter certeza, a Fonte Q provavelmente continha o *logion* da blasfêmia no mesmo contexto que Marcos. I. H. Marshall sugere que o contexto de Lucas pode refletir a Fonte Q em razão da repetição de "Filho do Homem" nos v. 8, 10. No entanto, ele também observa os temas desarticulados que ocorrem nos vv. 8-10, e sugere ainda que o dito pode ter sido independente e não fixado a qualquer contexto na tradição evangélica (*Gospel of Luke*, p. 510; cf. tb. Barrett. *Holy Spirit*, p. 131).

Q. No caso, os motivos e a mensagem de Lucas são claros, evitando deliberadamente a versão de Marcos e apresentando outra.

Testemunho: o contexto de Lucas para a blasfêmia

O contexto que Lucas prefere para a blasfêmia é encontrado em Lucas 12, e não no capítulo que cita a controvérsia de Belzebu (como em Marcos). Esse contexto apresenta Jesus exortando os seus discípulos a darem um testemunho ousado:

> *Começou a dizer aos seus discípulos: Acautelai-vos primeiramente do fermento dos fariseus, que é a hipocrisia. Mas nada há encoberto que não haja de ser descoberto; nem oculto, que não haja de ser sabido. Porquanto tudo o que em trevas dissestes, à luz será ouvido; e o que falastes ao ouvido no gabinete, sobre os telhados será apregoado. E digo-vos, amigos meus: Não temais os que matam o corpo e, depois, não têm mais que fazer. Mas eu vos mostrarei a quem deveis temer; temei aquele que, depois de matar, tem poder para lançar no inferno; sim, vos digo, a esse temei. Não se vendem cinco passarinhos por dois ceitis? E nenhum deles está esquecido diante de Deus. E até os cabelos da vossa cabeça estão todos contados. Não temais pois; mais valeis vós do que muitos passarinhos. E digo-vos que todo aquele que me confessar diante dos homens também o Filho do Homem o confessará diante dos anjos de Deus. Mas quem me negar diante dos homens será negado diante dos anjos de Deus. E a todo aquele que disser uma palavra contra o Filho do Homem ser-lhe-á perdoada, mas ao que blasfemar*

contra o Espírito Santo não lhe será perdoado. (Lc 12.1b-10 – Fonte Q paralela com Mt 10.26-33; 16.5-6; 12.31-32; 10.19-20)

Jesus advertiu seus discípulos a darem um testemunho verdadeiro, em contraste com a hipocrisia dos fariseus, admoestando que, no final, todas as coisas seriam reveladas de qualquer maneira, de modo que a verdade deveria ser proclamada. Jesus mencionou situações que exigiriam testemunho, embora pudessem também significar a perda da vida dos discípulos. Deus e sua autoridade deveriam ser respeitados pelos governantes temporais, e o testemunho dos crentes teria ramificações eternas. Neste ponto, Lucas inclui o *logion* da blasfêmia em uma forma abreviada quando contrastada com Mateus e Marcos. Aparentemente, Lucas está familiarizado com a versão de Mateus e Marcos, pois parece que sua versão é uma fusão de ambos.

A versão de Lucas: blasfêmia versus testemunho inspirado

A apresentação que Lucas faz da blasfêmia contra o Espírito Santo é, ao mesmo tempo, sóbria e reconfortante. Na versão de Lucas, os discípulos, e não os inimigos, são avisados da eterna apostasia, sendo advertidos de que Deus, o eterno juiz, deve ser temido acima de quaisquer governantes terrenos hostis à fé. Portanto, a confissão de fidelidade a Deus na terra obterá bênção eterna diante de seus anjos. Não confessar essa fidelidade, no entanto, terá um efeito igualmente eterno, mas negativo. Assim, para Lucas, o fracasso em dar testemunho inspirado é a blasfêmia contra o Espírito Santo. Lucas registra um comentário solene sobre esse tema quando apresenta a traição e a duplicidade de Judas Iscariotes, bem como de Ananias e sua esposa Safira. Em ambos os casos, ele diz a seus leitores que essas pessoas falaram sob a influência de Satanás (Lc 22.3, 4; At 5.3).[137]

Felizmente, Lucas tempera essa advertência sóbria com esperança e boas novas. Imediatamente após a citação sobre o temor de Deus, que tem o poder de lançar no inferno (12.5), ele aponta o grande valor que o Pai coloca sobre os discípulos, anotando que eles são de maior valor do que pardais. Deus cuida dos pardais, portanto, não os esquecerá (vv. 6-7). Ele também suaviza a força do aviso acrescentando os versículos 11-12: "E, quando vos conduzirem às sinagogas, aos magistrados e potestades, não estejais solícitos de como ou do que haveis de responder, nem do que haveis de dizer. Porque na mesma hora vos ensinará o Espírito Santo o que vos convenha falar".

Dos sinopsistas, somente Lucas coloca essa promessa no mesmo contexto da blasfêmia contra o Espírito Santo (contraste com Mt 10.19-20 e Mc 13.11). Assim, na difícil situação em que as ações de alguém na terra determinam seu destino eterno, o discípulo tem grande conforto e confiança. O mesmo Espírito Santo que o discípulo não deve blasfemar é o que o capacitará e o instruirá a dar um testemunho fiel de Deus. Lucas dedica grande parte do restante de seu Evangelho e de Atos a mostrar como esse testemunho inspirado foi realizado perante as autoridades nas provas de Jesus, Pedro, João, Estêvão, Tiago, Paulo e seus colegas. Os discípulos, em Atos, consistentemente "anunciavam com ousadia a palavra de Deus" (4.31) e sobre como "eles foram cheios com o Espírito Santo".

---

137 O *Sitz in Leben* para a versão de Lucas é discutido frequentemente. Observando a antecipação de Lucas da era da igreja em seu Evangelho, sugere-se que o testemunho da igreja diante do perigo é o ambiente em que duas seções da tradição nos vv. 8-9, 10 e 11-12 coalesceram. Isso poderia ter ocorrido na compilação da Fonte Q ou pela mão de Lucas. Outros sugerem que o dito resultou como uma presciência do próprio Jesus: M.-J. Lagrange. *Evangile Selon Saint Luc*, pp. 355ss. • Barrett. *Holy Spirit*, p. 131 • H. E. Tödt. *The Son of Man in the synoptic tradition*. Trad. D. M. Barton. Filadélfia: Westminster, 1965, p. 119. É significativo que Lucas goste de apresentar tais situações tanto no Evangelho quanto em Atos. Confissão e testemunho são temas próximos do coração de Lucas.

Lucas vê a negação com potencial de ser imediatamente ameaçadora; contudo, isso não impede a graça e o arrependimento. Ele relata a negação de Pedro em Lucas 22 e sua restauração e fortalecimento em Atos. Como no caso de Judas, Ananias e Safira, Lucas observa que a negação de Pedro foi resultado da influência satânica. Somente Lucas registra as palavras de Jesus: "Simão, Simão, eis que Satanás vos pediu para vos peneirar como trigo" (22.31). Mas, no caso de Pedro, ele escapa da eterna aflição da negação, pois Jesus continua: "[...] mas eu roguei por ti, para que a tua fé não desfaleça; e tu, quando te converteres, confirma teus irmãos" (22.32).

O tema do testemunho inspirado e destemido é tão importante para Lucas que ele preserva duas versões deste ensinamento de Jesus, em 12.11-12 e em 21.14-15: "Proponde, pois, em vossos corações, não premeditar como haveis de responder. Porque eu vos darei boca e sabedoria a que não poderão resistir nem contradizer todos quantos se vos opuserem".

Poder-se-ia perguntar por que Lucas não se referiu ao Espírito Santo nesta segunda passagem. Aparentemente, ele não se sente compelido a fazê-lo. Ao encontrar a versão "Espírito" em primeiro lugar, seus leitores naturalmente interpretariam a segunda passagem nos termos da primeira. Ao analisar a variação do Espírito de Deus/dedo de Deus encontrada em Mateus e Lucas, respectivamente 12.28; 11.20, C. S. Rodd observou que Lucas nem sempre retém referências ao Espírito Santo que ele encontra em suas fontes.[138]

Lucas não é avesso ao uso de relatos e expressões variadas em relação à obra do Espírito Santo, nos quais ele pode ou não incluir

---

138 C. S. Rodd. "Spirit or Finger?", p. 157. Rodd observa que Lucas não só acrescenta referências ao Espírito Santo, mas também as apaga, portanto, deve-se considerar que Lucas apagou a leitura do "Espírito de Deus" em favor de "dedo de Deus". Ele sugere que o Espírito de Deus pode ter sido inserido na Fonte Q para remover um antropomorfismo. Lucas pode estar reintroduzindo esse raro antropomorfismo (que ocorre somente aqui no NT e raramente no AT), porque "pode ser que a forma variante do dito que Lucas conhece se aproxime da originalidade da mente de Jesus" (ibid., p. 58).

uma referência específica a esse Espírito. Por exemplo, Lucas muda "O próprio Davi disse pelo Espírito Santo [...]" (Mc 12.36) para "Visto como o mesmo Davi diz no livro dos Salmos" (Lc 20.41). Em Atos 1.16, Lucas disse que "o Espírito Santo predisse pela boca de Davi". Isso pode ser devido a uma variação estilística para evitar duplicação excessiva, e esta parece ser a razão pela qual Lucas preserva duas versões de crentes falando diante da oposição: uma se refere ao Espírito Santo enquanto a outra se refere ao próprio Jesus como aquele que ajudaria o orador (Lc 12.12; 21.15), o que está de acordo com a mistura das obras do Espírito Santo e de Jesus em Atos 4 e em outros contextos. Lucas acredita que as duas versões amplificam as experiências de testemunho da igreja centradas em Jesus e no Espírito Santo. Não surpreendentemente, também encontramos dois relatos da promessa de poder de Jesus aos seus discípulos (Lc 24.44-49; At 1.4-8). Assim, esta duplicação em referência à obra do Espírito parece ser um padrão lucano.

Em outros lugares, Lucas liga a sabedoria, mencionada em 21.15, à atividade do Espírito Santo. No ministério de Estêvão, a fonte de sua sabedoria era o Espírito Santo (At 6.3, 10; comp. tb. com Lc 2.40). A segunda versão (21.14-15), na qual Jesus – e não o Espírito – é mencionado como aquele que dá poder ao discurso inspirado, encaixa-se bem no programa de Lucas como um todo.

Em conclusão, Lucas prefere deliberadamente um contexto alternativo para a blasfêmia contra o Espírito Santo diretamente, ligando-o ao testemunho inspirado pelo Espírito no contexto circundante. Ele descarta a declaração da blasfêmia na perícope da cura do endemoninhado mudo encontrada em Marcos, que adverte os inimigos da fé contra blasfemar o Espírito ao chamar o mau de bom. Em vez disso, ele deseja simultaneamente advertir e encorajar os crentes a evitar a blasfêmia contra o Espírito Santo confiantemente, dependendo dele para dar testemunho inspirado e ousado. Aqui, Lucas faz uma escolha resoluta de "soltar" uma versão sinótica e substituí-la por uma nova aplicação. Seu motivo principal para essa edição ousada é seu interesse primordial na Pneumatologia e no testemunho.

CAPÍTULO 10

O ESPÍRITO SANTO, O DISCURSO DE DESPEDIDA E A ASCENSÃO DE JESUS

> *E disse-lhes: São estas as palavras que vos disse estando ainda convosco: Que convinha que se cumprisse tudo o que de mim estava escrito na lei de Moisés, e nos profetas e nos Salmos. Então abriu-lhes o entendimento para compreenderem as Escrituras. E disse-lhes: Assim está escrito, e assim convinha que o Cristo padecesse, e ao terceiro dia ressuscitasse dentre os mortos, e em seu nome se pregasse o arrependimento e a remissão dos pecados, em todas as nações, começando por Jerusalém. E destas coisas sois vós testemunhas. E eis que sobre vós envio a promessa de meu Pai; ficai, porém, na cidade de Jerusalém, até que do Alto sejais revestidos de poder. E levou-os fora, até Betânia; e, levantando as suas mãos, os abençoou. E aconteceu que, abençoando-os ele, se apartou deles e foi elevado ao céu. E, adorando-o eles, tornaram com grande júbilo para Jerusalém. E estavam sempre no templo, louvando e bendizendo a Deus. Amém. (Lc 24.44-53)*

O discurso de despedida de Jesus e a ascensão são outras passagens importantes para o tema da fala inspirada de Lucas. No Evangelho de

Lucas, Jesus, em antecipação ao ministério da Igreja Primitiva, profere seu discurso de despedida, que é uma sinopse dos ensinamentos sobre si mesmo e seu ministério em uma forma frequentemente paralela aos sermões em Atos. Jesus comissionou os discípulos a serem testemunhas desta mensagem e orientou que esperassem até que tivessem recebido o poder para fazê-lo. Aqui, a ênfase está no testemunho, embora a operação de maravilhas esteja implícita na referência a *dynamis* e na alusão à sucessão de Eliseu ao ofício de Elias ("revestido de poder do Alto"). Embora o Espírito Santo não seja nomeado designadamente em referência ao testemunho (a "promessa de meu Pai" é mencionada, v. 49), a apresentação de Lucas da vida de Jesus e de outros no Evangelho demonstra que o Espírito Santo é de fato a fonte dos poderes sendo dispensados. Mais importante ainda, em Atos e Lucas, ele define explicitamente a descida do Espírito Santo como o meio pelo qual os discípulos falaram com autoridade (2.4). Além disso, em seu segundo relato da ascensão (At 1.4, 5, 8), Lucas cita Jesus identificando especificamente o Espírito Santo como a promessa recebida do Pai.

A ascensão como catalisadora para a liberação do Espírito

A ênfase de Lucas na ascensão

A ascensão de Jesus desempenha um papel proeminente na teologia lucana. Em Lucas 9.51, temos exemplo: "E aconteceu que, completando-se os dias para a sua (Jesus) assunção [*analēmpseōs*], manifestou o firme propósito de ir a Jerusalém".[139] Além disso, em versículos anteriores, no

---

139 A *analēmpseōs* pode se referir à morte como em Salmo 4.18; no entanto, à luz do uso do verbo *analambanō* em Atos 1.2, 11, 22, "as referências de Lucas em Atos quase certamente lhe dão uma conotação maior" (Fitzmyer, Lucas 1, p. 828). Marshall pensa que a referência primária aqui é a morte, "mas é difícil resistir à impressão de que há também uma alusão a Jesus sendo 'retomado' ou 'levado de volta' a Deus na ascensão, especialmente tendo em

relato da transfiguração, há uma possível referência à ascensão. Moisés e Elias "falavam da sua (Jesus) morte/partida [*exodon*], a qual havia de cumprir-se em Jerusalém" (9.31).[140] Lucas passa mais tempo discutindo a ascensão em seu Evangelho do que qualquer outro evangelista. Em Mateus, a ascensão não é descrita e, em Marcos, nenhuma menção é feita, exceto no final mais longo, e, ainda assim, é breve: "Ora, o Senhor, depois de lhes ter falado, foi recebido no céu, e assentou-se à direita de Deus" (16.18). Lucas não só dá uma descrição mais completa em seu Evangelho, mas também repete o relato da ascensão em Atos, seguido imediatamente da promessa de poder de Jesus de testemunhar através do Espírito Santo (1.8ss.). Lucas se refere à ascensão nada menos que três vezes no primeiro capítulo de Atos (vv. 2, 9-11, 22). Ao registrar o tema da "promessa do Pai", Lucas faz a transição do seu Evangelho para os Atos.

O relato da ascensão em Lucas-Atos enfatiza o Cristo exaltado em seu papel celestial. Contudo, com esta declaração cristológica, Lucas faz uma forte declaração pneumatológica. O Espírito Santo desce como resultado da ascensão de Jesus ao Pai: "De sorte que, exaltado pela destra de Deus, e tendo recebido do Pai a promessa do Espírito Santo, derramou isto que vós agora vedes e ouvis" (At 2.33). Para Lucas, a ascensão desencadeia a liberação do poder do Espírito Santo sobre os discípulos de Jesus.

A mão de Lucas ou a tradição

Embora o discurso de despedida de Jesus e as narrativas da ascensão revelem alguns elementos tradicionais,[141] grande parte das passagens

---

vista a presença da tipologia de Elias no contexto (9.54)" (*Gospel of Luke*, p. 405) • Cf. Plummer. *Luke*, p. 262.

140 *exodon* aqui poderia ser um eufemismo para a morte, como em 2 Pedro 1.15 (Schürmann. *Lukasevangelium*, 1, p. 588); entretanto, mais provavelmente se refere à morte, ressurreição e ascensão (Zahn. *Lucas*, 383) • J. Maneck. "The new exodus in the books of Luke". *Nov T* 2, 1955, pp. 8-23 • Ellis. *Lucas*, p. 142 • Marshall. *Gospel of Luke*, p. 384 • Fitzmyer pensa que o significado mais amplo "parece encaixar melhor com a perspectiva geográfica da teologia de Lucas", na qual Jerusalém simboliza todos os três (*Luke*, p. 1.800).

141 Jeremias vê várias frases como tradicionais ou de característica aramaica em Lucas

é de elementos redacionais. A linguagem e os temas trazem o selo de Lucas.[142] Isso é especialmente evidente no vocabulário e na sintaxe. Por exemplo, *eipen de* ("E (ele) disse") com *pros* ("para"), o uso da preposição *syn* por "para" em 24.44[143] e o infinitivo articular com o genitivo para indicar propósito na frase *tou synienai tas graphas* ("para compreenderem as Escrituras", v. 45) são típicos de Lucas.[144] No versículo 46, o uso do *pathein* para "sofrer" é lucano: das seis vezes em que ocorre no NT, cinco são em Lucas e Atos, em referência à morte de Cristo.[145] A frase preposicional "dentre os mortos" ocorre no querigma em Atos,

---

24:44ss. (*Die Sprache*, p. 321ss.) • Black. *Aramaic approach*, pp. 59, 115 observa que vários itens na passagem de Atos refletem o aramaico como faz Bruce em *The Acts of the Apostles: the greek text with introduction and commentary*. Leicester: InterVarsity, 1952, pp. 68-71 • E. Haenchen detecta o assíndeto em Atos 1.7, mas acha que está lá para efeito (Oxford, Blackwell, 1971, p. 143) • R. H. Fuller. *The formation of the resurrection narratives*. Nova York: Macmillan, 1971, pp. 116ss. acha que as fontes são fundamentais à nossa passagem. A estrutura semelhante ao aramaico pode ou não refletir a presença de fontes em qualquer ponto; mas, dada a maior frequência de semitismo na primeira parte de Atos, parece improvável que um estilo de semitização lucana seria responsável por todos eles.

142 E.g., Bultmann. *Synoptic Tradition*, p. 286 • Conzelmann. *Theology*, pp. 157ss. • U. Wilckens. *Die Missionreden der Apostelgeschichte*, WMANT 5, 2, Neukirchen: Neukirchener Verlag, 1962, p. 98, n. 1 • R. H. Fuller chama o discurso de um compêndio da "instrução cristológica-querigmática" (*The formation of the resurrection narratives*. Nova York: Macmillan, 1971, p. 116ss.) • Cf. igualmente I. H. Marshall. "The resurrection of Jesus in Luke" ("A Ressurreição de Jesus em Lucas"). *TynB* 24, 1973, pp. 55-98, especialmente 91, e idem, *Gospel of Luke*, p. 907ss. • Marshall concorda que a edição e a reescrita de Lucas ocorreram, mas pensa que é provável que Lucas tinha alguma base tradicional para o seu trabalho • C. H. Talbert (*Literary Patterns*, 58ss.) sustenta que duas tradições distintas poderiam estar por trás dos relatos de ascensão de Lucas 24 e Atos 1, mas o discurso de despedida no Evangelho "é na sua totalidade uma produção literária de Lucas, um discurso como os discursos em Atos" (p. 60) • Cf. tb. C. H. Dodd."The appearances of the risen Christ: a study in form-criticism of the Gospels". In: *More New Testament studies*. Grand Rapids: Eerdmans, 1968, p. 117ss. • R. J. Dillon. *From eye-witnesses to ministers of the Word*. AnBib 82. Roma: Biblical Institute, 1987, p. 167.

143 Plummer. *Luke*, 561. Uso de *sun*: Mateus: 4 vezes; Marcos: 6 vezes; João: 3 vezes; Lucas: 23 vezes; Atos: 52 vezes; Lucas e Atos: 75 vezes • Cf. tb Fitzmyer. *Luke*, 2. p. 1582 • Jeremias. *Die Sprache*, pp. 33, 321.

144 Plummer. *Luke*, LXII • Jeremias. *Die Sprache*, pp. 28, 321.

145 Jeremias. *Die Sprache*, 286 • Marshall. *Gospel of Luke*, 905 • Fitzmyer. *Luke*, 2.pp. 1565-66, esp. 1.583 • B. Gärtner. "Suffer", *NIDNTT3*: pp. 719-26, esp. 723 (Lc 24.26, 46; At 1.3; 3.18 com 3.15; 17.3).

quando ela modifica "ascender" (*egeiren*) e "ressuscitar" (*anastēnai*) (At 3.15; 4.10; 10.41; 13.30; 17.3, 31). R. Dillon considera isso como parte da "cristalização gradual do querigma lucano".[146]

A ideia de "testemunha" e a palavra "testemunha" em si (vv. 47-48) desempenham um papel dominante em Lucas e Atos. Das 15 ocorrências de *martyres* (testemunhas) no NT, 11 acontecem em Lucas e Atos e, nos Evangelhos, apenas em Lucas 24.48.[147] O nome e o testemunho de Jesus estão intimamente relacionados em Atos e podem indicar a redação de Lucas quando encontrados juntos.[148] A frase "arrependimento para o perdão dos pecados", que ocorre em Lucas 3:3 e é referida em Atos 2.38; 3.19; 5.31; 8.22; 26.18, tem um significado e uma função especializada em Lucas e Atos.[149] No entanto, Lucas pode ter se apropriado de Marcos (Mc 1.4 e Lc 3.3).

Na mente de Lucas, Jerusalém domina como lugar da missão da Igreja e da recepção do Espírito (24.47). É, como observa Conzelmann, um símbolo geográfico-teológico para Lucas.[150] Já observamos o interesse de Lucas pelas *dynamis* e suas associações deliberadas de Jesus com Elias. Desse modo, "revestido de poder do Alto" (v. 49) tem um sabor lucano. Lucas conclui a passagem com uma referência característica à alegria e ao louvor. Embora não desejemos analisar exaustivamente as origens da passagem, apresentamos essas características distintamente lucanas para compor este argumento: se a mão de Lucas é tão pesada nesta passagem, ele tem, sem dúvida, motivos teológicos pessoais para dizê-la dessa maneira.

---

146 Dillon. *From eye-witnesses* (*De testemunhas oculares*), p. 207.

147 Jeremias aceita a palavra como lucana, mas acha que a frase em que sustenta "E destas coisas sois vós testemunhas" é tradicional (*Die Sprache*, p. 322). Outros membros do grupo de palavras *martys* ocorrem nos Evangelhos muitas vezes em um sentido legal. Lucas provavelmente está obtendo seu significado especializado para o testemunho da tradição de testemunhar pela fé perante as autoridades (*martyrion*, Mc 13.9).

148 Dillon. *From eye-witnesses*, p. 212 apud J. Zmijewski.

149 Jeremias. *Die Sprache*, p. 322 • Conzelmann. *Theology*, 99ss.

150 Conzelmann. *Theology*, pp. 189, 213.

A mensagem do discurso de despedida

Curiosamente, com tanta atividade lucana presente no discurso de despedida, Lucas disse que Jesus se refere à descida do Espírito Santo somente como "a promessa de meu Pai" (que ele identifica como o Espírito Santo em At 1.4 e 2.33). O fato de Lucas não mencionar o Espírito Santo pelo nome neste momento configura uma questão que será investigada enquanto os elementos do discurso de despedida forem analisados. Esta análise não apenas tentará responder a essa pergunta, mas também demonstrará que Lucas usou elementos do querigma da Igreja Primitiva – isto é, pregação – para construir o discurso de despedida e fornecer um resumo do significado histórico e teológico do ministério de Jesus.[151] Veremos que isso é parte do esquema programático lucano, visando usar a pregação da Igreja Primitiva para estruturar seu Evangelho. Notaremos também que esse discurso de despedida reflete a compreensão de Lucas sobre o papel do Espírito Santo.

O cumprimento da Escritura e da exegese inspirada

> *E disse-lhes: São estas as palavras que vos disse estando ainda convosco: Que convinha que se cumprisse tudo o que de mim estava escrito na lei de Moisés, e nos profetas e nos Salmos. Então abriu-lhes o entendimento para compreenderem as Escrituras. (Lc 24.44-45)*

---

151 As fontes tradicionais por trás de Lucas 24 podem ser responsáveis pelos elementos básicos do discurso nos vv. 44-49, mas a terminologia é paralela à linguagem da pregação apresentada em Atos. Esta passagem indica que certamente os conceitos e talvez os termos e a incumbência da missão vêm da tradição anterior; mas o caráter sumário deste discurso assemelha-se aos sermões em Atos, e deve-se considerar que é provável que a mão de Lucas tenha uma grande ênfase em expressar o discurso de despedida nesses termos • Cf. Fuller. *Formation*, p. 117ss., quando ele não só observa precedentes sinóticos para os elementos no discurso, mas também identifica a própria mão de Lucas.

O último sermão de Jesus no Evangelho de Lucas começou como seu primeiro discurso público: ele falou com autoridade e interpretou as Escrituras a respeito de si mesmo (4.18ss.). Em Nazaré, o Espírito Santo é o penhor das palavras e da exegese de Jesus. No caso do último sermão, uma afirmação divina acrescida de suas palavras e de sua compreensão das Escrituras trata da sua ressurreição dentre os mortos. A ressurreição fornece um mandato divino e irresistível para falar e para ouvir. As afirmações sobrenaturais do batismo e da transfiguração de Jesus ofereceram oportunidades semelhantes: "Este é o meu amado Filho; a ele ouvi!" (Lc 9.35; cf. tb. 3.22). No discurso de despedida, Jesus resumiu seu ministério em um discurso divinamente apontado, enfatizando o cumprimento da Escritura em sua morte, ressurreição e pregação, assim como no testemunho da igreja dirigido pelo Espírito Santo. A operação de milagres, embora seja um interesse em Lucas, momentaneamente desvanece no brilho deslumbrante da primazia da palavra falada inspirada.

Mais tarde, Lucas deixa seus leitores saberem que o Espírito Santo é responsável pela interpretação de Jesus da Escritura aqui. Em Atos 1.1-2, ele diz que já apresentou as coisas que Jesus fez e ensinou "[...] até o dia em que foi recebido em cima, depois de ter dado mandamentos, pelo Espírito Santo, aos apóstolos que escolhera", v. 2). Assim, o Espírito Santo dirigiu as primeiras palavras públicas de Jesus em Nazaré e também suas palavras finais aos apóstolos em Jerusalém.

A pregação da Igreja Primitiva resumida

Em Lucas 24 e Atos 1, Lucas relata que as últimas palavras de Jesus, inspiradas pelo Espírito Santo, interpretaram corretamente as Escrituras do AT. Ao fazê-lo, ele autentica a mensagem da pregação da primeira comunidade à medida que a percebe, porque, essencialmente, o que Jesus diz em Lucas 24 é a essência do primeiro querigma encontrado em Atos, que enfatiza paixão, morte e ressurreição de Cristo, além do chamado ao arrependimento para o perdão dos pecados. Assim, para Lucas, a pregação da igreja carrega a autoridade suprema – a autoridade de ninguém menos que Jesus, o Cristo, do Espírito Santo e da Escritura Sagrada. É dessa autoridade tripartite que a igreja recebe sua comissão, justificação e poder para testemunhar a todas as nações.

A morte e a ressurreição de Jesus

> *E disse-lhes: Assim está escrito, e assim convinha que o Cristo padecesse, e ao terceiro dia ressuscitasse dentre os mortos. (Lc 24.46)*

A morte de Jesus é central na pregação da igreja em Atos, e é um princípio básico da proclamação cristã em todo o NT.[152] Lucas não fala da morte de Jesus com a precisão teológica de Paulo. Ele apresenta o sofrimento, a morte e a ressurreição de Cristo como um processo pelo qual a salvação é transmitida. O significado da morte de Jesus em Lucas tem sido aberto a debate,[153] mas não está no âmbito desta obra resolver tal questão.

A ressurreição de Jesus, assim como sua morte, é uma parte importante do querigma da Igreja Primitiva e, por essa razão, Lucas passa muito tempo falando dela. É importante para ele e para seu programa, pois ajuda a identificar Jesus como o Messias[154], além de

---

[152] Cf. C. H. Dodd. *The apostolic preaching and its developments*. Nova York: Harper, 1952, que traça a proclamação da morte de Jesus nos evangelhos, em Atos e nas epístolas.
[153] Cf. a discussão de Fitzmyer sobre a soteriologia lucana: *Luke*, pp. 1.219-1.227 • J. Neyrey. *The passion according to Luke: a redactional study of Luke's soteriology*. Nova York: Paulist, 1985, pp. 154-192.
[154] "A natureza messiânica de Jesus" é "provada não necessariamente pela ressurreição tanto quanto a paixão (vv. 7, 26, 46), mas não totalmente compreendida senão pela ressurreição" (Grant Osborne. *The resurrection narratives: a redactional study*. Grand Rapids: Baker, 1984, p. 145).

fornecer a garantia de que uma salvação semelhante está disponível para os crentes.[155] Lucas salienta a realidade da ressurreição e faz grandes esforços para mostrar que se tratou de uma ressurreição corporal.[156] A morte e a ressurreição de Jesus como um homem são cruciais para este evangelista. De acordo com J. Neyrey, na apresentação de Lucas da ressurreição vemos "vários temas principais que permeiam Lucas-Atos: (a) salvou outros, (b) o Cristo não pode salvar a si mesmo, (c) a fé salva e (d) Jesus demonstra fé em Deus". Neyrey continua dizendo:

> Neste contexto, Lucas retrata Jesus em sua crucificação e morte como o Salvador Salvo. Aquele que tinha fé no Deus-que-ressuscita-os-mortos foi finalmente salvo por causa de sua fé e obediência. E, ao ser salvo e exaltado, o Salvo se tornou o Salvador dos outros, assim como o Evangelho de Lucas sempre proclamou.[157]

Mesmo que, até certo ponto, Lucas apresente Jesus como de outro mundo, ele ainda o considera humano. A falta de reconhecimento do lado humano de Jesus põe em questão a natureza da paixão e da ressurreição, pois, se ele não tivesse sido humano, sua paixão teria sido mera farsa. Lucas liga o sofrimento à ressurreição de Jesus (Lc 24.26 e At 17.3). Sua apresentação de Jesus como homem guiado pelo Espírito que é levado a sofrer (Lc 4.1-13) desafia qualquer alegação docetista posterior de que Jesus não era humano.[158] Não é de se estranhar que a ressurreição se tornou uma parte indispensável da pregação da Igreja Primitiva, como registrado em Atos.

---
155 Ibid., pp. 145-146 • Neyrey. *The passion*, pp. 154-155.
156 Osborne. *Resurrection narratives*, p. 145.
157 Neyrey. *The passion*, pp. 154-155.
158 Gärtner. "*Suffer*", 3, p. 724.

Arrependimento e perdão

> *[...] E em seu nome se pregasse o arrependimento e a remissão dos pecados, em todas as nações, começando por Jerusalém. (Lc 24.47)*

Embora o arrependimento e o perdão dos pecados correspondam à obra de Jesus, aqui provavelmente estão no discurso de despedida porque caracterizam a pregação em Atos e em Paulo.[159] Nos versículos 47-49, Jesus ordenou a seus discípulos que fossem testemunhas dessas verdades. Não é então surpreendente que a recapitulação de Jesus dessa pregação siga o esboço da pregação em Atos. Dillon observa que o arrependimento e o perdão não são "menos eficazes em qualificar este ministério designado [o dos apóstolos] como uma continuação do seu [Jesus] próprio".[160] Esses dois pontos, especialmente o arrependimento, são um reflexo do primeiro querigma, que fornece uma estrutura para a ordenação do Evangelho de Lucas.[161]

Vimos em capítulos anteriores que, no ministério de João Batista, Lucas enfatizou o arrependimento, enquanto, no ministério de Jesus, enfatizou outros aspectos. Isso também é um resultado da superação de Lucas sobre os ministérios de João e Jesus, a estrutura da fórmula básica para conversão e iniciação no Reino contido no querigma de Atos.

A estrutura da mensagem de salvação proclamada no discurso de despedida de Jesus no Evangelho de Lucas é a mesma da ordem proclamada nos discursos em Atos, levando geralmente a um chamado de

---

159 Esboços querigmáticos como reconstruídos por Dodd em *Apostolic Preaching*.
160 Dillon. *From eye-witnesses*, p. 213.
161 Jeremias vê "o arrependimento para o perdão dos pecados" como uma "ideia funᴀ damental na teologia lucana" (*Die Sprache*, p. 322). Isso é verdade, mas é, naturalmente, não sua invenção, mas um tema de que ele prontamente se apropria. Note que existem paralelos em Marcos (Lc 3.3) e nas referências restantes que ocorrem na pregação em Atos. É provavelmente uma parte da tradição querigmática.

arrependimento.[162] Conzelmann observa corretamente que, para Lucas, o arrependimento é um ponto específico no processo de conversão, e não uma descrição geral da conversão, como ocorre em Marcos.[163] Os passos básicos para a conversão nos sermões da Igreja Primitiva são também refletidos aqui: o arrependimento, muitas vezes representado pelo batismo;[164] o nome de Jesus como o agente eficaz na provisão do perdão e a recepção do Espírito Santo.[165]

Lucas frequentemente usa o nome de Jesus para explicar como o Cristo ascendido pode estar trabalhando na igreja pós-ascensão.[166] A referência à pregação a todas as nações, embora seja uma predição e comando de Jesus comum aos sinóticos (Mt 28.19ss.; Mc 13.10; 16.15), é característica da apresentação de Lucas da obra da igreja em Atos. A referência geográfica "começando em Jerusalém" tem implicações programáticas tanto no Evangelho[167] como nos Atos. No caso do primeiro, a redação de Lucas parece uma conclusão inescapável.[168] O uso de "seu nome" no versículo 47 em contraste com "meu nome" no versículo 49 cria um tom menos pessoal que reflete mais a pregação pós-ascensão da igreja do que as instruções do Jesus antes da ascensão. Os conceitos

---

162 Wilckens. *Missionreden*, pp. 54, 179 • Conzelmann. *Theology*, p. 213 • J. Dupont. *Etudes sur les Actes des Apôtres*, Lectio Divina 45. Paris: Editions du Cerf, 1967, pp. 433, 440, 460ss. • Dillon. *From eye-witnesses*, p. 213.
163 Conzelmann. *Theology*, pp. 99, 228ss.
164 Como mencionado anteriormente, o batismo tornou-se uma metonímia para a proe clamação do arrependimento (Lc 3.3).
165 Dillon também reconhece esta correspondência entre a nossa passagem em Lucas 24 e as fórmulas de iniciação da conversão em Atos (ou como ele chama, "ordo salutis", *From eye-witnesses*, p. 213).
166 Wilckens. *Missionreden*, p. 179 • Dillon. *From eye-witnesses*, p. 210.
167 Em Lucas 23.5, a obra de Jesus é descrita como começando na Galileia e prosseguindo para a Judeia (i.e., em Jerusalém, onde o comentário foi feito) • Cf. tb. Atos 10.37-39. Aqui, *arxamenos* + *apo* ("começando por") é usado como está em Lucas 24.47.
168 Além disso, Lucas usa *arxamenos* + *apo* em Lucas 23.5; 24.27, 47; Atos 1.22; 8.35; 10.37. Claramente é uma expressão de Lucas • Cf. Jeremias. *Die Sprache*, 301, 322 • Cf. Fuller. *Formation*, 118 para discussão do caráter lucano da referência a Jerusalém • Cf. Conzelmann. *Theology*, 93ss.

de arrependimento e perdão de pecados são, de fato, uma continuação do ministério de Jesus, assim como as fontes de Lucas apresentaram, e mesmo o nome de Jesus é empregado pelos Setenta (10.18); o "nome" e as referências à missão começando em Jerusalém, no capítulo 24, no entanto, parecem características da missão da pregação da igreja que Lucas apresenta em Atos.

As testemunhas e a promessa de poder

> *E destas coisas sois vós testemunhas. E eis que sobre vós envio a promessa de meu Pai; ficai, porém, na cidade de Jerusalém, até que do Alto sejais revestidos de poder. (Lc 24.48-49)*

A referência ao testemunho no versículo 48 é tomada por alguns, primeiramente, como sendo de uma testemunha da ressurreição (At 1.22; 4.33),[169] mas a testemunha deve assumir um significado mais amplo no contexto imediato de Lucas 24 e no programa geral de Lucas e Atos. As testemunhas atestam não só a ressurreição de Jesus, mas também sua exegese inspirada, sua ordem para a mensagem da salvação e seus componentes. Aqui, o ministério de Jesus se destina a ser um modelo para o discípulo. Essa função maior de testemunho é claramente uma contribuição lucana e uma expansão do relato da ressurreição. Testemunha da ressurreição aqui é vista por Lucas como uma atestação da pregação de Jesus e da igreja, e o chamado para testemunhar também é apresentado como parte integrante dessa pregação. Fuller observa: "O próprio evangelista integrou a narrativa da ressurreição em seu

---

[169] Flender. *St. Luke*, p. 120 • C. H. Talbert. *Luke and the gnostics: an examination of the Lucan purpose* (*Lucas e os gnósticos: um exame do propósito de Lucas*). Nashville: Abingdon, 1966, pp. 17-32 • Marshall. *Luke: historian and theologian*, p. 42ss. • E. Franklin. *Christ the Lord: a study in the purpose and theology of Luke-Acts*. Londres: SPCK, 1975, p. 166 (embora Franklin note 24.45-48: "torna a testemunha mais ampla do que apenas a ressurreição").

esquema de história da salvação".[170] Dillon também observa o versículo 48: "*In hymeis martyres toutōn* (v. 48), a autorrevelação do Cristo ressuscitado através da interpretação da Escritura torna-se um mandato 'do ministério da palavra' para seus discípulos, e sua instrução pascal parece, portanto, tornar-se o fundamento crucial de seu *martyria*".[171] Além disso, os conceitos do nome e do testemunho de Jesus estão intimamente relacionados nos Atos de Lucas e podem indicar a redação lucana quando encontrados juntos.[172] Como uma testemunha do fato de que as Escrituras revelam a necessidade de pregar a todas as nações, os discípulos de Jesus em vigor são chamados a cumprir essa tarefa.[173]

A testemunha deve, então, ser vista com um significado mais amplo em outro lugar. O tema "ver e ouvir", especialmente no contexto dos milagres (7.18ss.), mostra que o testemunho tem um significado maior que continua em Atos. Além disso, para Lucas, o fracasso em testemunhar em Lucas está associado à blasfêmia do Espírito Santo, enquanto a confissão sem medo é evidência da atividade do Espírito

---

170 Fuller. *Formation*, p. 119.
171 "Vocês são testemunhas dessas coisas". Dillon. *From eye-witnesses*, p. 169. Das 15 vezes no NT, *martyres* ocorre 11 vezes em Lucas e Atos e nunca nos Evangelhos, além de Lucas 24.48. O termo parece ter um gosto lucano. Jeremias aceita a palavra como lucana, mas acha que a estrutura em que está, ὑμεῖςμάρτυρεςτούτων, é tradicional (*Die Sprache*, p. 322). Outras formas de *martys* ocorrem em outros lugares nos Evangelhos, mas muitas vezes têm um significado legal. Outros membros do grupo de palavras ocorrem nos Evangelhos, e é provavelmente da tradição sinótica a respeito do testemunho diante das autoridades que Lucas herda esta aplicação especializada (Mc 13.9).
172 Dillon. *From eye-witnesses*, p. 212 apud J. Zmijewski.
173 A pregação às nações deve ser tomada como parte da abertura de suas mentes por Jesus para compreender as Escrituras. Observe a estrutura paralela entre os três infinitivos, todos conectados pela coordenada conjunção καί. O último infinitivo não pode ser separado de *gegraptai* (contra J. Wellhausen. *Das Evangelium Lucae*. Berlim: Georg Reimer, 1904, p. 141). Assim, "sofrer", "ressuscitar dos mortos" e "pregar a todas as nações" são cumprimentos da Escritura e parte do programa do Jesus ressurreto e de sua igreja • Cf. Creed. *Luke*, p. 301 • E. Klostermann. *Das Lukasevangelium*, Handkommentar zum Neuen Testament 5. Tübingen: Mohr [Paul Siebeck], 1929, 242 • Dupont. *Etudes*, p. 404 • Fuller. *Formation*, p. 117 • J. Jervell. *Luke and the people of God: a new look at Luke-Acts*. Minneapolis: Augsburg, 1972, p. 56 • Dillon. *From eye-witnesses*, p. 207ss.

(12.8-12). Isso mostra que o conceito de testemunho é parte integrante do plano maior de Lucas e Atos e, para essa matéria, o plano da história da salvação. Em 24.44-49, o testemunho é claramente parte da proclamação das boas novas, e não apenas afirmação da ressurreição de Jesus.

No versículo 49, Jesus assegurou enviar a promessa de seu Pai antes que o ministério dos discípulos começasse em Jerusalém. Esta promessa é descrita como "poder do Alto". Lucas coloca essa referência à descida do Espírito Santo (At 1.8 e 2:33) para demonstrar de que forma o testemunho dos discípulos cumprirá efetivamente as Escrituras, como previsto por Jesus (Lc 24.49), e repete isso no paralelo em Atos 1.8, quando Jesus disse que, como resultado da vinda do Espírito Santo sobre eles, seus discípulos seriam testemunhas em todo o mundo. Essa associação de testemunhar com a promessa do Pai (i.e., o Espírito Santo) faz uma declaração redacional de importância primordial em Lucas-Atos. O discurso inteiro de Jesus resume seu ministério pré-ascensão e suas testemunhas pré-pentecostes, e dá uma prévia do testemunho da igreja pós-ascensão.

Quando observa que os discípulos seriam revestidos de poder, Lucas compara conscientemente a transferência de poder de Jesus para seus discípulos com a sucessão de Eliseu para o ofício de Elias, recebendo o manto do profeta.[174] Como Elias e Jesus, a igreja testemunhou pelo poder do Espírito.[175] Esta passagem, assim como o restante de

---

174 A terminologia é comum no NT e na LXX (Plummer. *Luke*, p. 564), mas, dado o contexto comum de sucessão profética, a alusão a Elias/Eliseu parece inescapável. Além disso, já observamos que Lucas abunda em alusões a Elias e Eliseu. Os milagres são declarados aqui, pois, depois que Elias partiu, Eliseu – como seu mentor – realizou o milagre de separar as águas do Jordão com seu manto. P. Hinnebusch reconhece a analogia entre a dotação dos discípulos de Jesus com o poder e a capacitação de Eliseu por Elias. Ele considera ainda a referência à nuvem no relato de ascensão em Atos 1.8-9 como outro paralelo à ascensão de Elias e à capacitação de Eliseu (*Jesus the new Elijah*. Ann Arbor, Mich.: Servant Books, 1978) • Cf. tb. W. Wink. *John the baptist in the Gospel Tradition*. Cambridge: Cambridge University, 1968, p. 44ss.

175 Deve-se esperar qualquer outra coisa de uma passagem que sirva de resumo do ministério retratado nos Evangelhos e em Atos, quando a fala divina é atestada por sinais e maravilhas, especialmente em Atos? A mão de Lucas está presente aqui.

Lucas e de Atos, enfatiza o ministério de fala da igreja e o Espírito Santo; contudo, não nega a obra secundária, porém complementar, do Espírito nos milagres e curas. O uso de *dynamis* por Lucas para "poder" apoia isso, pois em outros lugares ele o emprega muitas vezes para registrar maravilhas.[176]

Por que a ausência do título do "Espírito Santo"?

Dadas as frequentes referências de Lucas ao Espírito Santo, e especialmente aquelas na passagem da ascensão em Atos 1.4-8, é surpreendente que ele não diga explicitamente em Lucas 24.49 que o Espírito Santo permitirá que os discípulos testemunhem efetivamente. Em vez disso, ele usa a frase "a promessa de meu Pai". Uma vez que os paralelos em Atos 1 e 2.33 deixam claro que o Espírito Santo é sinônimo da promessa do Pai, por que ele usa essa variação aqui? É estilística? Ou há outra razão? Embora Lucas não esteja além da variação estilística, a ausência de uma referência ao título "Espírito Santo" não é característica dessa situação lucana. Pode ser que uma fonte por trás da narrativa da ascensão de Lucas incluísse a referência à promessa do Pai. Dado que a existência de tal fonte é incerta, não podemos ter certeza de que este

---

[176] Tão forte quanto esta declaração sobre o Espírito Santo e a fala inspirada são, em Lucas o Espírito Santo é o "espírito de profecia" (Schweizer. "Pneuma". *TDNT* 6, p. 409). Se o espírito de profecia é tomado para significar a fala inspirada apenas, então não é uma descrição adequada da Pneumatologia de Lucas. Embora seja verdade que Lucas identifique mais explicitamente o falar com o Espírito Santo, ele também associa a operação de maravilhas até certo ponto com o Espírito Santo (e.g., Lc 4.14), bem como com a fala inspirada. Se a observação de Barrett estiver correta – de que *dynamis* é o meio de fazer maravilhas em Lucas (Espírito Santo, p. 75ss.) –, então, sua presença aqui no verso 49 faria pensar em milagres. Certamente, nesta passagem, *dynamis* afeta o discurso inspirado, como é evidente que, em nosso contexto, a promessa do Pai, a dotação de poder e o testemunho estão inseparavelmente fundidos em um único evento. Também é evidente que o *dynamis* afeta a expansão geográfica do testemunho, uma vez que os discípulos não devem deixar Jerusalém até que sejam revestidos de poder. Parece que Lucas não tem em mente apenas um resultado de poder, i.e., apenas a fala ou apenas a operação de maravilhas.

é o caso. Aparentemente, Lucas deseja reservar qualquer explicação completa da natureza da capacitação dos discípulos de Jesus até mais tarde, quando o evento realmente ocorre – em Atos –, anotando, desse modo, a frase "promessa de meu Pai", pois o Espírito Santo pode estar aqui para gerar antecipação:

> É claro que um certo *patos* de expectativa deve ser despertado aqui no final do primeiro volume. Os discípulos devem aguardar a "promessa" divina para eles, um "poder" para equipá-los para o seu empenho missionário. É este impulso de antecipação, engenhosamente construído na junção de seus dois livros, que deve explicar a escolha de palavras de Lucas para começar a história do Pentecostes, Atos 2,1: *en tō symplērousthai tēn hēmeran tēs pentēkostēs*. Ao ouvir essas palavras, saberemos que o período de espera terminou e ele estará pronto para ouvir o surpreendente relato do nascimento de um novo povo.[177]

Entretanto, mais do que uma antecipação está funcionando. Lucas é consciente de que o Pentecostes foi o catalisador pneumático para o ministério dos discípulos. Antes desse evento, seu ministério estava indiretamente associado ao Espírito Santo por meio da autoridade espiritual investida em Jesus. Ao fazer essa distinção, Lucas está preservando uma divisão de época que não apenas a tradição havia mantido. As divisões entre a era do AT e João, a era de Jesus e a era do derramamento universal do Espírito nem sempre são mantidas por Lucas, mas, no caso dos discípulos e do Espírito, ele segue a tradicional divisão do tempo.

Lucas descreve a obra das testemunhas nas narrativas da infância, bem como o ministério de João – e até o de Jesus – em termos

---

[177] Frase grega: "Quando o Dia de Pentecostes havia chegado" ou "Cumprindo-se o Dia de Pentecostes" (Dillon. *From eye-witnesses*, pp. 218-219, seguindo J. Kremer).

pós-pentecostais. Mesmo a referência à obra dos Setenta em "nome de Jesus" antecipa a obra com poder do Espírito da igreja pós-ascensão (Mt 28.19; At 2.38; 3.6, 16; 4.7, 10, 30). Lucas tem de se conter para manter alguma aparência de distinção nas épocas, pois deseja ver todas elas, mesmo a era de Jesus, nos termos da experiência da igreja pós-ascensão com o Espírito Santo.

No entanto, Lucas exerce essa contenção em seu Evangelho no caso dos apóstolos. Quando há situações oportunas para descrever as atividades dos apóstolos nos termos do Espírito Santo, ele declina; contudo, descreve frequentemente a obra de Jesus nos termos do Espírito Santo. Essa contenção é especialmente notável na comissão dos Doze (Lc 9.1ss.), no comissionamento dos Setenta (Lc 10.1-21), na confissão pedrina (Lc 9.18 em contraste com Mt 16.13-20, esp. v. 17)[178] e aqui no discurso da ascensão (Lc 24.44-49). Ao final do Evangelho, Lucas evita descrever os apóstolos e discípulos de Jesus antes dos Pentecostes nos mesmos termos pneumatológicos com os quais são apresentados em Atos, ou como os ministérios de João, de Jesus ou os arautos da narrativa da infância são apresentados mais cedo em Lucas. Abster-se de descrever os discípulos nesses mesmos termos é parte do plano geral de Lucas para Lucas e Atos, bem como o padrão geral apresentado nas tradições (Jo 1.31-33; Fonte Q [Lc 3.16]; At 1.5; 2.33; 13.24ss.). Lucas revela que a profecia do batismo do Espírito proferida por João não deve ser cumprida até que Jesus tenha ascendido ao céu. Só depois de registrar

---

178 Barrett observa: "Não há ocasião então para encontrar na incumbência missionária qualquer indicação de que o Espírito tinha sido dado, ou foi dado, aos apóstolos" (*Holy Spirit*, p. 129). Na confissão petrina de Lucas, ele está contente em permitir que Pedro descreva o ministério do Messias em termos pneumatológicos, o Cristo (o ungido) de Deus (genitivo subjetivo). Isso é diferente da expressão expandida de Mateus: "Tu és o Cristo, o Filho do Deus vivo" (16.16) e do título conciso de Marcos, "o Cristo" (8.29). Ao contrário de Mateus, a versão de Lucas não descreve a resposta de Pedro em termos de revelação: "Bem-aventurado és tu... porque to não revelou a carne e o sangue, mas meu Pai, que está nos céus" (16.17). Em Atos, Pedro novamente profere revelações e, em seguida, não está no estado de ser cheio com o Espírito Santo. Tal referência não é feita na confissão petrina de Lucas.

esse evento no Evangelho e à medida que o tempo se aproxima para o cumprimento da profecia em Atos é que Lucas define explicitamente o testemunho dos discípulos nos termos do Espírito Santo. Ele evita a explícita associação do ministério dos discípulos e do Espírito Santo no Evangelho por esta mesma razão, reservando-a até apresentar os Atos dos Apóstolos como um cumprimento da profecia pneumatológica de João. Assim como ele apresenta a inauguração do ministério de Jesus (4.14, 18) e o início de sua jornada para Jerusalém em termos de realização (9.51), também observa que o tempo tinha sido cumprido para a capacitação dos discípulos (At 2.1). Na hora certa, os discípulos também começaram sua missão com poder. Dillon observa:

> Mas, em uma mistura tipicamente lucana de perspectivas, essas palavras também direcionarão a atenção do leitor *de volta* a Lucas 9.51; *en tō symplērousthai* que está sendo inaugurado no Pentecostes: as "testemunhas" do Senhor estarão embarcando na "jornada", que é a de repetir a dele própria![179]

O ministério de Jesus como um paradigma para a igreja

Lucas vê o ministério de Jesus como análogo ao dos discípulos. A sucessão pneumatológica é claramente indicada na alusão a Elias e Eliseu. Em relação ao ministério de Jesus como um homem terreno, os ministérios proféticos de Jesus e seus discípulos são qualitativamente, se não quantitativamente, os mesmos.[180] Assim, os discípulos não podem iniciar plenamente seus ministérios até que, como Jesus no seu batismo,

---

179 A frase grega refere-se ao "cumprimento" do tempo para a ascensão de Jesus em Lucas 9.51 (Dillon. *From eye-witnesses*, p. 219).
180 Conzelmann. *Theology*, p. 180. Como "cheio do Espírito", Jesus não está separado dos crentes. Cf. tb. Barrett para semelhanças (*Holy Spirit*, p. 101).

sejam capacitados com o Espírito Santo; portanto, eles esperam até que o tempo seja cumprido.[181]

A ascensão fornece a transição primária entre o Evangelho e os Atos dos Apóstolos, aparecendo apropriadamente tanto no final de Lucas quanto no início de Atos. Quando o material da ascensão de ambos é compilado, os interesses principais de Lucas emergem. Jesus deu instruções finais aos seus apóstolos pelo Espírito Santo (At 1.2). Essa dotação pneumatológica permitiu-lhe interpretar corretamente as Escrituras, apresentar os fundamentos do Evangelho e prever a capacitação de seus sucessores espirituais. O relato de Atos fornece mais informações sobre a capacitação dos discípulos: o mesmo Espírito Santo que capacitou Jesus logo os revestiria de poder (1.5, 8). Como resultado desse poder, os discípulos, tal como Jesus, dariam testemunho inspirado. Em ambos os livros, Lucas especificamente afirma que o poder do Espírito é para testemunhar (24.48, At 1.8; 2.4; 4.8, 29-31). Essa transferência de poder ocorre quando Jesus ascende ao Pai e derrama o Espírito Santo sobre os crentes (At 2.3, 33). O tema dominante do Espírito Santo dirigindo a fala inspirada é a conexão entre Lucas e Atos. O tema do testemunho fornece a importante transição entre o Evangelho de Lucas e os Atos.

---

181 Dillon. *From eye-witnesses*, p. 219.

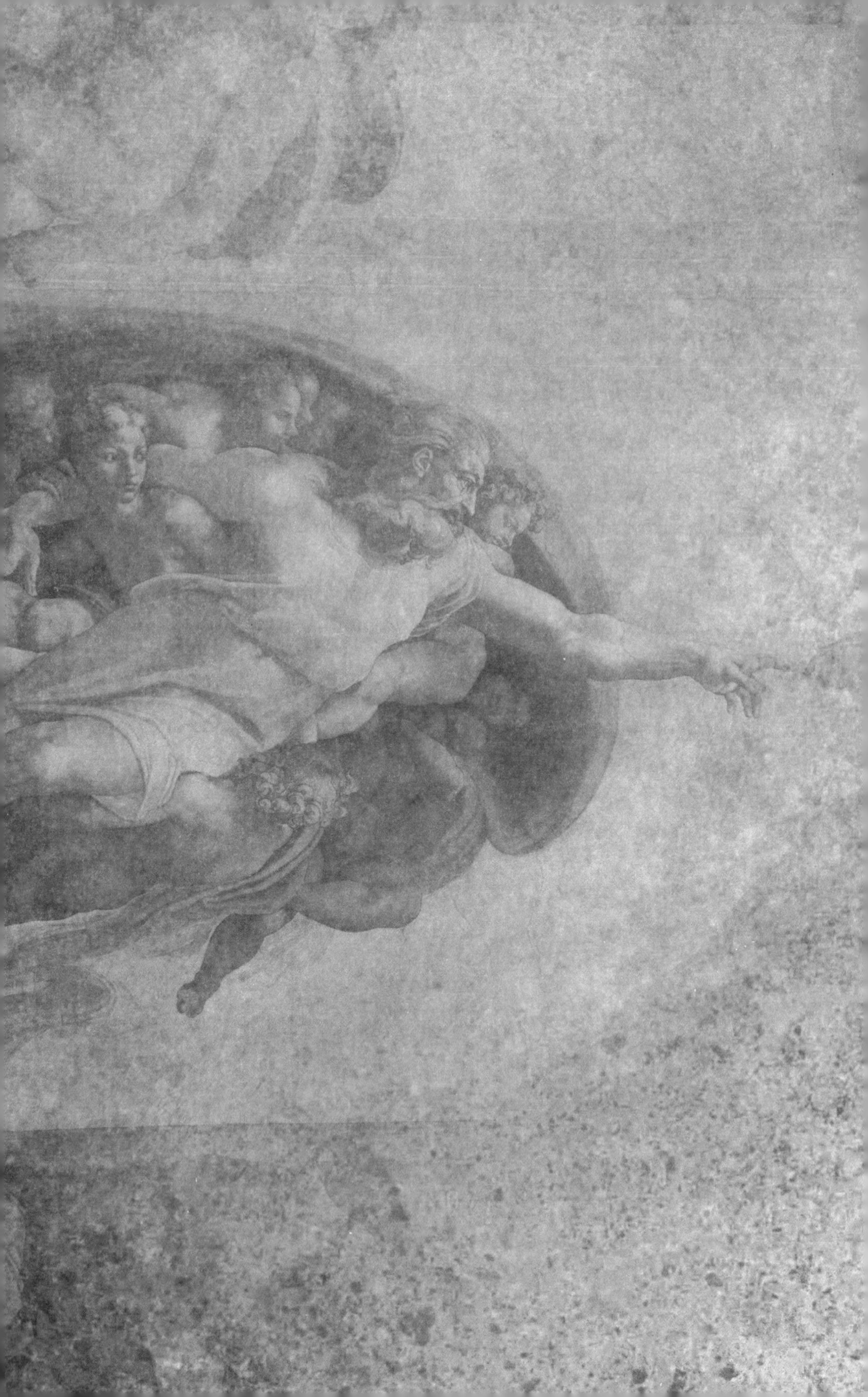

CAPÍTULO 11

O ESPÍRITO SANTO E OS CRENTES EM ATOS

O interesse de Lucas pelo Espírito Santo continua e até mesmo cresce nos Atos dos Apóstolos. Em Atos, como em seu Evangelho, Lucas predominantemente apresenta o Espírito Santo como originador do testemunho inspirado. Outros assuntos também giram em torno da atividade do Espírito Santo em Atos: o Espírito Santo como juiz (e.g., At 5.3, 9; 7.51; 13.18), como doador da alegria (At 11.23, 24; 13.52; cf. Lc 10.21) e como inspiração por trás das Escrituras do AT (At 1.16; 4.25; 28.25). Entretanto, a missão e a conversão compreendem o assunto crucial ao examinar a sua Pneumatologia.

O Espírito Santo como diretor de missões

Ao longo do relato de Lucas sobre o ministério de Jesus, vemos o Espírito Santo trabalhando em seus ensinamentos e milagres, em sua oração e louvor e em cada área de sua vida. Lucas começa o livro de Atos com uma referência ao Espírito Santo que superintende a obra de Jesus: "[Jesus] depois de ter dado mandamentos, *pelo Espírito Santo*, aos apóstolos que escolhera [...]" (1.2, grifo nosso). Atos 10.38 resume o ministério de Jesus como "ungido [...] com o Espírito Santo". Assim, Lucas vê toda a missão de Jesus como dirigida pelo Espírito Santo. Seguindo este mesmo padrão estabelecido para o ministério de Jesus, Lucas retrata o Espírito Santo como diretor e capacitador das atividades da igreja.

Em Atos, o Espírito Santo instrui os discípulos de Jesus a se deslocarem de um lugar para outro, ou a permanecerem em certo lugar, a suportar dificuldades, prever eventos futuros e dar testemunho inspirado. Muito cedo, em Atos, Jesus mesmo informa aos discípulos que eles "receberão poder" (At 1.8). Embora esse poder lhes permitisse realizar maravilhas, seu principal objetivo era capacitá-los a testemunhar (cf. 1.8; 4.29-31).

Além das frequentes referências ao fato de o Espírito Santo dirigir taticamente a missão da igreja, Lucas também o apresenta como estrategista e diretor da missão maior. Ou seja, o Espírito Santo não só capacitou os crentes a testemunhar como também dirigiu quando e onde o testemunho deveria ter lugar. No caso do ministério de Filipe, o diácono, "um anjo do Senhor" (8.26) e o Espírito (8.29) o dirigiram para pregar ao oficial etíope no caminho para Gaza. Esta ação tirou Filipe da bem-sucedida campanha samaritana para ministrar a um único homem. O resultado de longo alcance desse desvio estratégico foi deixado à imaginação dos leitores.

Igualmente surpreendente é a maneira como Filipe deixou o novo convertido: "O Espírito do Senhor arrebatou a Filipe, e não o viu mais o eunuco" (8.39). Aqui, o Espírito Santo não só determinou o sentido da missão, mas também transportou Filipe para outra missão a partir de Azoto. Ele pregou o Evangelho ao longo da costa, "até que chegou a Cesareia" (8.40).

No caso de Cornélio e Pedro, Lucas apresenta uma das ordens mais estratégicas do Espírito Santo. Depois de os dois homens receberem visitações sobrenaturais de Deus (uma visão de um anjo para Cornélio e uma visão de animais puros e impuros para Pedro), o Espírito disse a Pedro: "Eis que três homens te buscam. Levanta-te, pois, desce, e vai com eles, não duvidando; porque eu os enviei" (10.19-20, cf. tb. 11.12). Tanto a visitação angélica quanto a visão de Pedro são obras do Espírito

Santo. Em consonância com a estratégia do Espírito, o devoto soldado de Cornélio e dois servos avançaram para o Sul até Jope e, dois dias depois, Pedro acompanhava o grupo ao Norte, a Cesareia. O ministério de Pedro em Cesareia foi um evento estratégico no avanço do Evangelho e proporcionava um precedente divino para a participação dos gentios no Reino de Deus. O Espírito Santo confirmou que, de fato, houve uma mudança vital na missão quando ele desceu sobre a casa de Cornélio, tal como quando desceu na igreja judaica no Pentecostes (10.47). Pedro disse: "Caiu sobre eles o Espírito Santo, como também sobre nós ao princípio" (11.15).

No ministério de Paulo ocorreu a mesma coisa. O Espírito Santo origina a missão de Barnabé e de Saulo: "Disse o Espírito Santo: Apartai-me a Barnabé e a Saulo para a obra a que os tenho chamado" (13.2). Na segunda viagem missionária de Paulo, o Espírito Santo o proibiu de "anunciar a palavra na Ásia" (At 16.6) e não permitiu a evangelização de Bitínia (16.7) – em vez disso, deu direção para um ministério do Egeu Ocidental. A jornada de Paulo para Jerusalém e sua subsequente prisão foram também dirigidas pelo Espírito Santo: "E agora, eis que, ligado eu pelo espírito, vou para Jerusalém" (20.22; cf. tb. 19.21). Essa mudança de direção também foi confirmada pelo Espírito Santo através da atividade profética de Ágabo e de outros membros da igreja (20.23; 21.4, 11).[182] Claramente, em Atos, os discípulos de

---

182 Lucas obviamente compreendeu o testemunho do Espírito Santo "de cidade em cidade" (At 20.23) como uma confirmação de que ele realmente estava no caminho certo, e não como uma advertência divina para não ir a Jerusalém. É incorreto presumir este último com base em Atos 21.4: "Pelo Espírito, disseram a Paulo que não subisse a Jerusalém". Aparentemente, os discípulos "de cidade em cidade" receberam uma mensagem do Espírito Santo de que, se Paulo fosse para Jerusalém, seria preso. Alguns presumiam que isso não poderia ser a vontade do Espírito. Note que o renomado profeta Ágabo não emitiu um julgamento de valor na jornada pretendida por Paulo, mas simplesmente disse: "Isto diz o Espírito Santo: Assim ligarão os judeus em Jerusalém o homem [Paulo] de quem é esta cinta, e o entregarão nas mãos dos gentios" (21.11). Paulo entendeu essas mensagens do Espírito Santo como uma confirmação para ir de qualquer maneira, pois ele disse em resposta a suas dissuasões: "Que fazeis vós chorando e magoando-me o coração? Porque eu

Jesus receberam direção e fortalecimento do Espírito Santo da mesma maneira que recebeu.

O Espírito Santo e a conversão em Atos

O papel do Espírito Santo na conversão em Lucas e Atos tornou-se um ponto de disputa nos círculos da igreja. Até a recente ênfase nas distinções redacionais no NT, muitas vezes se supunha que a visão de Paulo sobre o papel do Espírito Santo na conversão-iniciação explicava o fenômeno em Lucas-Atos. Embora Lucas não seja avesso à associação do Espírito Santo à conversão, este não é o seu principal impulso pneumatológico. Algum mal-entendido surgiu quando o papel do Espírito Santo na capacitação da testemunha foi confundido com a conversão.

Pentecoste e conversão (Atos 2)

A questão do papel do Espírito Santo na conversão surge imediatamente nos dois primeiros capítulos de Atos. Muitos pressupõem que a experiência do Pentecostes é uma conversão a Cristo e uma iniciação na igreja[183] quando, na realidade, Lucas a considera primeiramente como uma experiência de capacitação para a missão.[184] A suposição de

---

estou pronto não só a ser ligado, mas ainda a morrer em Jerusalém pelo nome do Senhor Jesus" (21.13). Os discípulos responderam com resignação: "Faça-se a vontade do Senhor" (21.14). Presumivelmente, nos eventos que se seguiram, ela foi feita.

183 E.g., Dunn diz: "Antes do Pentecostes, não havia cristãos (propriamente falando)" (*Baptism*, p. 51) e "Para Lucas, o Pentecostes foi o início da nova aliança na experiência dos discípulos". É uma nova era (ibid., p. 47). Dunn vê a capacitação para a missão aqui. Ele ainda argumenta: "O batismo no Espírito, como sempre, é principalmente iniciatório, e apenas secundariamente uma capacitação" (ibid., p. 54) • Bruce vê o batismo no Espírito como distinto do enchimento com o Espírito Santo • *Commentary on the book of Acts*. NICNT. Grand Rapids: Eerdmans, 1954, p. 56 • Cf. tb M. Green. *I believe in the Holy Spirit*. Grand Rapids: Eerdmans, 1975, pp. 141-42 • Marshall. *Acts: an introduction and commentary*. Ed. L. Morris. Leicester: InterVarsity Press, 1980, p. 305.

184 Marshall reconhece a capacitação em Atos 2 (*Acts*, p. 69) • H. Ervin não vê nenhuma referência à conversão no Pentecostes, mas apenas à capacitação. *These are not drunken as ye suppose*. Plainfield, N. J.: Logos, 1968, p. 89 • *Spirit baptism*. Peabody, Mass.: Hendrickson, 1987, 69 • Cf. tb. R. Stronstad. *Charismatic Theology*, p. 52.

que é uma experiência de conversão e iniciação acontece muitas vezes porque se presume que os motivos pneumatológicos de Lucas sejam os mesmos de Paulo. Por exemplo, em Romanos 8.9, Paulo declara: "Se alguém não tem o Espírito de Cristo, esse tal não é dele". Paulo está falando sobre a necessidade da presença do Espírito Santo na vida de uma pessoa para que ela *seja* cristã.[185] Paulo está abordando a questão ontológica: Como alguém é um cristão? Muitas vezes, assume-se que Lucas está tratando da mesma questão. Na realidade, no entanto, este não é o ponto que Lucas está aventando aqui, pois ele relata os eventos do Pentecostes para responder à pergunta: Como testemunhamos? Embora a resposta para a pergunta de Paulo e de Lucas seja a mesma – através do Espírito Santo –, suas perguntas são diferentes. A visão exclusiva de cada escritor é como uma lente ótica especializada. A lente de Lucas aproxima a questão do testemunho e, ao fazê-lo, estreita o campo de visão, enquanto a visão de Paulo é ampla e inclui muitas questões do Espírito Santo à custa dos detalhes minuciosos. Assumir que eles veem o Espírito da mesma maneira só cria confusão e mal-entendidos. De tudo o que vimos até agora, a ênfase de Lucas é a capacitação para testemunhar através do Espírito Santo; e ele continua isso em Pentecostes. Lucas torna essa ideia clara de várias maneiras.

Primeiro, como vimos no capítulo 10, Lucas enfatiza a capacitação na ascensão em Lucas 24 e Atos 1–2. Os discípulos eram testemunhas "revestidas de poder do Alto" (24.49). Em Atos 1.8, Jesus indicou que a descida do Espírito Santo visava fortalecer o testemunho dos discípulos. Claramente, no cumprimento da promessa, Lucas enfatiza *não* o arrependimento, a confissão inicial de Jesus como Senhor ou o batismo dos discípulos, mas o *testemunho* inspirado pelo Espírito Santo: "E todos foram cheios do Espírito Santo e começaram a falar noutras línguas, conforme o Espírito Santo lhes concedia que falassem" (2.4,11).

A linguagem de Lucas demonstra que o testemunho – e não a conversão – é fundamental em sua mente. Ele descreve os destinatários

---

185 Dunn. *Baptism*, 46ss., pp. 55, 86.

do Espírito Santo nos mesmos termos que apresentou as testemunhas na narrativa da infância no Evangelho: elas deram um testemunho inspirado quando "cheias com o Espírito Santo" ou quando o Espírito Santo "estava sobre elas" (cf. capítulo 2 deste livro). Lucas não tem a intenção de que a experiência de Jesus com a plenitude do Espírito conote a conversão (Lc 4.1). Em vez disso, refere-se ao testemunho inspirado (cf. capítulo 4 deste livro). Lucas não tem em mente que as frases "cheio com" ou "cheio do Espírito Santo" na primeira parte de seu Evangelho descrevam a conversão; ao contrário, as testemunhas inspiradas pelo Espírito Santo são antes descritas em termos de santidade e devoção a Deus (1.6, 28, 30, 35; 2:25, 37).[186] Parece impossível que Lucas apresentasse os discípulos como testemunhas da morte, ressurreição e ascensão de Jesus, como receptores de sua comissão (24.47-49) e bênção (24.51), como alegres (v. 52, Paulo define a alegria como um fruto do Espírito em Gl 5.22), unidos (At 1.14, Paulo se refere à "unidade do Espírito" em Ef 4.3), dedicados à oração (1.14) e ainda não os vê como convertidos. Aparentemente, ele considera os crentes pré-pentecostes como apenas isso – crentes em Jesus, convertidos à sua mensagem, prestes a serem capacitados para uma missão especial.

Claramente, Lucas ignora as chamadas "épocas de Lucas" quando fala do Espírito Santo e da participação no Reino. Para ele, a narrativa da infância, João Batista, Jesus e seus fiéis discípulos fazem parte do mesmo movimento do Reino; todos eles funcionam com o mesmo Espírito do Reino. Parece bastante arbitrário, portanto, assumir que Romanos 8 forneça comentários adequados sobre a descida do Espírito no Pentecostes. Se alguém deve incluir Paulo na discussão, por que não aplicar Romanos 10.9: "Se com a tua boca confessares ao Senhor Jesus, e em teu coração creres que Deus o ressuscitou dentre os mortos, serás

---

186 Se "cheio com o Espírito Santo" se refere à conversão em Pentecostes, então, para ser consistente, João Batista "cheio do Espírito Santo já desde o ventre de sua mãe" (Lc 1.15) significaria uma conversão pré-natal de João! Obviamente, Lucas não intenciona esse significado nem para João, nem no Pentecostes.

salvo"? Certamente os discípulos pré-pentecostes cumprem esses critérios de conversão.[187] E deve-se ter juízo crítico ao chamar outros escritores do NT para esclarecer Lucas, já que os outros escritores canônicos às vezes abordam diferentes questões em suas pneumatologias.

O Espírito e a conversão no sermão de Pedro no Pentecostes (Atos 2.38)

Como Paulo, Lucas provavelmente não é avesso a associar o Espírito Santo à conversão. Pode-se inferir da conclusão do sermão de Pedro que isso acontece desta maneira: "Arrependei-vos, e cada um de vós seja batizado em nome de Jesus Cristo para perdão dos pecados; e recebereis o dom do Espírito Santo" (2.38). No entanto, essa interpretação não é a única opção. Presumivelmente, os presentes no Pentecostes experimentaram uma lacuna temporal entre seu arrependimento e a capacitação do Espírito Santo. Também na conversão dos samaritanos houve um hiato entre o arrependimento-batismo e a recepção do Espírito Santo (8.6, 14-17), o que é, de certa forma, paralelo à experiência de Jesus, na qual parece haver um espaço de tempo entre o batismo e a descida da pomba ("Depois que Jesus foi batizado [*baptisthentos*, particípio aoristo] e enquanto orava [*proseuchomenou*, particípio presente], os céus foram abertos e o Espírito Santo desceu sobre ele em forma corpórea, como uma pomba", Lc 3.21-22a, minha trad.). Aqui, Lucas é responsável pela mudança no tempo do aoristo para o presente. Ele sobrepõe isso e outra sintaxe distintiva sobre a tradição sinótica (cf. capítulo 4 deste livro).

Poder-se-ia argumentar que a fórmula de conversão de Lucas deve ser um processo com base na experiência de Paulo em Atos 9, de Cornélio, em 10, e dos 12 discípulos em Éfeso, em 19.[188] Haenchen

---

187 Isso é especialmente verdade se alguém puder aludir o testemunho joanino da fé dos discípulos no Cristo ressurreto antes da ascensão de Jesus (Jo 20.25, 28).
188 Marshall. *Acts*, p. 81 diz que os dois dons, do perdão e do Espírito Santo, "estão estreitamente ligados, uma vez que é o Espírito que realiza a purificação interior da qual o batismo é o símbolo exterior". Haenchen argumenta que, quando o candidato é batizado

observa que Lucas "não diz nada no v. 41 acerca dos recém-batizados que falam em línguas, embora no v. 38 eles tenham recebido o Espírito Santo".[189] Entretanto, essa omissão não impede a intenção de Lucas de enfantizar a capacitação como referência ao Espírito Santo. Stronstad observa:

> Pedro restringe o dom escatológico do Espírito ao penitente, os salvos. Ao dirigir-se à multidão, Pedro anunciou que os últimos dias haviam chegado – tanto o Cristo como o Espírito operavam em Israel. Sem dúvida, este anúncio despertou uma falsa expectativa entre os peregrinos, ou seja, de que eles também participariam livremente no dom escatológico prometido do Espírito que acabavam de testemunhar. Tendo negado pela primeira vez a sua participação automática na salvação, Pedro nega agora a sua recepção automática do Espírito. Enquanto Joel anunciou o dom escatológico da profecia "para toda a humanidade", Pedro informa seu público de que o termo significa "todos os penitentes, não todo o Israel" [...]. Pedro anunciou que o dom profético do Espírito é potencialmente universal.[190]

No contexto seguinte, o testemunho da nova comunidade cristã resultou em anúncio "com ousadia da palavra de Deus" (4.31). Embora seja evidente que os novos convertidos de 2.38 foram capacitados para

---

em nome de Jesus Cristo, "ele vem sob o poder de Jesus; seus pecados são, em consequência, remidos e ele 'recebe o Espírito Santo'. Os poucos casos em Atos nos quais a recepção do Espírito é separada do batismo são exceções justificadas". Haenchen prossegue afirmando que "no tempo de Lucas, não era todo cristão (se alguma vez tinha sido) que recebia o Espírito extático no batismo, mas o Espírito agora era considerado como um dom que não estava mais ligado a qualquer sinal exterior" (*The Acts of the Apostles*. Trad. B. Noble et al. Oxford: Basil Blackwell, 1971, p. 184).
189 Ibid., n. 4.
190 Stronstad. *Charismatic Theology*, p. 57.

o ministério, não se pode dizer que a referência ao "cheios do Espírito Santo" em 4.31 ou a referência de Pedro ao "dom do Espírito Santo" em 2.38 resultaram em recipientes do Espírito falando em línguas. Pelo contrário, nenhum dos dois contextos referia-se à glossolalia.[191] Além disso, a referência ao dom do Espírito Santo, para Lucas, não necessita de uma satisfação explícita para justificar seu significado de capacitação. Poderia ter um significado salvífico aqui, mas o padrão lucano geralmente é o poder de testemunhar, e ele aparentemente tem o mesmo em mente neste contexto com a conversão; na melhor das hipóteses, é uma intenção periférica. O próprio Lucas é responsável pela ambiguidade. Nos eventos seguintes, nem sempre está claro se Lucas está se referindo ao Espírito Santo em relação à conversão ou ao testemunho inspirado. Em outros lugares, quando se refere ao dom do Espírito Santo, uma dotação para testemunhar é intencionada (e.g., At 8.20; 10.45-46; 11.17).

O Pentecostes samaritano (Atos 8.4-17)

Sem dúvida, na conversão dos samaritanos, há um período de tempo entre o batismo dos convertidos e sua capacitação espiritual. Como resultado da proclamação do Evangelho de Filipe acompanhada por milagres, eles foram batizados (8.12): os apóstolos de Jerusalém enviaram Pedro e João, que impuseram as mãos sobre os samaritanos, "e receberam o Espírito Santo" (8.17). Esse atraso na recepção do Espírito não está sem precedentes, como vimos anteriormente, e ele causa um problema somente se for admitido que Lucas vê o Espírito Santo principalmente como um agente de conversão nesta passagem.[192] Entretanto,

---

191 Ervin. *Spirit-baptism*, pp. 69-71.
192 Aqui, Dunn argumenta que a conversão dos samaritanos deve ter sido de alguma forma defeituosa. Ele especificamente cita Rm 8.9 para debater que eles não eram cristãos até que receberam o Espírito Santo depois que os apóstolos tinham chegado (*Baptism*, pp. 55, 63-68). Isso não respeita os motivos redacionais de Lucas e Paulo, que não são completamente intercambiáveis. Stronstad está correto em chamar isso de "erro metodológico"

alguns viram a recepção do Espírito Santo subsequente à salvação como necessária para que os crentes samaritanos fossem reconhecidos como membros plenos da igreja, recebendo o Espírito Santo das mãos e com a bênção dos apóstolos de Jerusalém.[193]

Embora o atraso da recepção do Espírito possa muito bem ter servido para confirmar outra raça como cristãos *genuínos*, teria também oferecido uma oportunidade igualmente importante para uma condenação *apostólica* da suposição avarenta e equivocada de Simão a respeito de o Espírito de Deus ser um espírito de magia. É seguro supor que, tanto aqui entre os samaritanos como em outros lugares em Atos e Lucas, a atividade do Espírito Santo reflete o testemunho inspirado do poder de Deus, até mesmo para um mágico (ou, mais tarde, para um falso profeta e sete falsos exorcistas – 13.4-12; 16.16-18; 19.11-20).

O Espírito e a conversão de Saulo de Tarso (Atos 9.22)

Depois que Saulo/Paulo ficou cego por uma visão de Jesus no caminho de Damasco, o discípulo Ananias foi enviado para impor as mãos sobre ele a fim de que recuperasse a vista e fosse "cheio do Espírito Santo" (9.17). Paulo experimentou uma cura imediata e depois foi batizado. Poderíamos supor que Paulo estava cheio do Espírito Santo quando foi batizado.[194] Em outra parte de Lucas-Atos, a frase "cheio do Espírito Santo" produz testemunho inspirado. É esse um uso excepcional da frase para perceber a conversão? Provavelmente não,[195] pois, em 9:20,

---

(*Charismatic Theology*, pp. 9-12, 64). Tal interpretação não respeita as visões independentes de Lucas, que às vezes diferem de Paulo. Cf. Marshall. *Luke: historian and theologian*, p. 75.
193 G. W. H. Lampe. *The seal of the Spirit: a study in the doctrine of baptism and confirmation*. Londres: SPCK, 1967, pp. 70-72.
194 Caracteristicamente, Dunn afirma que somente quando Paulo é cheio com o Espírito Santo é que ele é um cristão (*Baptism*, p. 78).
195 "Ao descrever o encontro de Saulo com o Senhor ressuscitado, Lucas enfatiza seu chamado, não sua conversão. A ênfase cai sobre o que Saulo deve fazer para levar o nome de Jesus diante dos gentios". O Espírito Santo para Paulo efetua vocação e capacitação

como resultado de ser cheio com o Espírito Santo, temos: "E *logo* nas sinagogas [Paulo] pregava a Cristo, que este é o Filho de Deus" (grifo nosso). Bruce sugere que ser cheio "era necessário para o serviço profético indicado no verso 15".[196] Ananias não proclamou Jesus como Senhor a Paulo, pois o próprio Jesus ressuscitado o fez, antes que Paulo chegasse a Damasco (9.3-8). Paulo estava em estado de oração *antes* de Ananias chegar (v. 11). Poder-se-ia levantar a questão sobre a conversão de Paulo *no caminho* de Damasco, em vez de *na cidade* de Damasco. Irvin argumenta que Ananias se dirigiu a Paulo como "irmão" (*adelphe*), porque ele já era um cristão quando se encontraram.[197] O entendimento duplo pode estar na mente de Lucas: o Espírito Santo na conversão e no testemunho. Discutiremos mais esta passagem ao examinarmos a plenitude no Espírito a seguir.

O Espírito, a conversão e Cornélio (Atos 10)

O recebimento do Espírito Santo por Cornélio levanta a questão da relação entre o Espírito Santo e a conversão. Novamente, encontramos que Lucas não aborda o ponto com clareza. Ele descreve Cornélio nos termos que se esperaria serem usados para alguém que se converte. Lucas o chama de devoto (*eusebēs*) e temente a Deus, isto é, um adepto da fé judaica, mas não de um prosélito que aceitou a circuncisão.[198] Cornélio estava empenhado em dar esmola com liberalidade entre os judeus[199] e

---

(Stronstad. *Charismatic Theology*, p. 66).
196 Bruce. *Acts: Greek*, p. 202 • Cf. tb. Marshall. *Acts*, 172 • K. Lake e H. J. Cadbury (*The beginnings of christianity, part I: Acts of the Apostles*, v. 4, Ed. W. Neil) pressupõem que "Paulo experimentou o êxtase pentecostal" (*The Acts of the Apostles*, 1973, p. 131).
197 Ervin. *Spirit-Baptism*, p. 76 • Cf. tb. W. Neil. *Acts*, p. 131 e A. Robertson. *Word pictures in the New Testament: the Acts of the Apostles*. v. 3. Grand Rapids: Baker, 1930, p. 121.
198 Cf. Rackham. *Acts*, p. 147 • Neil. *Acts*, p. 137 • Bruce. *Acts*, p. 216 • Haenchen. *Acts*, p. 346. Haenchen observa que a intenção da frase "tementes a Deus" ainda não está clara (se era um título próprio).
199 A palavra para as pessoas (*laos*) refere-se aos judeus em oposição aos gentios (*ethēn*), semelhante ao uso de Lucas em Lucas 7.4ss. • Lake e Cadbury. *Beginnings of Christianity*:

em oração constante (v. 2), atividades que tinham a aprovação divina, pois o anjo, na visão, disse: "As tuas orações e as tuas esmolas têm subido para a memória diante de Deus" (v. 4). Até mesmo sua casa e algumas de suas unidades militares eram aparentemente tementes a Deus, pois ele enviou dois servos e um "piedoso soldado" [*stratiōtēn eusebē*] a Jope para convocar Pedro. "Podemos dizer, de fato, que ele [Cornélio] tinha todas as qualificações aquém da circuncisão que poderiam satisfazer as exigências judaicas".[200]

Além disso, Cornélio e sua família aparentemente tinham algum conhecimento prévio dos ministérios de João, de Jesus e do movimento de arrependimento do Reino, porque, no seu sermão, Pedro lhes disse: "[...] A palavra que ele enviou aos filhos de Israel, anunciando a paz por Jesus Cristo (este é o Senhor de todos). Esta palavra, vós bem sabeis, veio por toda a Judeia, começando pela Galileia, depois do batismo que João pregou" (At 10.36-37, ACF). O estilo de vida de Cornélio mostrou os frutos do arrependimento que só Lucas cuidadosamente define na pregação de João Batista (Lc 3.10-14). Seria difícil não ver Cornélio como convertido antes da chegada de Pedro no mesmo sentido que os crentes na narrativa da infância de Lucas, cujas experiências Lucas descreve em termos pós-pentecostais (cf. capítulo 2) (At 1.9).

Contudo, ao mesmo tempo, Lucas associa vagamente os acontecimentos de Cesareia com o arrependimento. O batismo em nome de Jesus Cristo é tardiamente administrado (10.48). A descida do Espírito é vista como prova de que a crença em Jesus ocorreu: "Portanto, se Deus lhes deu o mesmo dom que a nós, quando havemos crido no Senhor Jesus Cristo, quem era então eu para que pudesse resistir a Deus?" (11.17, ACF; cf. tb. v. 16).[201] Na justificação de Pedro sobre

---

Acts, 4, p. 113 • Haenchen. *Acts*, p. 347.
200 Bruce. *Acts*, p. 216.
201 Em 11.17, *pisteusasin* ("tendo crido") não nota necessariamente que a recepção do Espírito ocorreu imediatamente no momento da crença. O particípio aoristo poderia significar "depois de ter crido" tão facilmente como "quando creu". Ambas as traduções

o alcance dos gentios aos irmãos de Jerusalém, Lucas relata que os gentios receberam o Espírito Santo assim como a igreja de Jerusalém no princípio. Com base nessa manifestação de atividade pneumática, os judeus-cristãos "glorificaram a Deus, dizendo: Na verdade, até aos gentios deu Deus o arrependimento para a vida" (11.18). Essa referência poderia indicar que o arrependimento e a conversão por parte da casa de Cornélio ocorreram durante o sermão de Pedro, ou no momento em que interromperam o sermão com o falar em línguas e o louvor a Deus como resultado do Espírito Santo caindo sobre eles (10.44-46).[202] Essa interpretação parece estar apoiada pelo relatório de Pedro à igreja em Jerusalém, quando contou o testemunho de Cornélio sobre o que o anjo disse: "[Pedro] O qual te dirá palavras com que te salves" (11.14). Por outro lado, a referência ao arrependimento em 11.18 poderia significar que a descida do Espírito Santo sobre os gentios era evidência de que um estilo de arrependimento já havia sido estabelecido, e que este não ocorreu, inicialmente, durante o sermão de Pedro. A família de Cornélio foi autorizada pelo Espírito Santo a dar testemunho explicitamente sobre a grandeza de Deus e implicitamente a respeito de seu próprio estado arrependido e, portanto, aceitável diante de Deus.[203] Lucas não

---

acomodam a ideia de que a ação do particípio precedia a ação do verbo principal, embora às vezes pudesse indicar ação coincidente com o verbo. Esta não é a intenção de Lucas. À luz dos acontecimentos do Pentecostes a que Pedro se referiu em sua explicação da recepção do Espírito pelos gentios, isso não ocorreu imediatamente. Em Lucas 24, a crença aparentemente ocorreu antes da ascensão, e os crentes "aguardaram" pela capacitação do Espírito Santo (At 1) por vários dias antes do Pentecostes. Contra Dunn. *Baptism*, p. 86ss.
202 Marshall. *Acts*, 193. Dunn diz que, antes de ouvir o sermão de Pedro, "o arrependimento e a fé de Cornélio ainda não haviam atingido esse nível ou tinham sido voltados para aquele objeto, o que permitiria a Lucas chamá-los de *metanoia eis zōn* e *pistis eis Christon Iēsoun*; e assim ele estava sem o perdão e a salvação que trazem. Ele só entrou nesta experiência cristã quando recebeu o Espírito" (*Baptism*, p. 82). Isso, no entanto, não reflete a compreensão de Lucas do arrependimento como eficaz para o perdão dos pecados (Lc 3.3). Na parábola exclusivamente lucana do fariseu e do publicano que ora, Lucas relata que a atitude penitente do publicano resultou em justificação (*dedikaiōmenos*, Lc 18.9-14).
203 Stronstad. *Charismatic Theology*, p. 67. Ervin está correto em perceber que "o batismo pentecostal no Espírito para o poder na missão" é a intenção de Lucas aqui. Mas é exage-

diz exatamente quando a conversão ocorreu ou qual o papel do Espírito Santo na conversão. Por um lado, parece que a conversão de Cornélio foi próxima, se não simultânea, à sua recepção do Espírito Santo. Por outro, os frutos do arrependimento de Cornélio precederam o ministério de Pedro. O argumento principal de Lucas é que a recepção de Cornélio do Espírito Santo e o testemunho inspirado pelo Espírito resultante desse fato eram evidência de que a conversão havia ocorrido em algum momento. Aqui, falar em línguas e louvar a Deus serviu tanto como testemunho de Deus como sinal para o povo de que os gentios também poderiam participar da história da salvação. Embora o momento exato da conversão não seja claro, o testemunho do Espírito de Cornélio e de sua casa confirmou que, em algum momento, eles se arrependeram e creram em Jesus. A capacitação pressupunha a conversão.

A referência de Lucas à recepção do Espírito pelos gentios em termos de testemunhas nubla a questão. Aparentemente, Lucas não está abordando a mesma pergunta que alguns de seus leitores modernos lhe pedem, como: Qual é o papel do Espírito Santo na conversão? Ele não diz que receber o Espírito foi o que efetuou a conversão, como pode ter acontecido com Paulo, mas somente que o Espírito confirmou o fato, através do testemunho do Espírito de que isso tinha ocorrido. Para Lucas, a definição precisa e a descrição da conversão não são necessárias para seu propósito; em vez disso, o testemunho inspirado pelo Espírito domina seus pensamentos e vocabulário. Na experiência de Cornélio e dos samaritanos em Atos 8, vemos que a compreensão de Lucas do relacionamento entre a conversão, o batismo e a recepção do Espírito é fluida. A Pneumatologia de Lucas recusa espremer-se em pequenas caixas.

---

rado dizer que esse evento deixa claro "[que] as línguas são a prova normativa do batismo no Espírito Santo" (*Spirit-Baptism*, p. 78). Os motivos de Lucas para sua apresentação do Espírito Santo indiretamente envolvem investigar e identificar completamente o papel do Espírito Santo na conversão ou os sinais "normativos" da recepção do Espírito.

O Espírito, a conversão e os discípulos efésios (Atos 19.1-7)

Em Atos 19, Lucas perpetua essa ambiguidade entre conversão, recepção do Espírito e testemunho inspirado. Quando Paulo chegou a Éfeso, Lucas observa que ele encontrou alguns discípulos que não haviam recebido o Espírito Santo quando creram ("nem ainda ouvimos que haja Espírito Santo", 19.2). Eles tinham recebido apenas o batismo de João Batista. Paulo reconheceu que, enquanto o batismo de João estava relacionado com o arrependimento, seu ministério também chamava as pessoas a anteciparem o ministério mais abrangente do Messias. Esses discípulos aceitaram o rebatismo no nome do Senhor Jesus e a imposição de mãos. Como resultado, "veio sobre eles o Espírito Santo; e falavam línguas, e profetizavam" (v. 6). Várias questões surgem neste evento: De quem eram os discípulos? De João ou de Jesus? Paulo estava rejeitando o batismo de João? Por que esses discípulos foram rebatizados? A vinda do Espírito Santo foi o indicativo da sua conversão ou da sua capacitação?

Os Discípulos

Lucas está insinuando que esses homens eram apenas discípulos de João Batista? Provavelmente não. "Quando Lucas se refere aos discípulos de João em seu Evangelho, eles são especificamente chamados de "discípulos de João" ou "seus discípulos" (Lc 5.33; 7.18, 19; 11.1). Normalmente, no Evangelho de Lucas, "discípulos", sem descrição adicional, é uma expressão que se refere aos discípulos de Jesus. Em Atos, "discípulo" (*mathētēs* ou *mathētria*) refere-se consistentemente aos discípulos de Jesus[204] (29 vezes; cf. esp. 11.26, em que os discípulos

---

[204] "*mathētēs* para Lucas sempre significa *cristão*" e "estes homens devem – como *mathetai* – ser cristãos" (Haenchen. *Acts*, pp. 553, 556) • Cf. tb. Bruce. *Acts*, p. 385 • Stronstad. *Charismatic Theology*, p. 68. Também não basta dizer que Paulo erroneamente presumiu que esses homens eram discípulos de Jesus (Marshall apud K. Haacker em *Acts*, p. 305ss.). Por que Lucas permitiria que o mal-entendido permanecesse mesmo para seus leitores? Se essa fosse a intenção de Lucas, ele poderia ter dito que eram *supostos* discípulos.

são especificamente chamados de "cristãos"). Aparentemente, Paulo, de início, assumiu que esses "certos discípulos" eram discípulos de Jesus.[205] Tendo eles se submetido ao batismo de arrependimento, certamente não se impediria que eles fossem considerados parte da comunidade cristã. Seria de se esperar que Lucas fizesse referência especificamente a essas pessoas como "discípulos de João", como faz em outros lugares, se essa fosse sua intenção.[206]

Também esta ocorrência segue imediatamente outro caso de um crente em Jesus que estava familiarizado apenas com o batismo de João. Apolo "era instruído no caminho do Senhor e, fervoroso de espírito, falava e ensinava diligentemente as coisas do Senhor, conhecendo somente o batismo de João" (18.25). Ele recebeu subsequentemente de Priscila e Áquila instruções, que "lhe declararam mais precisamente o caminho de Deus" (v. 26). Lucas não descreve esta instrução como uma conversão, nem Apolo é rebatizado. Paulo inicialmente levantou a pergunta sobre o Espírito Santo, porque ele estava interessado na capacitação. Se estava presumindo que a recepção do Espírito automaticamente ocorreu no exato instante da crença, como às vezes é assumido,[207] então por que perguntaria: "Recebestes vós já o Espírito Santo quando crestes?". Além disso, como Paulo teria esperado receber a afirmação de uma obra interna do Espírito Santo? Assumir que uma capacitação é a intenção da referência ao Espírito Santo aqui é menos problemático.

A resposta dos discípulos ("não ouviram falar que haja um Espírito Santo", v. 2) é obviamente hiperbólica. Não deve ser assumido que a falta de informações sobre o Espírito Santo é uma indicação de que eles não são cristãos. Poderíamos também argumentar que não saber

---

205 O uso do pronome adjetivo "certo" não faz distinção entre os discípulos cristãos e esses 12 homens. Ananias e Timóteo são descritos como "um certo discípulo" (*tis* em At 9.10; 16.1). Cf. Stronstad. *Charismatic Theology*, p. 68, n. 4.
206 "*Discípulos* é um termo que ele [Lucas] comumente usa para os cristãos; ele queria dizer que eles eram discípulos não de Cristo, mas de João Batista (como tem sido às vezes deduzido do v. 3)" (Bruce. *Acts*, p. 385).
207 Marshall. *Acts*, pp. 305-06 • Dunn. *Baptism*, pp. 83-89.

nada sobre o Espírito Santo seria indicativo de que eles sabiam pouco sobre Jesus e João. Na apresentação sinótica e joanina da pregação de João Batista, o Espírito Santo tem um papel proeminente, e os escritores cristãos querem que creiamos que a profecia sobre o Espírito Santo era parte integrante da mensagem de João.[208] Além disso, não parece possível que qualquer um dos iniciados do batismo de João pudesse ser ignorante sobre o papel do Espírito Santo nas Escrituras hebraicas.

Por que o rebatismo?

Paulo, tal qual Lucas, não estava rejeitando a eficácia do batismo de João; pois expressamente disse que ele era eficaz para o arrependimento (19.4). Em seu Evangelho, Lucas descreve o batismo de João como "o batismo de arrependimento, para o perdão dos pecados" (Lc 3.3; cf. tb. At 10.37). "Batismo de João", aqui, é uma metonímia para o chamado ao arrependimento. Uma vez que o rito cristão do batismo também envolve o arrependimento e o perdão dos pecados (Lc 24.47; At 2.38), o batismo de João foi aceito e perpetuado pela igreja, porque também apontou seus iniciados a Jesus, o Messias, e tinha um vínculo com o nome associado à salvação, isto é, Jesus (At 4.12). (Em Lucas-Atos, os ministérios de João e Jesus não estão tão separados como a princípio parece.)

Por que, então, Paulo rebatizou esses discípulos? Será que ele considerou o batismo de João ineficaz? Para arrependimento e subsequente perdão não era ineficaz, mas para a capacitação era. O batismo de Jesus é eficaz para ambos, mas, aparentemente, os discípulos não precisam se arrepender nesse ponto. Em Lucas e Atos, Jesus é apresentado como o batizador no Espírito Santo de acordo com a tradição sinótica (Mt 3.11; Mc 1.8); no entanto, em Lucas e Atos, o aspecto da capacitação do batismo de Jesus é enfatizado (cf. capítulo 3; Lc 3.16; 21-22; At 1.5 e 2.33). Assim, no ministério de Paulo aos efésios, ele primeiro explicou mais a fé; depois, ele os batizou em nome de Jesus e, em terceiro lugar,

---

208 Bruce. *Acts*, p. 385ss. • Haenchen. *Acts*, p. 553 n. 3.

impôs as mãos, o que resultou no Espírito Santo vindo sobre eles. Essa visitação do Espírito os capacitou a testemunhar, a falar em línguas e a profetizar (19.6). Do mesmo modo, Apolo, sendo fervoroso no espírito/Espírito, pôde testemunhar mais eficazmente acerca do Senhor Jesus (18.25, 28). Aqui, como em outros lugares, o recebimento do Espírito produz um poderoso testemunho, que indiretamente pode lançar luz sobre a questão da conversão.[209]

Conversão ou Empoderamento?

Nesse caso, a pergunta sobre o papel do Espírito Santo na conversão se mantém recorrente. Por outro lado, não se pode pressupor que o papel dominante do Espírito Santo está na conversão; o testemunho inspirado também está presente. Alguns rapidamente liam a Pneumatologia de Lucas com a ótica paulina, embora a harmonização flagrante não seja a única razão para a confusão. Lucas mesmo é parcialmente responsável pela ambiguidade,[210] pois ele não delineia claramente o papel do Espírito na conversão e na capacitação para a missão. Isso é especialmente verdade em Atos 5.29-32, em que a pregação de arrependimento, o testemunho dos crentes e o testemunho do Espírito Santo são mencionados em estreita proximidade. Por que Lucas não é mais claro? É principalmente porque o papel do Espírito Santo na conversão não é seu maior interesse. Sua preocupação fundamental é mostrar como o testemunho de Jesus se espalhou. Lucas não é avesso a associar o Espírito Santo com a conversão, mas, ao contrário de Paulo, não pressiona

---

209 Stronstad corretamente observa: "Não há tensão entre o fato de que o Espírito Santo habite na vida de cada crente e uma experiência adicional de receber o dom profético ou carismático do Espírito".

210 Lampe também observou "uma inconsistência no retrato de Lucas da igreja como a comunidade inspirada pelo espírito escatológico". Lucas não aborda meticulosamente o papel do Espírito Santo na vida da comunidade. Além disso, apresenta "uma classe distinta de profetas [que] são apontados como especialmente inspirados, como Estêvão e Barnabé, descritos como 'cheios de fé e do Espírito Santo', e o grupo dos Sete, dos que estão 'cheios do Espírito e de sabedoria'" (*God as Spirit: the Bampton lectures*, 1976, Oxford: Clarendon, 1977, p. 67).

ardentemente questões ontológicas sobre sua Pneumatologia. A maior ênfase de Lucas sobre o papel do Espírito Santo é muito mais simples: inspirar e fortalecer o testemunho.

Como vimos, Lucas nem sempre honra os limites das chamadas épocas lucanas da história da salvação; o antigo, o médio e o novo muitas vezes fluem juntos. As diferenças entre os papéis de João e de Jesus não são rigorosamente mantidas. Lucas não deixa claro qual é o *status* das testemunhas nas narrativas da infância, João Batista, e os discípulos pré-pentecostais, em comparação com os discípulos pós-pentecostes. É especialmente verdade que Lucas ignora distinções de épocas quando apresenta o testemunho inspirado de empoderamento implementado pelo Espírito Santo. Portanto, não é de surpreender que Lucas deixe seus leitores com perguntas sem resposta sobre o papel do Espírito Santo e a conversão. Não devemos ir além das suas perguntas sobre o Espírito Santo e sobrepor a Pneumatologia de Paulo ou a nossa própria sobre a Pneumatologia lucana. Os resultados inevitavelmente serão confusos, decepcionantes e divisivos. Os interesses redacionais de Lucas precisam ser respeitados, e não devemos ler demasiadamente no texto sobre o estado convertido dos destinatários do Espírito Santo, já que Lucas mesmo não esclarece este ponto. Como ficará evidente no material restante em Atos, o testemunho inspirado domina a Pneumatologia de Lucas.

"Cheios com/do Espírito" e o discurso inspirado

Lucas emprega frases que parecem ter características lucanas para indicar a presença do Espírito Santo em casos de fala inspirada. "Batismo no Espírito Santo", "recebendo o Espírito Santo", o "dom do Espírito Santo" e "o Espírito Santo vindo sobre" um indivíduo ou grupo são frases aparentemente tradicionais que Lucas emprega para expressar seu interesse pneumatológico especializado. As frases "cheio do Espírito Santo" e "cheio com o Espírito Santo", entretanto, têm um selo inconfundivelmente lucano, embora essas expressões possam anteceder Lucas. O conceito de plenitude em relação ao Espírito Santo tem um significado especializado em sua obra, independentemente de sua última origem.

Lucas usa essa expressão para fornecer uma transição teológica crucial ao longo de sua obra em dois volumes. "Cheio com" ou "cheio do Espírito Santo" indica principalmente que o testemunho inspirado sobre Jesus ou contra o diabo está ocorrendo. Qualquer outro significado da expressão é provavelmente periférico às intenções de Lucas. Seu uso nas narrativas da infância, na igreja pós-pentecostes e na vida do próprio Jesus serve para misturar as chamadas três épocas de Lucas[211] em uma unidade pneumatológica indivisível. O programa geral de Lucas é um testemunho do Cristo ungido pelo Espírito e de seu Reino iminente de Jerusalém a Roma. Usando a mesma fraseologia para o testemunho fornecida pelos precursores de Jesus, pelo próprio Jesus e por seus discípulos, Lucas está declarando que a mesma provisão do Espírito Santo autentica a mensagem de salvação. Nisto, Lucas demonstra que o movimento do Reino – do qual Zacarias, Isabel, Maria, João, assim como Jesus e seus discípulos fazem parte – está na corrente fundamental da história da salvação judaica. Esta é a principal tarefa a que Lucas dirige a sua Pneumatologia.

Significados especiais para "Cheio" e Pleno?

A apresentação de Lucas do Espírito Santo é de fato variada. O conceito de "cheio do Espírito Santo" (*pimplēmi* + genitivo do Espírito Santo) é talvez usado para descrever a sua recepção inicial (At 2.4) e para indicar que uma dispensação especial do Espírito foi responsável pela

---

[211] A unidade da Pneumatologia de Lucas enfraquece a sugestão de H. Conzelmann de que Lucas criou três épocas distintas • Cf. *Theology*. A Pneumatologia da narrativa da infância é o calcanhar de Aquiles das épocas de Conzelmann • Cf. Minear. "Luke's use of the birth stories", pp. 111-30.

fala de autoridade dos crentes (2.4; 4.8, 31; 9.17; 13.9). Mesmo quando a frase ocorre durante a menção da recepção inicial do Espírito, a fala inspirada também está presente no contexto. A frase "cheio do Espírito Santo" (*plērēs* + genitivo do Espírito Santo) também tem mais de um uso em Atos. Ela pode se referir à qualidade de uma personalidade (6.3, 5; 11.24)[212] ou à presença do poder divino em uma pessoa, que lhe permite falar ou agir com autoridade (e.g., 7.55; Lc 4.1, 14). Pode ser geralmente verdade que Lucas usa "cheio do Espírito Santo" para expressar o caráter de um discípulo e "cheio com o Espírito Santo" para indicar a capacitação de um indivíduo em uma ocasião específica para falar com autoridade.[213] No entanto, os contextos para ambas as expressões revelam o interesse de Lucas na fala inspirada. Portanto, os usos de *plērēs* e *pimplēmi dō* nem sempre se encaixam em um padrão simplificado. As duas expressões, no entanto, ocorrem em contextos nos quais a fala inspirada é o tema principal. Marshall observa o uso de ambas para designar que os crentes falavam efetivamente como testemunhas de Cristo.[214]

---

212 Haenchen sugere que Lucas está mantendo duas teologias diferentes da igreja ao usar o "cheio" como doação especial para uma função especial e "cheio do Espírito Santo" como a presença duradoura em uma pessoa (*Acts*, 187, p. 216). Se este for o caso, então Lucas usou a fraseologia tradicional para expressar seu interesse especial: o Espírito Santo e a fala com autoridade.

213 Como sustentado por M. Turner em "Spirit endowment in Luke-Acts: some linguistic considerations". *VoxEv* 12, 1981, pp. 45-63, ele está correto ao notar que "cheio do Espírito Santo" indica que a Igreja sentiu o impacto do Espírito "através da vida dessa pessoa" (pp. 53-55), mas o uso especializado dessa plenitude (i.e., fala) não é reconhecido. Bruce está próximo de nossa observação aqui: "Depois do recebimento inicial ou do enchimento com o Espírito, os indivíduos podem ser descritos em um sentido distinto como estando 'cheios' do Espírito, como os sete que distribuíam esmolas em Atos 6, especialmente Estêvão (6.3, 5; 7.55), ou como Barnabé (11.24), ou podem ser "cheios" com o Espírito para um propósito particular, em especial para manifestação de autoridade ou oracular", como em "The Holy Spirit in the Acts of the Apostles". *Int.* 27, 1973, 130-204, 180. Anteriormente, Bruce manteve a natureza iterativa do "cheio" e a natureza duradoura do "pleno" (*Acts*, p. 99; *Acts: Greek*, p. 120; cf. tb. Neil. *Acts*, p. 89).

214 Marshall. *Luke: historian and theologian*, p. 199.

Análise das passagens com a frase "Cheios do Espírito Santo"

Estêvão: Atos 6.3, 5, 8, 10; 7.55. É significativo que Estêvão, descrito junto a outros diáconos como "cheio do Espírito e de sabedoria" (6.3),[215] é mais tarde apontado com referência à plenitude do Espírito Santo (6.5 com v. 8),[216] imediatamente antes da narração de sua disputa com os homens da sinagoga dos libertos (6.9-12) e antes de seu discurso de defesa em seu julgamento (7.2-53). Afirma-se que todos os diáconos estão cheios do Espírito de sabedoria ou cheios do Espírito Santo e da sabedoria (6.3), mas, nas listas de nomes reais (6.5), apenas Estêvão é descrito como "cheio do Espírito e fé". É verdade que as expressões de plenitude denotam qualidade, e que essa qualidade pode afetar várias

---

215 A dupla expressão em 6.3, *plēreis Pneumatos kai sophias*, pode ter um duplo significado, mas parece provável que esta não seja uma referência explícita ao Espírito Santo, mas à sabedoria, ao Espírito de sabedoria ou à "sabedoria inspirada pelo Espírito". Cf. Haenchen para os significados anteriores (*Acts*, p. 262) e Marshall para o último (*Acts*, pp. 126-127). Haenchen observa que a sabedoria é enfatizada no contexto seguinte (vv. 8, 10). Ele também observa corretamente a inclinação de Lucas por essas frases duplas, mas também aponta que a LXX usa *sophia* em tais pares e a expressão *pneuma sophia* em Ex 31.3; 35.31 e Sab. 1.4, cf. *Acts*, p. 262, n. 4 • J. Kilgallen. *The Stephen speech: a literary and redactional study of Acts 7:2-53*. AnBib 67. Roma: Pontifical Biblical Institute Press, 1976, p. 49 identifica a sabedoria como um interesse lucano aqui, de modo que Lucas provavelmente é responsável pela expressão. *Sophia* é frequentemente usado por Lucas, e ocorre em situações semelhantes em Lucas 2.40, 52; 21.15. No discurso de Estêvão, a sabedoria é usada para descrever José (At 7.10) e Moisés (7.22) • Cf. tb. Wilckens. *Missionsreden*, 210, n. 2. Vários manuscritos adicionam ἅγιος após πνεύματος, enquanto a forma mais curta ocorre em outros. Metzger sugere que os escribas cristãos naturalmente forneceriam a leitura "Espírito Santo" (*Textual Commentary*, p. 337). Não estaria além de Lucas ter inserido o adjetivo em uma descrição tradicional da exigência maior de sabedoria para admissão no diaconato precoce.

216 Tecnicamente, só Estêvão, o pregador cujos discursos ocupam o contexto de 6.10–7.60, é descrito como cheio do Espírito Santo. O adjetivo "santo" não ocorre em 6.3, que descreve as diretrizes apostólicas para a seleção de diáconos, para os quais a sabedoria é primordial (cf. nota anterior). Lucas pode ser responsável pela elaboração do πνεῦμα no v. 3 na obra do Espírito Santo no seguinte contexto.

manifestações (6.8).²¹⁷ Os exemplos de "cheio do Espírito" podem ser descrições tradicionais de Jesus e de seus discípulos,²¹⁸ mas *plērēs* é

---

217 A liderança, o aconselhamento e o ensino também poderiam ser entendidos no sentido das frases • Cf. J. D. Dunn. *Jesus and the Spirit*. Londres: SCM Press, 1975, p. 176 • Lucas pode ter em mente que as maravilhas sejam atestações da fala inspirada. Estêvão é descrito em termos semelhantes a Barnabé, "cheio do Espírito Santo e de fé" (11.24). As declarações acompanhavam os ministros de fala de ambos os homens.
218 Os antecedentes tradicionais do material de Stephen têm sido frequentemente observados em estudos. Para um resumo da crítica, cf. Haenchen. Acts, pp. 264-269 • Cf. tb. G. Stanton. "Stephen in Lucan Perspective". *Studia Biblica*, 1978: *papers on Paul and other New Testament authors*. JSNTS. 3. ed. E. Livingstone. Sheffield: JSOT, 1980, pp. 345-360 • Harnack viu 6.1–7.50 como uma "única narrativa conectada" ("The Acts of the Apostles: a commentary". *Crown Theological Library*, p. 27. Trad. J. R. Wilkinson. Londres: William & Norgate, 1909, pp. 169-170), enquanto os estudos mais recentes reconheceram uma fonte para 6:1, mas também identifica elementos de redação: e.g., M. Dibelius. *Studies in the Acts of the Apostles*. Trad. M. Ling. Londres: SCM Press, 1956, p. 11, n. 20 • Conzelmann também observa a presença da tradição. "Atrás deste relato encontra-se uma parte da tradição que Lucas deve ter tido acesso em forma escrita; observe a maneira como os 'helenistas' e 'hebreus' são introduzidos". Essas duas categorias sugerem que é tradição porque "até este ponto não houve indícios de coexistência de dois grupos. Observe também a lista no v. 5, que já não se encaixa com o material como Lucas o revisou". Além disso, o fato de que "Lucas não sabe de quaisquer milagres concretos realizados por Estêvão" parece trair uma fonte anterior (*A Commentary on the Acts of the Apostles*. Trad. J. Limburg, A. T. Kraabel, D. H. Juel. Philadelphia: Fortress, 1987, pp. 44, 47) • Cf. tb. Id. *History of Primitive Christianity*. Trad. J. E. Steely. Nashville: Abingdon, 1973, p. 35 • Kilgallen acha que os sinais e as maravilhas (v. 8) devem ser ligados aos milagres de Moisés mencionados no discurso de Estêvão (7.36, *Stephen Speech*, p. 81). No entanto, o principal evento é o discurso. Sinais e maravilhas acompanham a palavra como em 4.31-33. Também é surpreendente que os apóstolos atribuíram aos diáconos as tarefas administrativas diárias para que tivessem tempo para ministrar a palavra de Deus, apenas para que o diácono Estêvão fosse descrito como um pregador. Lucas aparentemente forneceu um panorama do ministério de Estêvão, apresentando seu início, meio e fim como uma seção. A tradição relativa aos diáconos dá a Lucas outra oportunidade para apresentar outro passo significativo na expansão da missão da igreja. J. Lienhard sugere que Lucas aprendeu de sua fonte os nomes dos diáconos, e que foram nomeados para servir às mesas. Ele também questiona se a fonte teria notado especialmente que eles estavam cheios do Espírito Santo para este propósito • Cf. *Acts 6:1-6: a redactional view*. CBQ37, abril, 1975, pp. 228-36, esp. 230. [Esta observação está mais de acordo com a capacidade de pregar e fazer missões do que servir as mesas.] Lienhard observa o motivo de Lucas para sua reestruturação do "Ciclo de Estêvão" em 6.1-6. "O redator final de Atos (i.e., Lucas) pretendia associar 6.1-6 com a narrativa sobre Estêvão

uma palavra de preferência lucana (em Lucas e Atos aparece 10 vezes e, no restante do NT, 6 vezes), especialmente em associação com o Espírito Santo. Parece que Lucas tem seu significado usual em mente quando inclui a frase aqui, ou seja, permitindo falar com autoridade. A observação é inescapável ao se percebe que, após referências à plenitude espiritual de Estêvão (6.3, 5, 8), a principal tarefa na qual essa influência é empregada é falar: "[...] e não podiam resistir à sabedoria e ao Espírito com que ele falava" (6.10). A pedra angular para este uso especializado da "plenitude" em relação à fala ocorre em 7.55, quando Estêvão, novamente descrito como "cheio do Espírito Santo", teve uma visão de Jesus com Deus e relatou isso a seu público. A visão e a descrição de Estêvão sobre essa visão são resultado de ser "cheio do Espírito".[219]

---

que a segue" • M. Scharlemann também considera o "dom do Espírito" do diácono (6:3) como um indicador de que Estêvão (em antecipação ao seu discurso) era "obediente ao Espírito de Deus e tinha uma compreensão messiânica do Antigo Testamento" • Cf. *Stephen: a singular saint*. AnBib 34. Rome: Pontifical Biblical Institute, 1968, 12 • Kilgallen também observa que Estêvão foi capaz de apresentar uma exegese apropriada do AT (*Stephen Speech*, 5). Se a sugestão de Dunn é correta de que "o (*plērēs*) do Espírito Santo foi adquirida por Lucas "a partir de uma fonte especial e primitiva (6, 3, 5, 8; 7, 55; 11.24)", então podemos estar face a face com uma concepção da igreja do Espírito Santo como o meio de "certeza de discernimento e convicção de fala" (*Jesus and the Spirit*, p. 171) • Cf. tb. Haenchen, que identifica isso como uma "visão cristã helenística" (*Acts*, p. 187). É de interesse que o contexto dominante de passagens com "cheio do Espírito" seja o discurso inspirado. É igualmente válido ver as associações de "plenitude" com a fala inspirada como a própria contribuição de Lucas. Ele usa descrições tradicionais de pessoas (e.g., cheias de sabedoria ou "espírito de sabedoria" para diáconos) como uma oportunidade para enfatizar o papel do Espírito na missão de pregação da Igreja Primitiva. Lucas pode certamente ser devedor (pelo menos em parte) de uma fonte para a designação de diáconos como "cheios do Espírito". Parece improvável que Lucas descreveria os diáconos como continuamente cheios do Espírito para falar enquanto os apóstolos estavam cheios para falar apenas na ocasião. Certamente, em seu uso de "cheio com/cheio do Espírito" para designar a fala com autoridade, as diferenças nos significados interativos duradouros são minimizadas.

219 Ambos – *eiden* (viu) e *eipen* (disse) – estão em paralelo e conectados pela conjunção coordenada καί. Para mais sobre a estrutura gramatical desta frase, cf. J. Shelton. *Filled with the Holy Spirit and full of the Holy Spirit: lucan redactional phrases*. In: Faces of renewal. Ed. P. Elbert. Peabody, Mass.: Hendrickson, 1988, pp. 83-84.

Barnabé: Atos 11.24. O último uso de "cheio do Espírito Santo" em Atos ocorre em 11.24. O contexto é perspicaz: "E exortou a todos a que permanecessem no Senhor, com propósito de coração, porque [*hoti*] era um homem de bem e cheio do Espírito Santo e de fé" (1.23b-24). Esta referência a Barnabé é uma descrição de seu caráter, mas Lucas a inclui em razão da atividade de Barnabé no verso 23: ele exortou (*parekalei*) a nova igreja em Antioquia. O *hoti* ("que") no versículo 24 funciona como uma conjunção causal, e deve ser traduzido como "pois",[220] que é característico do uso de Lucas em outro lugar (Lc 9.12; 13.31; 16.24). (Note que, em 9.12, Lucas insere este uso de ὅτι no material de Marcos.) A pergunta surge: Por que Lucas chama Barnabé de "cheio do Espírito Santo e de fé"? Lucas mesmo fornece a resposta: em virtude de sua exortação.[221]

O paralelo do Evangelho (Lucas 4.1, 14, 18). Aqui, temos usos de "cheio do Espírito Santo" no contexto da experiência de Jesus expressa no Evangelho de Lucas. Jesus é descrito como "cheio do Espírito Santo" (4.1) após o seu batismo e antes de sua tentação. Em nenhuma parte a evidência da contribuição redacional de Lucas é mais clara, pois só Lucas, entre os Evangelhos sinóticos, insere "cheio do Espírito Santo" aqui (Mt 4.1; Mc 1.12; Lc 4.1). Como observamos anteriormente, este não é apenas um elogio superlativo à natureza e ao caráter de Jesus, tampouco um resumo dos resultados de seu batismo; em vez disso, explica como Jesus combateu Satanás com sucesso na tentação: não por meio de autoatestação miraculosa ou de maravilhas públicas, mas de uma fala inspirada enquanto "cheio do Espírito Santo". Em 4.14, Jesus é descrito como "retornando no poder do Espírito" à Galileia antes de seu discurso inaugural em Nazaré, onde anunciou que era ungido do

---

220 BDF, §456.1.
221 Note tb. que a alegria é mencionada (v. 23) em relação ao Espírito Santo. Isso é semeelhante à apresentação de Lucas de Jesus se alegrando no Espírito Santo em Lucas 10.21.

Espírito Santo (4.18). Aqui também ele se recusava a fazer maravilhas. O ministério em sua cidade natal foi o discurso inspirado (cf. capítulo 6). Assim, o uso principal de Lucas de "cheio (*plērēs*) do Espírito Santo" se aplica a demonstrar que o falante é divinamente inspirado.

"Cheio com o Espírito Santo" e o recebimento do Espírito Santo

Pentecostes (Atos 2): "Enchido com o Espírito Santo" (*pimplēmi* + genitivo do Espírito Santo) também ocorre em Atos em contextos nos quais a fala inspirada é o tema dominante. A passagem clássica em torno da qual muitos comentários e controvérsias giram é Atos 2, o relato lucano de Pentecostes. A interpretação deste evento é crucial para os movimentos pentecostais e carismáticos clássicos. Somente aqui, e talvez em Atos 9.17 e Lucas 1.15, temos a recepção do Espírito Santo descrita em termos da plenitude do Espírito Santo. Em outros lugares, a experiência é apresentada como: (1) batismo no Espírito Santo (Lc 3.16; At 15; 11.16); (2) o Espírito Santo vindo sobre alguém (Lc 24.49; At 1.8; 2.17; 19.6); (3) recebendo o Espírito ou o poder do Espírito (At 1.8; 2.38; 8.15, 17, 19; 10.47; 19.2); (4) o dom do Espírito Santo (At 2.38; 10.45; 11.17); (5) a promessa do Espírito (Lc 24.49; At 1.4; 2.33, 39); e (6) o Espírito Santo caindo sobre um grupo (At 8.16; 10.44; 11.15). Em cada um desses casos, um testemunho inspirado domina o contexto. A recepção inicial e/ou a conversão provavelmente não são o principal pensamento nessas passagens. Considerando o uso frequente de *plērēs* e *pimplēmi* por parte de Lucas em relação ao Espírito Santo em seu Evangelho, é de fato surpreendente que um termo tão adequado à descrição da recepção do Espírito Santo pelos crentes fosse tão pouco usado em tais contextos. É verdade que Lucas se sente livre para trocar as várias expressões que denotam a vinda do Espírito Santo, pois conferimos essa particularidade em seu uso do Espírito Santo enchendo ou vindo sobre alguém em relação à fala inspirada. Tal substituição de uma frase por outra, embora um pouco estilística em alguns lugares, não pode ser vista como variação meramente aleatória. Cada caso em que "cheio do Espírito" pode indicar a recepção inicial do Espírito Santo ocorre no contexto do discurso inspirado, na proclamação do Evangelho e/ou no testemunho da messianidade de Jesus.

O contexto em Atos 2 deixa claro que a experiência de ser cheio com o Espírito Santo é responsável pelo discurso inspirado que atrai a atenção dos peregrinos em Jerusalém. O resultado não é o discurso extático no sentido de que o falar é ininteligível ou um catalisador de confusão ininteligível,[222] mas o falar em línguas fornece um testemunho multilíngue das obras poderosas de Deus (2.6, 8, 11). Aqui, o resultado de ser cheio com o Espírito Santo é uma evangelização adequada, bem ordenada, completa, com acomodação para aqueles que eram de terras estrangeiras. Somente aqueles que não reconhecem as línguas estrangeiras e as consideram ininteligíveis para qualquer outra pessoa acusam os discípulos de estarem bêbados. De fato, a fala ininteligível é a única evidência que o texto dá para tal acusação. Assumir que o público os condenou por emocionalismo ou por um estado alterado de consciência requer uma quantidade considerável de pressupostos sendo lidos no texto.[223]

A reação no texto está relacionada à linguagem, e pode refletir o preconceito judaico que encontramos em outro lugar: "Pode alguma coisa boa sair de Nazaré?" (2.7; Jo 1.46). Aqui, o principal resultado de ser cheio com o Espírito Santo é a fala inspirada, como é provado no discurso do Pedro Galileu, que se dirigiu aos contraditadores que

---

[222] A palavra "extático" tem sido frequentemente usada para descrever os eventos do Pentecostes. Muitas vezes carrega uma nuance pejorativa. O que aconteceu no Pentecostes, embora sobrenatural, foi uma evangelização bem ordenada e completa com interpretação.
[223] Essas suposições parecem indicar que os abusos e excessos que Paulo tenta corrigir em 1 Coríntios 12-14 eram a norma em tais fenômenos na Igreja Primitiva.

observavam, falando-lhes em sua própria língua: "Homens judeus, e todos os que habitais em Jerusalém" (v. 14). O contexto e o vocabulário que Lucas fornece deixam claro que Pedro estava "cheio do Espírito Santo" quando falou.[224] Ao expressar a recepção do Espírito Santo em termos de "cheio do Espírito Santo", Lucas está comentando não só a natureza inspirada da mensagem, mas também da inspiração por trás da interpretação feita pelo Espírito da Escritura, a apresentação cristã da história da salvação, a confrontação dos pecadores com um apelo ao arrependimento e a promessa do Espírito Santo.

Parece que Lucas explicou este evento em termos de "enchimento" em razão do papel dominante da fala e do testemunho inspirado que abunda tanto nas previsões do Pentecostes (Lc 3.16; 24.49; At 1.4, 5, 8) quanto no relato do próprio evento. Lucas sobrepôs a frase "cheio do Espírito Santo" ao evento. Como o Espírito Santo que vem sobre (*epi*) alguém, "cheio do Espírito Santo" pode indicar tanto a fala inspirada quanto a recepção do Espírito Santo. Talvez Lucas se sinta justificado em fazer isso porque ele tem um precedente do AT: quando o Espírito Santo veio sobre Saul em sua unção, o falar divino acompanhou a doação do Espírito (1Sm 10.6, 10).

---

224 O contexto e a prática geral de Lucas deixam claro que Pedro dirigiu-se aos espectadores (At 2.14) como resultado de ser cheio com o Espírito Santo com os outros crentes em 2.4. O termo que Lucas usa para descrever a fala de Pedro também reforça essa observação. *Apophthengomai* pode se referir ao discurso oracular ou profético no grego clássico e helenístico e na LXX. Ocorre três vezes no NT, sempre em Atos: em 26.25, aqui e em 2.4 (BAGD, 102). Wilckens considera a conexão entre o "derramamento do Espírito" de 2.4 e o discurso de Pedro em 2.14 como um fato consumado. Ele argumenta que o leitor não está surpreso com isso, já que foi preparado de antemão (Lc 24.49; At 1.5 e 2.4) (*Missionreden*, p. 56). Os seguintes estudiosos, muitos dos quais explicitamente ligam *apophthengomai* ao aspecto anterior do evento do Pentecostes (2.4), também afirmam que o termo indica que a abordagem de Pedro é de fato manifestação inspirada: Lake e Cadbury. *Beginnings of Christianity: Acts,* 21 • Haenchen. *Acts,* p. 178 • Marshall. *Acts,* pp. 72-73 • Bruce. *Acts: Greek,* p. 88 • Neil. *Acts,* p. 75 • R. Zehnle. *Peter's pentecost discourse: tradition and lukan reinterpretation in Peter's speeches of Acts 2 and 3.* SBLMS. 15. ed. R. A. Kraft. Nashville: Abingdon, 1971, pp. 37, 1, 17.

Paulo (Atos 9.17-20): Conforme discutido anteriormente neste capítulo, todas as aparições do uso da frase "cheio do Espírito Santo" em conexão com Ananias, que impõe as mãos sobre Paulo, são uma referência à recepção do Espírito (9.17,18). A questão é: Receber o Espírito para que fim: conversão, cura ou capacitação para a missão? Já discutimos a passagem em relação à conversão e concluímos que esta provavelmente não é a intenção de Lucas aqui. Aparentemente, o enchimento de Paulo ocorreu depois de sua conversão no caminho de Damasco (3-8), quando Ananias impôs as mãos sobre ele não apenas para o encher com o Espírito Santo, mas também para restaurar sua visão.[225] O resultado da obediência de Ananias é curiosamente expresso, pois somente a restauração da visão de Paulo é mencionada. Nenhuma referência à recepção do Espírito Santo acompanha a confirmação da cura (v. 18), a menos que o resultado esteja implícito no fato de ele ter sido batizado (v. 19). É provável que a frase "cheio do Espírito Santo" seja mencionada principalmente por uma razão que não seja a conversão inicial: a frase subjuntiva *plēsthēs pneumatos hagios* ("pode ser cheio com o Espírito Santo") é deixada pendente sem cumprimento explícito no indicativo. É claro que não é obrigatório que Lucas nos dê um cumprimento indicativo explícito em paralelo a cada ação subjuntiva prometida. O batismo de Paulo poderia ser visto como uma afirmação de que a promessa havia sido cumprida e de que, portanto, a recepção realmente ocorreu, não diferente da experiência de Cornélio.

---

225 "Nós provavelmente devemos entender que, ao receber o dom do Espírito Santo, Paulo experimentou o êxtase pentecostal" (Neil. *Acts*, p. 131); mas note tb. Ervin, em *These are not drunken*, pp. 56, 61. Outros simplesmente observam que a recepção do Espírito, i.e., significa conversão: e.g., Dunn. *Jesus and the Spirit*, p. 193 • *Baptism*, p. 78 • Conzelmann. *Acts*, p. 66 • D. Guthrie. *New Testament Theology*. Leicester: InterVarsity, p. 1981, p. 543. (Inevitavelmente, surge a discussão a respeito de a imposição de mãos ou o batismo causarem a recepção do Espírito Santo, mas é duvidoso que Lucas estabeleça uma conexão fixa entre o Espírito e esses eventos.)

Os versículos que se seguem, no entanto, oferecem uma melhor explicação de como a oração de Ananias para "encher com o Espírito Santo" foi respondida. Depois de notar que Paulo (Saulo) não deixou imediatamente os discípulos em Damasco, Lucas relata que "imediatamente [*eutheōs*] ele proclamou [*ekēryssen*]" que Jesus era o Filho de Deus (v. 20). *eutheōs* coloca a pregação de Paulo em proximidade temporal com a referência a "cheio do Espírito Santo", e bem se poderia entender que a expressão de plenitude descreve o poder por trás de sua pregação.[226]

Mesmo que "cheio do Espírito Santo" se refira à conversão de Paulo (o que é duvidoso), o duplo sentido deve ser considerado em virtude da força de *eutheōs* no versículo 20 e do uso dominante da plenitude do Espírito em relação à fala nos escritos de Lucas. O sermão do Pentecostes de Pedro fornece um paralelo a essa situação. Depois de ter recebido o Espírito Santo em termos de ser cheio (2.4), Pedro foi autorizado (Lc 24.47-49; At 1.8) a explicar o significado do evento de Pentecostes, a proclamar Jesus como Cristo e Senhor e a oferecer a salvação.

---

[226] A referência ao preenchimento com o Espírito Santo refere-se ao "dom profético". "Paulo devia testemunhar perante os imperadores gentios e os filhos de Israel e, portanto, ele devia receber o Espírito, porque 'o testemunho de Jesus é o Espírito de profecia'" – cf. tb. Mc 13.11 (Lake e Cadbury. *Beginnings of Christianity: Acts*, p. 104). Bruce relaciona a frase com a pregação também: "Tal enchimento era necessário para o serviço profético indicado no versículo 15" (*Acts: Greek*, p. 202; cf. tb. Barrett. *Espírito Santo*, 1, e Dunn. *Baptism*, p. 71). A experiência de Paulo em Damasco é paralela à ordem dos acontecimentos no ministério de Estêvão. A conversão de Paulo e a subsequente pregação são paralelas à apresentação de Lucas do ministério de Estêvão, na qual ele o descreve em termos da plenitude do Espírito Santo antes de apresentar seu ministério de fala. Lá, Lucas usa a seleção dos diáconos como uma oportunidade para notar que, mesmo antes do discurso de Estêvão perante o Concílio, ele falou sob a direção do Santo Espírito (6.10). Talvez a observação de que Saulo estava presente no martírio de Estêvão (7.58) seja parte do esforço de Lucas para paralelizar os dois ministérios. Como resultado da pregação de Paulo em Damasco, o paralelo perde a conclusão quando o novo convertido escapa por pouco do martírio no curto prazo, enquanto, no longo prazo, parece que só é adiado.

João Batista como um paralelo **(Lucas 1.15):** Em seu Evangelho, Lucas apresenta uma situação semelhante à do infante João, que é "cheio do Espírito Santo já desde o ventre de sua mãe" (Lc 1.15). Certamente, Lucas não tem em mente que a frase se refira à conversão do bebê João. Ele está dizendo que João, como um feto ou como um adulto (ou ambos), deu testemunho de Jesus. É claro que o menino João não "falou" como tal, mas pode-se inferir que ele testemunhou o senhorio de Jesus ainda no útero, quando pulou de alegria (Lc 1.44). Sua mãe, Isabel, também cheia do Espírito Santo, relata que o movimento de João foi fruto da alegria[227] que ele experimentou quando a "mãe do Senhor" entrou na casa (1.41-45). Se essa interpretação deve ser rejeitada, então a plenitude do Espírito que o João pré-natal experimentou visava prepará-lo para dar testemunho de Jesus em seu ministério adulto (1.16; 3.2).[228] Zacarias, seu pai, cheio do Espírito, descreveu o ministério de João em termos de exortação profética em antecipação ao Messias vindouro (1.67, 76-79). Isso é cumprido na pregação de João em Lucas 3. João, que anteriormente foi identificado como cheio do Espírito Santo, começou seu ministério quando a palavra do Senhor veio (*epi*) a ele (3.2), uma circunstância com paralelos impressionantes em Lucas 2.25-27, Atos 1.8 e 4.31 (veja capítulo 3 deste livro). A descrição de Lucas tanto do João em sua fase de nascituro quanto de Paulo como "cheios do Espírito Santo" causa menos problemas se a frase for primeiramente entendida em termos de testemunho. A conversão não era algo primordial em sua mente.

---

[227] Note que João, cheio do Espírito, experimenta alegria (*agalliasei*), enquanto Lucas diz que Jesus se alegrou (ēgalliasato) no Espírito Santo, em 10.21.
[228] Ao apresentar João como "cheio" aqui, Lucas parece ir contra o padrão usual em Atos (de arrependimento/conversão precedendo a capacitação pelo Espírito Santo).

A pregação de Paulo como "consolação do Espírito Santo" (Atos 9.28-31)

Lucas conclui a seção sobre Paulo no capítulo 9 com outra conexão entre a pregação deste e o Espírito Santo. Depois que pregou em Damasco, ele testemunhou sobre Cristo em Jerusalém "pregando ousadamente no nome do Senhor Jesus" (v. 29). Portanto (*oun*), como resultado de sua pregação, a igreja foi edificada "no consolo do Espírito Santo" (v. 31). É verdade que Lucas não implica que o ministério de Paulo foi a única causa da paz, da edificação e do crescimento da igreja. Entretanto, ele introduz essa descrição da igreja com a audaz pregação de Paulo como um exemplo do conforto recebido do Espírito Santo. E que conforto era! O temível inimigo da igreja retornou a Jerusalém como seu campeão. O interesse dominante que Lucas tem ao apresentar Paulo e o Espírito Santo em Atos 9 é o testemunho de Paulo. Lucas expõe uma ligação semelhante entre a palavra do Senhor se espalhando como resultado da primeira missão de Paulo e Barnabé e os discípulos sendo "cheios de alegria e do Espírito Santo" (13.49, 52).

A função da plenitude do Espírito contrastada em Lucas-Atos

O uso distinto de Lucas da frase "cheio com/cheio do Espírito Santo" pode ser demonstrado estatisticamente na tabela a seguir.

Se Atos 6.3 e 6.5 estão incluídos como usos da plenitude do Espírito em relação ao falar inspirado, e se a plenitude em Lucas 1.15 e 4.1 é tomada para se referir à recepção do Espírito Santo, então, em Lucas-Atos, há 11 casos de plenitude do Espírito em relação ao falar inspirado fora de contextos nos quais a recepção inicial do Espírito Santo é mencionada.[229] Além disso, há quatro casos em que uma passagem

---

229 Pode-se argumentar que 6.3 e 6.5 não devem ser incluídos nos dados. Eles deveriam ser incluídos como no contexto no qual eles se referem à capacitação para falar, mas uma tendência significativa na fraseologia lucana pode ser demonstrada sem eles. Se no momento 6.3 e 6.5 são eliminados da categoria de fala inspirada e Lucas 4.1 é tratado como se referindo apenas

observando a recepção inicial (73% e 27%, respectivamente). Esse padrão é significativo. Quando "cheio com" ou "cheio do" é contrastado com outras referências à atividade do Espírito Santo, as diferenças são impressionantes: "cheio com Espírito Santo" ou "cheios do Espírito Santo" são frases frequentemente associadas ao discurso inspirado. As razões se *invertem* quando os dados das linhas 1-6 da tabela são contrastados com as linhas 7, 8 ou 9. Quando um teste estatístico de contingência X^2 é aplicado, descobrimos que todas as três configurações são menores do que 0,1% devido à troca.[230] Este teste pode nos dizer apenas as chances deste agrupamento acontecendo por acaso, apontando que é muito remoto que este seja um agrupamento aleatório.

à recepção, então há nove casos referindo-se à fala sem menção à recepção inicial e quatro ocorrências no contexto da recepção inicial (67% e 33%, respectivamente). Assim, mesmo com a quantidade mínima de dados na primeira categoria, as diferenças são significativas e não prováveis devido ao acaso. Atos 6.3 e 6.5 *não* devem ser excluídos da primeira categoria; além disso, "cheio do Espírito Santo" em Lucas 4:1, embora constitua um comentário de Lucas sobre o batismo de Jesus, deve ser visto principalmente em termos de fala inspirada, pois prefacia a vitória de Jesus sobre a tentação, quando sua arma principal foi a fala inspirada. Mas colocando Lucas 4.1 de lado, há 11 exemplos de plenitude com referência à recepção e três de plenitude sem referência à recepção inicial, o que rende 79% e 21%, respectivamente. Isso deixa Lucas 1.15, Atos 2.4 e 9.17 como os três incidentes de plenitude e recebimento iniciais. Se a referência a Paulo em Damasco (9.17) está incluída na primeira categoria, então há 12 casos relacionados à fala e dois à recepção – 86% e 14%, respectivamente. Mas, como já vimos, nem mesmo essas três passagens se referem necessariamente à conversão. Há razão para considerar até mesmo Lucas 1.15 como, principalmente, em uma categoria de fala, o que deixaria apenas Atos 2.4 na categoria de recepção. Alguns podem argumentar que Atos 6.3, 5 e Lucas 4.1 deveriam ser incluídos no grupo "B" do quadro. No entanto, mesmo que isso seja feito, a proporção resultante de 7 a 5 é significativamente diferente de 2 a 26. Portanto, a tese ainda permanece. Ao insistir na conversão, entretanto, o uso contextual predominante da "plenitude" para fala deve ser amplamente ignorado.

230 A pontuação contingente X^2 expressa a possibilidade de que uma dada amostra possa ocorrer aleatoriamente. Sozinha, ela não pode ser usada automaticamente para determinar se a chance ou seleção premeditada é responsável por um grupo de amostra. Mas, *com* a tendência teológica já observada, ela se torna um indicador muito forte da atividade redacional de Lucas. Cf. Shelton. "Filled with the Spirit", pp. 91-93. Lucas reserva *piplēmi* (cheio) para ser usado com o Espírito Santo. Só uma vez ele usa *plēroō* para expressar "cheio do Espírito Santo" (At 13.52). Em cada caso, tanto *piplēmi* como *plēroō* testemunham efeito, independentemente do tempo usado • Ervin. *Spirit-Baptism*, p. 59.

	A Usado para falar sem referência à recepção	**B** Usado para indicar a recepção do Espírito
1. Batismo no Espírito Santo	0	3
2. O Espírito Santo estava ou veio sobre eles	2	4
3. Receberam o Espírito ou o poder do Espírito	0	9
4. Dom do Espírito Santo, incluindo Atos 11.7 e colab. com B	0	3
5. Promessa do Espírito	0	4
6. O Espírito santo caiu sobre os crentes	0	3
Subtotal	2	26
7. Cheio com o Espírito Santo ou cheio do Espírito Santo, incluindo Lucas 4.1 em colab. com A.	9	3
8. Cheio com o Espírito Santo ou cheio do Espírito Santo, incluindo Lucas 4.1 em colab. com B e excluindo Atos 6.3, 5 em colab. com A	8	4
9. Cheio com o Espírito Santo ou cheio do Espírito Santo, incluindo Lucas 4.1 e Atos 6.3, 5, em colab. com A	11	3

A evidência *não* reflete uma mudança aleatória de frases por mera variação estilística. Somente observando o uso contextual que Lucas dá para as frases se pode responder a razão para a configuração. Ele geralmente reserva *um* significado para a plenitude do Espírito.

A fala inspirada e a plenitude do Espírito Santo em Lucas-Atos

Lucas não isola seu uso das frases "cheio do Espírito Santo" e "cheios com o Espírito Santo" em contextos especificamente dirigidos à recepção do Espírito Santo. Em vez disso, ele também usa "cheios com" em situações nas quais nenhuma referência é feita à recepção do Espírito como parte de um processo de conversão-iniciação, ou seja, quando a fala inspirada ocorre. É sobretudo nessas situações de fala inspirada que Lucas usa as expressões de plenitude do Espírito Santo para contribuir com o motivo do testemunho que domina a estrutura de Lucas-Atos. Esta se torna-se a expressão preferida de Lucas para esse motivo.

A Palavra inspirada de Pedro e a plenitude do Espírito (Atos 4.8)

Como seu sermão no Dia de Pentecostes, a resposta de Pedro aos governantes e anciãos em 4.8 é seu resultado de ser "cheio do Espírito Santo", uma vez que esta frase, presente na narrativa, é a própria observação de Lucas, bem como é característica de seu uso da expressão e de frases semelhantes em Lucas-Atos. De acordo com a tradição sinótica de que o Espírito Santo ajudaria na defesa dos discípulos diante dos governantes, Lucas observa a atividade do Espírito.[231] A expressão

---

[231] Haenchen. *Acts*, pp. 187, 216 • Marshall. *Acts*, pp. 69, 100. Marshall argumenta que Lucas considera possível "que uma pessoa já cheia com o Espírito possa receber um novo enchimento para uma tarefa específica ou um contínuo enchimento". E. Schweizer apresenta uma visão similar em *The Holy Spirit* (Londres: SCM Press, 1980, p. 75) • Cf. tb. Dunn. *Baptism*, p. 71• Bruce. *Acts: Greek*, p. 120 • Ervin insiste em que as referências repetitivas

de plenitude que descreve a defesa de Pedro é a própria de Lucas, que substitui a estrutura mais tradicional, ou seja, "o Espírito Santo" ou "Espírito de vosso Pai é que fala em vós", "vos ensinará o Espírito Santo" dando à testemunha "boca e sabedoria" (Mc 13.1; Mt 10.20; Lc 12.12; 21.15). Caracteristicamente, é raro que Lucas apresente relatos reais de legítima defesa nesses frequentes casos de crentes perante autoridades (e.g., At 4.1-14; 5.17-32; 6.12–7.53; 23.1-9; 24.10-21, 26.1-23). Em vez disso, ocorre o testemunho de Jesus. A notável exceção nesses casos é Paulo, cujas declarações genuínas de autodefesa também fornecem uma oportunidade para apresentar o Evangelho. A referência dupla de Lucas aos discípulos testemunhando diante das autoridades em seu Evangelho torna esta ênfase sinótica mais forte (Lc 12.8-12; 21.12-15). Com efeito, em Atos 4, Pedro diante do sinédrio em paralelo com seu sermão de Pentecostes. Aqui, Lucas observa que Pedro, sob a direção do Espírito Santo, pregou Jesus (v. 10), interpretou corretamente a Escritura (v. 11) e proclamou a salvação (v. 12) como fez em Pentecostes (2.14-40). Lucas descreve Pedro como "cheio do Espírito Santo" (v. 8) porque, naquele momento (*plēstheis*, particípio aoristo), ele estava capacitado para falar, e não porque o leitor precisasse de um lembrete de que ele já havia sido cheio no Pentecostes.[232] No próximo confronto de Pedro com as autoridades, Lucas nos lembra que o testemunho em face da oposição é uma operação divino-humana: "E nós somos testemunhas acerca destas palavras, nós e também o Espírito Santo, que Deus deu àqueles que lhe obedecem" (5.32).

Os discípulos e o discurso inspirado (Atos 4.31)

Lucas apresenta outro exemplo de inspiração do Espírito Santo após a libertação de Pedro e João: a resposta dos crentes ao testemunho ousado

---

ao enchimento do Espírito envolvendo a mesma pessoa apenas recordam ao leitor que a pessoa em questão já havia sido cheia (*Spirit-Baptism*, p. 53).

232 Pace Ervin. *Spirit-Baptism*, pp. 53, 59.

de Pedro diante dos governantes (4.24-31). Depois de notar que a ação hostil das autoridades foi predita nas Escrituras (vv. 24-28), os discípulos oraram para que, apesar dessa ameaça, eles falassem a palavra de Deus "com toda ousadia" (v. 29) enquanto o Senhor atestava a validade de sua fala através de sinais e maravilhas (v. 30). Como resultado dessa oração, "todos foram cheios do Espírito Santo e anunciavam com ousadia a palavra de Deus". Aqui, novamente, a plenitude com o Espírito Santo enfatiza o falar, enquanto sinais e maravilhas validam as palavras ditas pelos discípulos de Jesus.

"Cheio com o Espírito Santo" aqui não é uma referência à recepção inicial do Espírito Santo.[233] Embora esta passagem tenha paralelos com o Pentecostes em Atos 2, ela não é uma versão alternativa do Pentecostes como Harnack sugere.[234] A força do tema do testemunho no contexto imediato elimina tal noção. Da mesma forma, tentativas de identificar 4.31ss. como a recepção inicial do Espírito para os convertidos que se juntaram à igreja como resultado do primeiro sermão de Pedro vêm à ruína sob o peso do contexto imediato.[235] Primeiramente, os apóstolos que já haviam recebido o Espírito Santo (2.4) aparentemente "participaram da oração de 4.24-30" e foram cheios do Espírito Santo com os outros cristãos.[236] Isso é apoiado na referência ao testemunho dos apóstolos no resumo no versículo 33. Segundo, o contexto imediato exige que o enchimento com o Espírito Santo esteja indicando os meios pelos quais os discípulos "anunciavam com ousadia a palavra de Deus".[237]

---

233 Cf. Lake e Cadbury. *Beginnings of Christianity: Acts*, p. 47, que ligam *parrēsias* ("ousadia"), em 4.31, com a mesma palavra usada no v. 13, relacionada com o discurso de Pedro diante dos governantes (vv. 8-12). Em ambos os casos, a plenitude do Espírito proporciona a coragem para testemunhar • Cf. tb. Marshall. *Acts*, 107 • Haenchen. *Acts*, 228 • Dunn. *Baptism*, p. 70 • Schweizer. *Holy Spirit*, p. 76.
234 Harnack. *Acts*, p. 183.
235 Ervin. *These are not drunken, as ye suppose*, pp. 62-67 • Idem *Spirit-Baptism*, p. 69.
236 Dunn. *Baptism*, pp. 70-71.
237 Como Dunn observa: "Quanto à fórmula *plēstheis pneumatos hagiou eipen*, quando um particípio aoristo é usado com *eipen*, ele sempre descreve uma ação ou evento que ocorre imediatamente antes ou que leva ao ato de falar" (*Baptism*, 71; Zehlne. *Peter's Pentecost discourse*, pp. 37, 117.

Pedro, Paulo, Estêvão e o discurso cheio do Espírito

Há um exemplo semelhante no ministério de Paulo, como Lucas registra em Atos. Como tantas outras características do ministério de Paulo, as referências a "cheio do Espírito Santo" são paralelas às do ministério de Pedro. Tanto Pedro quanto Paulo começaram seu trabalho depois de uma menção inicial a "ser cheio com o Espírito Santo". Este enchimento pode ser visto até certo ponto como correspondente à recepção inicial do Espírito Santo e, em ambos os casos, resultou na pregação (At 2.4; 14-40; 9.17, 20-22). Pedro se dirigiu a Jerusalém enquanto Paulo pregava em Damasco. Em outro lugar, Lucas diz que tanto Pedro quanto Paulo estavam cheios do Espírito Santo para falar. Pedro, cheio do Espírito Santo, dirigiu-se aos governantes dos judeus (4.8-20), enquanto Paulo, cheio do Espírito Santo, pronunciou uma palavra de repreensão e condenação contra Elimas, o mago, invocando cegueira temporária sobre o inimigo do Evangelho (13.9-11). O enchimento de Pedro com o Espírito Santo para responder às autoridades havia sido predito pelo próprio Jesus (Lc 12.12). O enchimento de Paulo com o Espírito Santo para confrontar verbalmente os poderes do mal corresponde a Jesus "cheio do Espírito Santo" para enfrentar as tentações do diabo no deserto (Lc 4.1ss.). Como Jesus, ambos os homens pregaram as boas novas ajudados pela presença do Espírito Santo (Lc 4.14, 18, 19).

Não se pode dizer que Paulo estava cheio do Espírito Santo apenas para fixar os olhos em Elimas (At 13.9). Ele foi cheio principalmente para o propósito de falar, bem como para participar do ato do Senhor que causou a cegueira. A sintaxe torna isso claro. *Athenisas*, o particípio aoristo, tem seu significado completo por *eipen*.[238]

Essa estrutura em 13.9 é paralela a como Lucas expressa a experiência de Estêvão antes de seu martírio: "Mas ele, estando cheio do Espírito Santo, fixando os olhos no céu, viu a glória de Deus, e Jesus,

---

[238] Para mais sobre a sintaxe desta passagem, cf. Shelton. *Filled with the Spirit*, pp. 95-98.

que estava à direita de Deus. E disse [...]" (At 7.55-56a). No relato de Estêvão, "estando cheios do Espírito Santo" e "olhando para o céu" explicam as duas ações consequentes, "viu" e "disse". A tradução deveria seguir como segue se o tempo dos dois particípios é observado: "Mas enquanto ele estava cheio do Espírito Santo, depois que olhou para o céu, viu, e disse" ou "mas ele estava cheio do Espírito Santo depois de ter olhado para o céu, viu [...] e disse" (minha trad.). Aqui, o tempo do particípio presente ("estar cheio") parece corresponder mais ao verbo "falar" do que "ver", embora tecnicamente se possa modificar ambos.[239]

Outras expressões do discurso inspirado pelo Espírito

Lucas não limita suas associações do Espírito Santo e da fala inspirada ao conceito de plenitude. Em outras passagens nas quais a fala com autoridade ocorre, mas o Espírito Santo não é explicitamente nomeado como o agente por trás da fala, a obra do Espírito é muitas vezes implicada pela presença de itens particulares no contexto. Lucas não se sente obrigado a fazer um prefácio com uma referência ao Espírito Santo a cada declaração dos fiéis. Ele está satisfeito em deixar o leitor entender implicitamente. Além disso, está satisfeito em deixar que os resumos de vários relatos de pregação indiquem que o poder do Espírito Santo está por trás dos falantes, mencionando a atividade do Espírito Santo (At 4.31, 33; 9.27-29, 31; 11.49, 52) ou referindo-se aos sinais e maravilhas que confirmam as palavras (e.g., At 2.43, como relacionado

---

[239] Shelton. *Filled with the Spirit*, p. 97ss. A estrutura das passagens sobre Estêvão e Paulo certamente parece ser lucana ao se notar as formas participais, e quando se percebe que *atenizō* e cheio com/cheio do Espírito Santo (*piplēmi* e *plērēs*) são as expressões preferidas de Lucas. (*atenizō* é usado 12 vezes em Lucas e Atos, quase sempre como um particípio, duas vezes em outra parte no NT, 2Co 3:7, 13. *piplēmi* é quase exclusivamente usado em Lucas e Atos, 22 vezes de 24 do total no NT. *plērēs* é dominado por Lucas e Atos em contraste com os outros Evangelhos. Além disso, Lucas muitas vezes conecta *plērēs*, *plētheis* e o aoristo de *piplēmi*, mais uma forma genitiva do Espírito Santo com *kai eipen* ou expressões semelhantes indicando discurso.)

com o sermão de Pentecostes e o ensinamento dos apóstolos; At 4.8-20 como uma explicação da cura e do sermão de At 3).

Uma vez que menciona a presença do Espírito Santo em um orador, Lucas não repete esse dado a cada vez que introduz um dos discursos desse indivíduo. Ele considera a primeira referência como adequada, a menos que deseje enfatizar a atividade do Espírito Santo em uma circunstância especial. A frequência de referências à atividade do Espírito Santo no ministério de proclamação da igreja demonstra que Lucas a considera como norma no progresso da Igreja Primitiva. No primeiro capítulo de Atos, ele estabelece este precedente: "Recebereis a virtude do Espírito Santo, que há de vir sobre vós, e ser-me-eis testemunhas" (v. 8). O recebimento do Espírito também produz testemunho inspirado no Pentecostes (2.33). Lucas faz a "recepção" equivalente a "derramar" e a "profetizar" em 2.17, 18. A recepção está implícita na promessa de Pedro de que seus ouvintes iriam "receber o dom do Espírito Santo" (2.38).[240] Os exemplos fornecidos antes e depois do sermão de Pedro enfatizam o Espírito e o testemunho. O mesmo é aparentemente verdadeiro na recepção do Espírito Santo pelos samaritanos, uma vez que produziu manifestações que testemunharam a Simão, o feiticeiro, o poder de Deus (8.14-19). Quando a casa de Cornélio recebeu o dom do Espírito Santo ("caiu" [10.44], "dom" e "derramou" [10.45], "recebeu" [10.47], "caiu" [11.15], "batizou" [11.16], "dando" [15.8]), eles também deram testemunho inspirado (10.46; 11.15, 17). O mesmo é verdade no Pentecostes de Éfesios. "Recebendo o Espírito Santo" (19.2) e "o Espírito Santo vindo sobre eles" (19.6) resultaram em uma declaração profética. O contexto para "batizado com o Espírito Santo" também é dominado por referências ao testemunho do Espírito (1.5; 8.1). Assim, o tema dominante da Pneumatologia lucana em sua apresentação da Igreja Primitiva é: "E nós somos testemunhas acerca destas coisas, nós e também o Espírito Santo" (5.32).

---

240 Que Lucas poderia intencionar estar ligado com o testemunho corporativo dado em 4.31.

Como já discutimos a relação entre Jesus e o Espírito Santo nos capítulos anteriores, resta-nos, neste capítulo sobre Atos, definir a relação entre os crentes e o Espírito, bem como a inter-relação entre Jesus, os crentes e o Espírito. Em seu Evangelho, Lucas considera a experiência de Jesus com o Espírito como paradigmática, embora não diretamente equivalente à experiência de seus discípulos com o Espírito. Ele apresenta um Messias ungido pelo Espírito, autorizado, como resultado dessa unção, a realizar milagres e a proferir as palavras de Deus (At 10.38; Lc 4.18). Lucas também nos diz que o Jesus ressurreto deu instruções a seus discípulos pelo Espírito Santo (At 1.2).[241] A experiência de Jesus com o Espírito Santo é única no Evangelho, pois, nesse texto, ele foi concebido do Espírito (1.35), e o Espírito, como uma pomba, desceu sobre ele (3.21) enquanto, em, Atos ele é exclusivamente o doador do Espírito Santo após a sua ascensão (2.33). Contudo, ao derramar o Espírito Santo sobre seus discípulos, Jesus os capacitou a atuar no ministério de uma maneira similar à sua.

Em Atos, o Espírito Santo realizou milagres, dirigiu a missão da igreja, julgou os inimigos de Jesus e infundiu os crentes com alegria. Lucas também identifica o Espírito como a fonte divina da Escritura do AT e o associa à conversão, até certo ponto; no entanto, não descreve claramente essa função, já que sua atenção está centrada em outro papel importante: o do testemunho inspirado, atendido por sinais e maravilhas fornecidos pelo Espírito (e.g., 2.4; 4.31; 5.9-10; 65.8; 8.17-19; 9.17-18; 10.38, 44-46; 13.9-11). Mesmo o próprio testemunho que vem de agentes humanos pode ser classificado como milagre (cf. vimos no capítulo 7 deste livro).

---

241 Esta é a leitura preferida sobre Jesus quando "escolheu seus discípulos pelo Espírito Santo". A frase "pelo Espírito Santo" é justaposta à frase "dera mandamento aos apóstolos". Se Lucas pretendia modificar a frase, "quem ele tinha escolhido", por que ele a coloca antes do relativo οὕς e fora da cláusula relativa? Não se pode entender que Lucas a colocou à frente para a ênfase, uma vez que está completamentfora da cláusula relativa e • Cf. Bruce. *Acts*, p. 29 • Rackham (*Acts*, 4) diz que o mandamento "dado pelo Espírito Santo [...] é outra nota-chave dos Atos" • Marshall. *Acts*, p. 57 e Haenchen. *Acts*, p. 139 • Lake e Cadbury afirmam que a passagem é obscura (*Beginnings of chistianity: Acts*, p. 3).

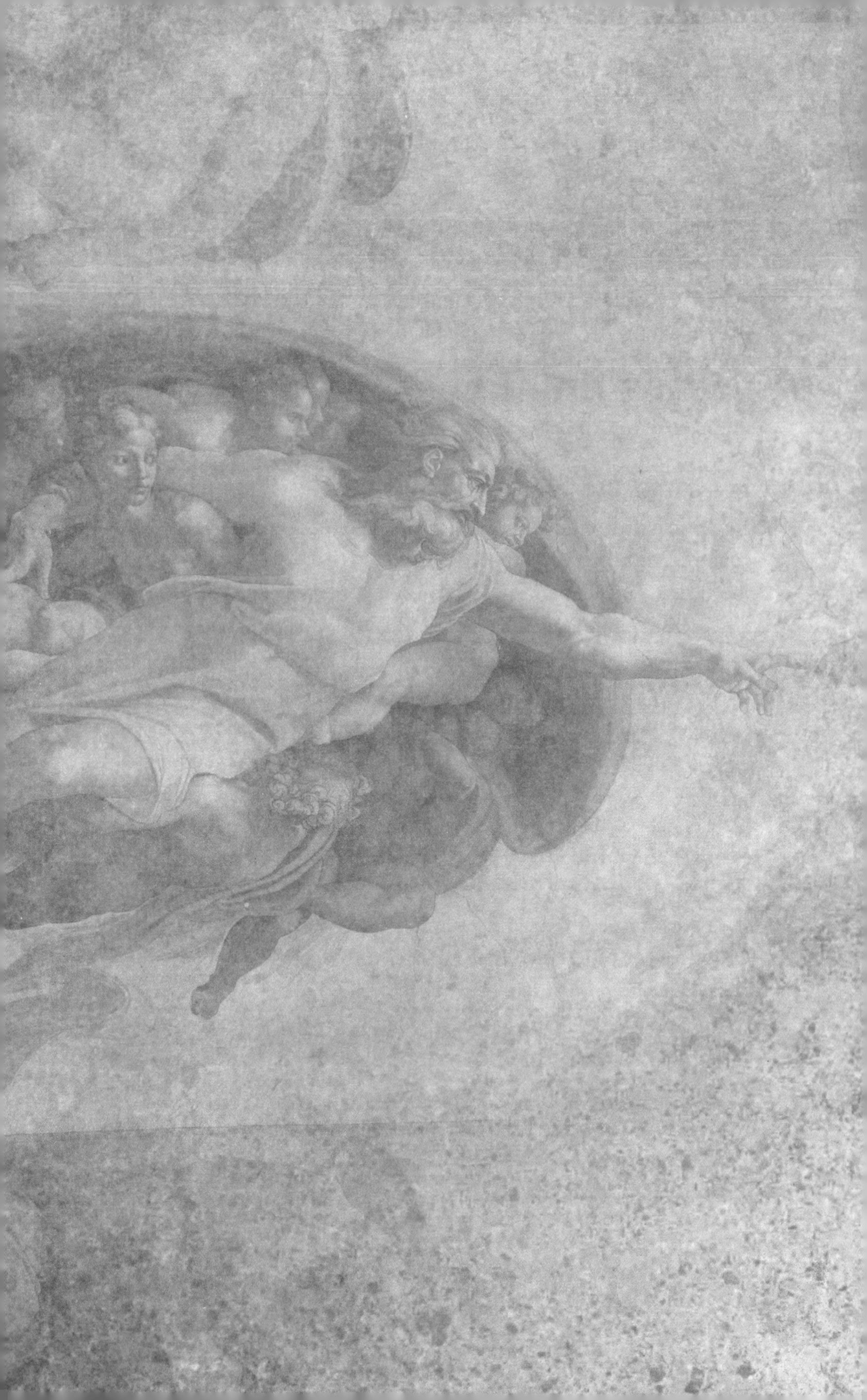

CAPÍTULO 12

"CHEIOS COM O ESPÍRITO SANTO"...
PARA ANUNCIAR A PALAVRA COM OUSADIA

Em todo o seu Evangelho e em Atos, o interesse predominante de Lucas no Espírito Santo está no poder para o testemunho. Sob o poder do Espírito Santo, os crentes eram "poderosos em palavras e obras", exatamente como Jesus (Lc 24.19). Lucas também liga o Espírito Santo a milagres que se manifestam no Reino de Deus, começando com a concepção miraculosa de Jesus em Lucas 1.35 e continuando com sinais e maravilhas em todo o seu Evangelho e Atos. Este tema, é claro, não é uma criação lucana, pois o AT contém muitas referências ao Espírito Santo e aos milagres. Além disso, esta associação pode muito bem ser a visão mais antiga do Espírito Santo no AT.[242] Não é de surpreender que Lucas apresente Jesus como o operador de maravilhas, o novo Elias. De fato, tanto Jesus como seus discípulos realizam maravilhas através do poder do Espírito Santo.

O Espírito Santo também inspira oração, louvor e alegria. A oração inspirada frequentemente ocorre em Lucas-Atos antes de eventos importantes. O louvor e a alegria dirigidos pelo Espírito também se encaixam bem na ênfase de Lucas na celebração. No entanto, antes

---

[242] Montague. *Holy Spirit*, pp. 11-15.

de tudo, o Espírito Santo inspirou o testemunho a ser realizado no ministério de Jesus e da igreja.

Outro aspecto importante da Pneumatologia de Lucas é que ele vê as experiências de Jesus com o Espírito Santo como arquetípicas para os crentes. Jesus, como suas testemunhas nas narrativas da infância (Lc 1-2) e seus discípulos subsequentes, confiou na plenitude do Espírito para realizar seu ministério. Embora sua experiência com o Espírito Santo fosse exclusiva em sua concepção (Lc 1.35), boa parte dela espelhou a dos discípulos: Jesus foi guiado pelo Espírito (4.1) e capacitado pelo Espírito para fazer maravilhas (Lc 4.14, 18 e At 10.38), orar e louvar (Lc 10.21) e falar (Lc 4.1, 14, 18 e At 1.2). Lucas descreve Jesus nos mesmos termos pneumatológicos de outros que ministram pelo poder do Espírito. O Espírito Santo que deu poder a Jesus é o mesmo que ele derramou sobre seus discípulos (At 2.33).

Lucas sublinha o papel do Espírito Santo no testemunho de várias maneiras. Através da redação de estudos críticos temos sido capazes de identificá-los. Primeiro, Lucas muitas vezes sobrepõe suas observações distintivas sobre o material do Evangelho na forma de frases favoritas e vocabulário único. Em segundo lugar, ele muitas vezes ajusta a inserção do material sinótico para dar ênfase à fala inspirada. Terceiro, ele complementa Marcos e a Fonte Q das tradições do Evangelho com vastas áreas de material L (material exclusivamente lucano, que compreende um terço do Evangelho de Lucas) para apoiar sua agenda teológica exclusiva. Finalmente, em Atos, quando não precisa mais aderir às suas fontes sinóticas, Lucas frequentemente apresenta o Espírito Santo como o criador do testemunho inspirado.

As mensagens exclusivas das pneumatologias de Lucas, Paulo e João

Lucas tem uma agenda distinta para sua discussão do Espírito Santo, e essa agenda deve ser respeitada por direito próprio. O mesmo vale para as pneumatologias de Paulo e João. Embora em alguns pontos essas pneumatologias tenham temas semelhantes, elas não podem ser misturadas indiscriminadamente – este erro em específico foi o que causou tanta confusão em questões relativas ao Espírito Santo. A Pneumatologia de Paulo é muito ampla no escopo, cobrindo muitas áreas. Na passagem crucial de Romanos 8, o tema dominante da Pneumatologia de Paulo é a ontologia (que, como já discutimos, é o estudo do papel do Espírito Santo em nosso ser cristão), embora ela também observe a relação entre o Espírito e a oração (8.26). Contudo, mesmo a referência ao Espírito e à oração está ligada ao Espírito Santo "testemunhando" a filiação do cristão (8.15, 16, 23). Aqui, as referências de Paulo ao Espírito Santo esclarecem quem são os crentes em Cristo e o que compreende o estilo de vida cristão: "Se alguém não tem o Espírito de Cristo, esse tal não é dele" (8.9).

Presumir, então, que as referências a "receber o Espírito", ser "batizado no Espírito Santo" ou "cheio do Espírito Santo" em Lucas-Atos são indicadoras de conversão ou ontologia é perder a mensagem exclusiva da Pneumatologia de Lucas, e resulta na tentativa de forçar sua mensagem a respeito do Espírito Santo para que se encaixe no molde paulino.[243] Isso não quer dizer que a Pneumatologia de Lucas não diz nada do estilo de vida cristão ou da ontologia, mas, como demonstramos, ratifica seu interesse dominante pelo Espírito Santo no que tange ao testemunho cristão e à capacitação para a missão. Além disso, não

---

243 E.g., F. D. Bruner pergunta: "Como, então, alguém pode ser cheio do Espírito Santo? Posso parafrasear a resposta de Paulo à pergunta semelhante do carcereiro de Filipos sobre a salvação e dar a resposta correta: 'Crê no Senhor Jesus Cristo, e serás cheio do Espírito Santo, tu e a tua casa' (At 16.31)" • Cf. F. D. Bruner e W. Hordern. *The Holy Spirit – shy menber of the trinity*. Minneapolis: Augsburg, 1984, p. 20 • Perceba que Lucas não disse "cheio do Espírito Santo", mas "ser salvo", em 16.31. Lucas usa "cheio" para significar principalmente a capacitação para a missão, e não a conversão; portanto, ele não usou o termo em Atos 16.31. Esta imposição de "cheio do Espírito Santo" no texto de Atos não respeita a integridade redacional dos Atos de Lucas. Parece ser uma tentativa de sobrepor o significado paulino sobre a Pneumatologia e a soteriologia de Lucas.

devemos forçar Lucas a dizer mais do que ele deseja. Não devemos ler nossas próprias ideias no texto. O contexto exclusivo de cada escritor do NT deve ser reverenciado.

O contexto exclusivo de Lucas-Atos é violado quando se afirma que os crentes em Lucas e Atos não são cristãos no sentido pleno até que sejam cheios com o Espírito Santo. Pode-se facilmente usar a teologia de Paulo para argumentar que Lucas presumiu que os discípulos do Pentecostes eram crentes no sentido pleno *antes* de serem capacitados pelo Espírito Santo. Paulo diz: "Se com a tua boca confessares ao Senhor Jesus, e em teu coração creres que Deus o ressuscitou dentre os mortos, serás salvo" (Rm 10.9). À luz disso, parece incrível que os discípulos que viram Jesus crucificado, morto, sepultado, ressuscitado e ascendido ao céu, que ouviram o Jesus ressurreto expor as Escrituras a respeito de si mesmo, que receberam sua comissão divina e, de acordo com o Evangelho de João, confessaram-no como Senhor (Jo 20.28) ainda assim não sejam considerados cristãos porque não tinham recebido o Espírito Santo no Pentecostes! Não é necessário trazer Paulo ou João à discussão para ver que Lucas não tem em mente que a experiência do Pentecostes significasse a conversão, mas sim que afetasse a capacitação. "Cheio com o Espírito Santo" ou "cheio do Espírito Santo" não indica a conversão em Lucas e Atos tanto quanto indica capacitação para a missão. Do mesmo modo, as experiências de estar cheio do Espírito de Jesus e suas testemunhas no nascimento demonstram que aquelas personagens não estão sendo convertidas tanto como sendo empoderadas para ministrar e testemunhar.

Também é incorreto supor que o conceito de plenitude do Espírito Santo de Lucas contenha a chave para a Pneumatologia de Paulo, como alguns acreditam. Os pentecostais clássicos geralmente presumem que o falar em línguas sempre acompanha a recepção do Espírito ou o enchimento do Espírito Santo, uma suposição feita com base nos relatos das línguas que acompanham a recepção do Espírito Santo em Atos. Alguns pentecostais mais radicais argumentam que, se as línguas sempre acompanham a recepção do Espírito, então a declaração de Paulo de que somente aqueles que têm o Espírito pertencem a Cristo (Rm 8.9) significaria que apenas pessoas que experimentaram glossolalia foram convertidas. Obviamente, esta não é a intenção de Paulo ou de Lucas. É claro que o contra-argumento consiste em que os cristãos que não experimentaram as línguas têm o Espírito Santo, mas não a ponto de serem cheios ou batizados no Espírito Santo. Mas tal distinção já foi feita por Lucas ou Paulo, ou por qualquer outro escritor do NT para essa matéria. Paulo lista muitas evidências da presença do Espírito Santo em suas cartas (e.g., Gl 5.22-23). Lucas menciona as línguas em relação à plenitude do Espírito e à recepção do Espírito, mas não o faz consistentemente; assim mesmo, a posição pentecostal clássica das línguas sempre como evidência "inicial" do enchimento do espírito é posta em questão. Muitas vezes, a plenitude e as atividades do Espírito em Lucas resultam em testemunho inspirado na língua nativa tanto dos falantes como dos ouvintes.

Lucas não define a relação de conversão e o Espírito Santo tão claramente como Paulo faz. Sua atenção se volta geralmente à relação do Espírito Santo com o testemunho, um assunto sobre o qual ele é muito mais claro. Não devemos ir muito além do que Lucas diz em nosso esforço para interpretá-lo. Onde está claro, podemos ser enfáticos. Onde ele não é claro ou silencia, devemos dizer "amém" ao seu interesse exclusivo e ao seu silêncio.

Também são precárias as tentativas de interpretar a recepção pré-pentecostal do Espírito Santo na sala superior do Evangelho de João como conversão. "Assoprou sobre eles, e disse-lhes: Recebei o Espírito Santo" (20.22). Muitas vezes, uma tentativa é feita aqui para interpretar João através de Paulo, pois alguns presumem que este é o momento em que os discípulos se tornaram cristãos. Contudo, o contexto não indica que a conversão resultou da recepção do Espírito Santo; em vez disso, o Espírito foi dado para capacitá-los para a missão. No versículo que precede imediatamente, Jesus disse: "Paz seja convosco; assim como o

Pai me enviou, eu também vos envio a vós" (20.21). O versículo seguinte explica a natureza da comissão que o Espírito irênico subscreve: "Aqueles a quem perdoardes os pecados lhes são perdoados, e aqueles a quem os retiverdes lhes são retidos" (20.23). Aqui, a obra do Espírito não é converter os discípulos, mas capacitá-los; presumivelmente proclamar o perdão de Deus ao arrependido e abster-se de aprovar o insincero.[244] Claramente, os principais sistemas pneumatológicos no NT não se destinam a ser indiscriminadamente intercambiáveis.

Ramificações e aplicações

Aplicações para os acadêmicos

Este estudo demonstra a validade de grande parte do Método Crítico de Redação. Quando aplicado corretamente, o método respeita os Evangelhos como testemunhos válidos de Jesus e da Igreja Primitiva, e não apenas como obras de teólogos rebeldes que sobrepõem temas diferentes nos registros das primeiras comunidades cristãs. Ao mesmo tempo, também respeita o testemunho único de cada escritor ao usar um método menos subjetivo e mais científico do que a escola de crítica de prática mais antiga. Em contraste com a Crítica da Forma, a Crítica da Redação retrata em relevo as agendas distintivas dos escritores canônicos. Controles como preferência de vocabulário, arranjo e ajuste de fontes do Evangelho, inclusão de material "novo" nas fontes anteriores e anulação de material em fontes impedem o intérprete de voos exegéticos fantasiosamente estendidos. Estes também fornecem uma responsabilidade mensurável tanto para a intenção dos escritores quanto para o Espírito que os motivou a apanhar a pena para escrever. A Crítica da Redação salvou o NT da tendência de homogeneizar

---

[244] Note que Tomé estava ausente quando o Espírito Santo foi infusionado por Jesus em João 20.19-23, mas depois reconheceu Jesus como Senhor (Jo 20.24-29), embora Jesus não tivesse soprado o Espírito sobre ele. Obviamente, João não intenciona que a passagem do Espírito nos vv. 19-23 afete a conversão.

indiscriminadamente suas mensagens exclusivas e diversas. Muitas mensagens importantes são perdidas quando confundidas em uma só, resultando em mais ruído do que entendimento. A unidade não pode ser alcançada em detrimento da diversidade. Tanto a unidade como a diversidade caracterizam o NT e são marcas da visão cristã da inspiração. Sob a ótica da Crítica da Redação, a Pneumatologia de Lucas pode ser vista pelo que ela é, para além dos pressupostos do que deveria ser à luz de Paulo. Para Lucas, a função dominante do Espírito é a capacitação para a missão, especialmente em relação ao testemunho efetivo. Tanto Lucas como Paulo não estão elaborando algo novo quando enfatizam papéis diferentes do Espírito Santo, pois, mesmo os escritores do AT, com quem eles estão endividados, enfatizam o papel do Espírito Santo na regeneração e no poder de testemunhar (e.g., Nm 11.17, 25-26, 29; 1Sm 10.1-6; Is 44.3; 61.1-2; Ez 11.19-20; 18.31; 37.1-14).[245]

Este estudo também demonstrou que, quando se trata de Pneumatologia, Lucas ignorou as chamadas "três épocas" que supostamente sobrepôs à tradição sinótica sem maiores explicações. Os discípulos pós-pentecostais, o nascituro João, as outras testemunhas das narrativas da infância e o próprio Jesus testemunham capacitados pelo Espírito Santo. Além disso, Lucas usa os mesmos termos para descrever experiências de testemunho no poder do Espírito Santo em cada época. Ele ofusca as distinções entre quaisquer épocas que possam existir na tradição sinótica. Isso põe em questão a sugestão de Conzelmann de que Lucas seja responsável por sua criação. Não é de surpreender que ele não mantenha puras as divisões epocais na história da salvação quando alude a possíveis ligações entre o Espírito Santo e a conversão. Lucas está

---

245 Os escritores do Antigo Testamento não pretendem dizer que a obra da graça e da transformação do Espírito Santo ocorreria somente em uma era posterior sob uma aliança completamente diferente. A salvação veio na antiga era como acontece na nova era: pela graça e poder de Deus. As referências do AT ao Espírito e à conversão não exigem tanto uma experiência nova com Deus quanto exigem uma restauração da graciosa relação do povo de Deus com Deus. Mesmo a lei pressupunha a graça de Deus e seu Espírito.

principalmente interessado em como o testemunho inspirado ocorre em *qualquer* era. Assim, para Lucas, o Pentecostes é primariamente um evento capacitador: qualquer diferença entre a experiência das pessoas com o Espírito antes e depois do Pentecostes é basicamente quantitativa, não qualitativa (At 2.17-18).

Implicações para os diversos grupos na Igreja

Não Pentecostais/Não Carismáticos: Para os não pentecostais/não carismáticos, a mensagem de Lucas é a de que ele espera ocorrerem empoderamentos especiais de poder após a conversão. O testemunho inspirado, com ou sem glossolalia, parece ser um padrão repetitivo na história da salvação; portanto, é preciso estar aberto e receptivo a tais ocorrências na igreja. Argumentar que o material "didático" em Paulo deve ser preferível como normativo sobre os relatos da Igreja Primitiva em Atos ignora a natureza da história da salvação. É verdade que não se pode esperar que todo acontecimento sobrenatural do passado seja repetido sob demanda; contudo, rejeitar a possibilidade e a inevitabilidade de que os acontecimentos sejam repetidos com regularidade na história da salvação nega a própria natureza da revelação cristã. Sem essa repetição paralela, os acontecimentos históricos não podem ser chamados "salvíficos", com uma bem orquestrada *inteligência salvadora*. Além disso, a profecia e a tipologia cristãs também seriam questionadas. (Note que a doutrina dos gentios como candidatos ao Reino de Deus foi baseada em precedentes históricos em At 10-11.) A história da salvação e os eventos que ela relaciona não são um mero adendo à mensagem sistematizada da igreja, mas a mensagem em si.

Persistir na compreensão da Pneumatologia lucana principalmente em termos de conversão leva à perda da questão principal que ele aborda em Lucas-Atos: Como ocorre o testemunho efetivo? As tentativas de harmonizar completamente o material de Paulo e de Lucas sobre o

Espírito Santo sem reconhecer as diferentes questões que eles levantam só confundirão e dividirão ainda mais a igreja.

Pentecostais e Carismáticos: A mensagem pentecostal ou carismática de Lucas afirma que se deve esperar ocasiões especiais de capacitação. Lucas realmente retrata a igreja como um povo capacitado pelo Espírito Santo, no entanto, afirma que as línguas *costumam* acompanhar a recepção desse Espírito – ele não diz que sempre acompanharão. Lucas está apenas perifericamente interessado nas línguas em relação à plenitude do Espírito Santo, já que para para ele, o testemunho inspirado é a questão essencial. Muitos cristãos que não experimentaram a típica manifestação carismática podem muito bem falar, como diz Lucas, "cheios do Espírito Santo".

A discussão de Lucas sobre o Espírito Santo também inclui outro potencial corretivo para os pentecostais e carismáticos. Assim como alguns cristãos minimizam o poder e a possibilidade de manifestações sobrenaturais, outros podem estar muito focados em poder. O próprio Jesus aconselhou seus discípulos, depois que os Setenta retornaram de um ministério bem-sucedido de pregação, cura e exorcismo: "Mas, não vos alegreis porque se vos sujeitem os espíritos; alegrai-vos antes por estarem os vossos nomes escritos nos céus" (Lc 10.20). Apenas Lucas preserva essa palavra de Jesus. No próximo instante, no entanto, Jesus "se alegrou no Espírito Santo" pelo poderoso avanço do Reino de Deus sobre o poder do inimigo (10.21). Por exemplo, Lucas registra o pecado de Simão, o mago que tentou comprar o poder do Espírito Santo (At 8.9-24). Ele estava buscando o poder e não a pessoa, a autoridade e não o Reino. Lucas não rejeita o poder; ele simplesmente rejeita o culto ao poder.

Lucas estabelece um equilíbrio quando descreve a resposta da comunidade cristã às ameaças do Sinédrio. Os crentes não oraram por poder para si mesmos, mas simplesmente pediram: "Agora, pois, ó Senhor [...] concede aos teus servos que falem com toda a ousadia a tua palavra. Enquanto estendes a tua mão para curar, e para que se façam sinais e prodígios pelo nome de teu santo filho Jesus" (At 4.29-30, ACF). Como resultado, "todos foram cheios do Espírito Santo, e anunciavam com ousadia a palavra de Deus" (4.31, ACF). O poder era, em última instância, de Deus. O papel da igreja era o de dar um testemunho obediente.

Sacramentalistas: Para o sacramentalista, a mensagem de Lucas afirma que a capacitação especial ocorre após a conversão, como durante a imposição das mãos na confirmação. A igreja deve ser vista como um *locus* normativo, instrumento para a recepção do Espírito. Mas a iniciação na igreja e a capacitação para ministrar podem muito bem ocorrer antes do batismo. Por exemplo, Lucas afirma que João estava cheio do Espírito Santo ainda no ventre de sua mãe, antes de qualquer batismo de arrependimento ser administrado (1.15).[246] Portanto, o batismo e a confirmação nem sempre precedem a regeneração e a capacitação. Certamente, Atos constrói um argumento para esperar um empoderamento especial após o batismo, mas o padrão não é fatiado.

Isso não é uma afirmação de que todos os não pentecostais, pentecostais, carismáticos e sacramentais não ouviram bem o que Lucas disse, mas cremos que identificamos alguns padrões que abafam a voz clara de Lucas a respeito do Espírito Santo nesses grupos. A esperança é a de que, ao reconhecer a maior ênfase da Pneumatologia de Lucas, uma melhor compreensão da diversidade do testemunho do NT sobre o Espírito Santo seja mantida, e até mesmo comemorada. Então, as divisões e mal-entendidos desnecessários cessarão, e todos os participantes no presente diálogo falarão sobre o assunto "cheios do Espírito Santo". O Espírito Santo em Lucas-Atos chama a igreja à oração, louvor, celebração, testemunho e missão. É um chamado que precisa ser ouvido com muita seriedade.

---

246 Esta passagem certamente apoiaria um caso de batismo infantil no reconhecimento da obra do Espírito Santo que potencialmente já ocorreu pré-natalmente.

APÊNDICE

JESUS, JOÃO, O ESPÍRITO E A NOVA ERA

Quando a antiga era – a antiga aliança – termina e a nova era – a nova aliança – começa? Existe um ponto ou evento que podemos identificar como de partida? Como João Batista se encaixa no quadro? Ele era parte da nova era ou da velha? E quanto a Jesus? A nova era chegou em um momento preciso de sua vida? Essas são algumas das perguntas que muitos fizeram no estudo de Lucas-Atos. Parece, no entanto, que Lucas não estava tão preocupado com esses pontos como alguns pensaram. Sua preocupação não consiste tanto em distinguir quando a antiga era terminou e quando a nova era começou, mas em retratar a nova era como a era do Espírito. Seu maior interesse é mostrar que o Espírito que encheu João e capacitou Jesus também encheu e capacitou seus discípulos.

A descida da pomba: o começo da nova era

Dunn diz que é incorreto identificar a experiência de Jesus com a dos crentes, uma vez que a experiência de Jesus no Jordão tem significado primário como um "ponto crucial" na história da salvação, e não como uma capacitação divina. Para Dunn, a experiência de Jesus no Jordão[247]

---

[247] Dunn evita referir-se ao evento como o "batismo de Jesus", uma vez que quer evitar uma relação causal entre o batismo de água de Jesus e a descida do Espírito Santo (*Baptism*,

é "o começo, ainda que em sentido restrito, do tempo do fim, da era messiânica, da nova aliança".[248] Dunn considera que é um ponto de articulação sobre o qual "toda a história da salvação gira em torno de um novo rumo",[249] o início da nova aliança. Portanto, de acordo com Dunn, Lucas considera João uma parte definitiva da antiga época da Lei e dos profetas. Dunn cita Lucas 16.16 e Atos 10.37 como prova do papel exclusivo de João na era anterior. Em razão disso, ele diz: "Lucas relata o fim do ministério de João Batista antes de se voltar para o encontro com Jesus".[250] Em consequência, o autor não acha surpreendente que a pregação de João fosse futurista e que a pregação de Jesus contivesse um tom de escatologia realizada. A obra de João relacionava-se com a antiga era, portanto, a era do "espírito e poder de Elias" (Lc 1.17). As obras pós-pentecostais eram do "Espírito de Jesus" (At 16.7).[251] Segue-se, então, que "os dois primeiros capítulos são inteiramente veterotesmetários em caráter e até mesmo em pensamento e fraseologia: o ritual e a piedade do AT são proeminentes por toda parte e o Espírito é preeminentemente o Espírito de profecia".[252]

A pergunta surge: Dunn está certo? Essa é a compreensão de Lucas sobre a experiência de Jesus no Jordão? Lucas entende que a unção de Jesus é o ponto crucial da história da salvação? Dunn está resumindo a evidência dos Evangelhos para abordar questões contemporâneas da Pneumatologia, mas ele, como Conzelmann, depende de passagens de Lucas para declarar João como parte da antiga era e Jesus, ungido pelo Espírito, parte da nova era. É verdade que Lucas reconhece pontos elevados na continuidade da história da salvação, mas é impossível

---

pp. 32-33). Com a possível exceção de Mateus, os Evangelhos deixam claro que o batismo de Jesus por João não é o principal interesse; assim, o batismo não pode ser visto como o termo para expressar o significado completo dos atos divinos no Jordão.
248 Ibid., p. 24.
249 Idem
250 Ibid., p. 25.
251 Ibid., p. 26.
252 Ibid., pp. 31-32.

dizer definitivamente quando no relato lucano uma era tem início e a outra termina. Elas muitas vezes se sobrepõem e se misturam. É por isso que a unção de Jesus com o Espírito Santo no Jordão não pode ser considerada o ponto definitivo para a inauguração da nova era.

Dunn chama isso de "a nova aliança".[253] O uso desta frase demonstra a ambiguidade do término e do início da antiga e da nova era. Seguramente, o estabelecimento da nova aliança deve estar mais próximo da Ceia do Senhor, da paixão, da ressurreição e da ascensão. Foi somente quando Jesus viveu esse "batismo" (Lc 12.50) que a aliança foi estabelecida. A ascensão também desempenhou um papel-chave em trazer o *eschaton*, pois, como resultado disso, Jesus derramou o Espírito Santo (At 2.33), o que ocorreria nos últimos dias (At 2.17). Surpreendentemente, Lucas não menciona a crucificação em 9.51: "[...] Completando-se os dias para sua assunção, manifestou o firme propósito de ir a Jerusalém".

Lucas não identifica claramente o dia que inaugurou a nova era; em vez disso, ele se esforça para continuar o relato da história da salvação, registrando a vinda de Jesus e o derramamento de seu Espírito. Dunn observa que os acontecimentos do Jordão só iniciaram o *eschaton* "em um sentido restrito".[254] Contudo, mesmo que a iniciação da nova aliança tivesse apenas sentido restrito, isso significaria que não há paralelos entre a capacitação de Jesus no Jordão e a capacitação de seus discípulos?

João: nova ou antiga era?

É verdade que João deve, em certo sentido, ser considerado parte da antiga era, de acordo com Lucas 16.16 e Atos 10.37, como observa Dunn. A passagem de Atos não se refere necessariamente a duas eras mutuamente exclusivas ao usar a frase em referência a João Batista:

---

253 Ibid., p. 25.
254 Ibid., p. 24.

"Depois do batismo que João prega". Conzelmann vê uma conexão entre o *archestai* ("início") de 10.37 e *archeō* ("início") em Marcos, e conclui que Lucas está ciente da tradição de que as boas novas de Jesus começaram com João como precursor.[255] O material que Lucas usou em 10.37, de acordo com Conzelmann, não dissocia completamente João da era de Jesus.

> Na tradição pré-lucana, João é entendido do ponto de vista do amanhecer da nova era escatológica. Ele é mais do que um profeta, ele é o precursor, ele é Elias. Aqui, Marcos e Mateus usam tradições que Lucas mesmo preservou para nós, por isso, é ainda mais surpreendente que os próprios pronunciamentos de Lucas apontam em outra direção. Na tradição, João Batista está na linha divisória entre a antiga e a nova época. Ele não só anuncia o iminente Reino de Deus, mas é ele mesmo um sinal de sua chegada [...]. Isso está implícito na posição que Marcos lhe dá na abertura do Evangelho.[256]

Conzelmann sugere que Lucas ajustou a tradição para que João pertencesse à primeira das duas épocas. "João não marca mais a chegada do novo *éon* (milênio), mas a divisão entre duas épocas na história contínua, como descrito em Lucas 16.16.[257] Mesmo assim, Conzelmann, acreditando que Lucas vê João como exclusivamente parte da antiga época, suspeita que Atos 10.37 não reflete esse sentimento, e reconhece que a pregação de arrependimento de João incluiu a nova época.[258]

Lucas 16.16 parece, à primeira vista, associar João com a época antiga (esp. à luz de 7.28), mas ainda está sob análise a interpretação

---

255 Conzelmann. *Theology*, p. 22.
256 Idem
257 Ibid., pp. 22-23.
258 Ibid., p. 23.

de esta ser uma associação mutuamente exclusiva. "A lei e os profetas iriam até João, desde então é anunciado o Reino de Deus, e todo o homem emprega força para entrar nele". "Até" (*mechri*) não inclui necessariamente João na antiga era sem acesso à outra; nem deve expressar o sentido de uma transição não estendida, como o seu uso em Mateus 13.30 da palavra "colheita" (¹א, C, W, Θ) demonstraria.

Nos dois casos restantes de *mechri* em Lucas e Atos, a palavra não é usada para separar dois eventos. Ambos ocorrem em passagens que descrevem o tempo para eventos como sobreposição (At 10.30 e At 20.7ss.). "Desde então" (*apo tote*) não exclui João da nova era. Os usos de ἀπὸ nem sempre são ablativos, denotando separação.[259] Novamente, a transição não deve ser sempre vista como pontilhada. No que diz respeito ao uso de *tote*, BDF percebe:

> O uso de *tote* como uma partícula conectiva para introduzir um evento subsequente, mas não um *acontecendo* em um tempo definido ("sobre isso", não "naquele momento") é não clássico; é particularmente característico de Mateus, mas também é encontrado em Lucas (esp. Atos).[260]

Blass e Debrunner continuam imediatamente observando que *apo tote* é uma das várias "fórmulas do equivalente circunstancial". Eles veem a introdução de um "evento subsequente", mas a questão do tempo não está claramente definida.[261] Portanto, o significado do versículo não exclui João da atividade na nova era. O "evento subsequente" poderia ser visto como um resultado do anterior. Talvez, se Lucas intencionasse excluir João da nova era, teria usado a combinação de *apo-mechri*, que desencadearia uma era como uma unidade separada

---

259 BAGD, pp. 86-87.
260 BDF 459, 2, p. 240.
261 BDF 459, 3, p. 240.

(At 10.30; Rm 5.14).²⁶² Jeremias identifica elementos em 16.16 como de caráter tradicional e *apo tote* é identificado como tradicional também.²⁶³ Ele considera que o significado de *apo tote* é "mais tarde" ou "depois" (*darauf*), aparentemente baseando isso em sua opinião sobre o significado do contexto,²⁶⁴ podendo, inclusive, ser influenciado pela versão de Mateus. Talvez τότε aqui também deva levar o significado mais clássico que Jeremias identifica para os 35 usos remanescentes dele em Lucas-Atos.²⁶⁵ "Assim, naqueles dias, naquela época". Lucas pode ter acrescentado *tote* à *apo* que ele encontrou na Fonte Q (Mt 11.12).

A identificação do verso 16.16 como tradicional levanta várias possibilidades. Em primeiro lugar, a intenção da passagem pode muito bem ser da fonte de Lucas, e não sua própria. Se esse significado tradicional excluísse João da nova era, esta não seria a primeira vez que Lucas apresentava uma cronologia tradicional que ele modificou em outro lugar. Segundo, se ele estava ciente da versão em Mateus, então ele criou ou substituiu outra versão. (Claro que duas versões diferentes da Fonte Q poderiam ter existido, e Lucas poderia estar familiarizado com apenas uma.) A leitura de Mateus indicaria que João fazia parte da era antiga. Se Lucas estava ciente disso e entendeu como tal, então ele pode ter optado por sua versão, pois, nela, João poderia ser visto como parte da nova era. É verdade que todas essas possibilidades são bastante especulativas, tanto para Mateus quanto para Lucas, mas Lucas poderia ter intencionado que a passagem significasse que João iniciou a pregação das boas novas e que o significado seria semelhante ao paralelo de Mateus, como entendido pela BAGD – todos os profetas e a Lei foram "até o tempo de João [*eōs Iōannou*]".²⁶⁶ Isso estaria de acordo com as associações de João com as boas novas e a salvação em 1.77 e 3.18

---

262 BAGD, p. 86.
263 Jeremias. *Die Sprache*, p. 259.
264 Idem.
265 Idem.
266 BAGD, p. 335.

(Conzelmann sustenta que, contextualmente, *euangelizesthai* significa "pregação" nesses versículos).²⁶⁷ Portanto, é difícil compartimentar Jesus e João em duas eras com base em Lucas 16.16 e presumir que a unção de Jesus foi a inauguração da nova era, ou que o discurso na sinagoga de Nazaré era o novo começo. A atividade de João e de Jesus em outra parte de Lucas torna essa interpretação improvável.

Outros elementos no contexto imediato também mitigam contra isso. No paralelo de Mateus, a referência aos profetas e à Lei profetizando até João (Mt 11.13) está ligada à promessa de que, embora nenhum nascido de mulheres fosse maior do que João Batista, o menor no Reino era maior do que ele (Mt 11.11). Lucas separa esses dois: o primeiro ele coloca em 16.16 e, o último, em 7.28. O relato de Lucas sobre este último observa que "nenhum dos nascidos de mulheres é maior do que João, mas o menor no Reino de Deus é maior do que ele" (minha trad.). Seu relato do dito é axiomático por meio do uso do presente, portanto, esse fato não seria alterado no futuro. Ambas as declarações coexistem. Mateus, no entanto, observa que nenhum ainda havia nascido de uma mulher (*ouk egēgertai en gennētois gynaikōn*, note o tempo perfeito) que fosse maior do que João (11.11). Mateus parece ter temporariamente separado João da era do Reino mais do que Lucas supostamente fez. Isso é confirmado pela ligação contextual de Mateus entre este dito e a notação do fim da era dos profetas, com João (11.13ss.). Lucas usa a versão de que João era maior, mas o Reino de Deus seria ainda maior para identificar os crentes penitentes a ele (Lc 7.28). Mateus a usa para fazer uma observação sobre as eras.

Isso evidentemente desafia a sugestão de Conzelmann de que Mateus e Marcos veem João como o início do Evangelho e, portanto, como menos de uma era separada, com Lucas sobrepondo as eras às tradições. A tendência de falar de épocas separadas para João e para o Reino em Mateus 11.13 tem equivalentes no paralelismo antitético

---

267 Conzelmann. *Theology*, p. 23.

do batismo com água e dos ensinamentos de batismo do Espírito de João (Mt 3.11; Mc 1.8). Mateus aparentemente também vê duas épocas, uma para o arauto e uma para Jesus, que salvaria Israel de seus pecados (1.21), pois, em seu relato do ministério de João, ele omite a referência ao perdão dos pecados (Mt 3.2; Mc 1.4 e Lc 3.3). Esses exemplos implicam distinções de épocas entre João e Jesus. Implícita no relato das perguntas de João a Jesus na Fonte Q está uma divisão temporal entre João e Jesus. Os emissários de João perguntam: "És tu aquele que havia de vir, ou esperamos outro?" (Mt 11.3). Ao registrar isso, Mateus preserva uma afirmação contraditória à ideia de que João é a iniciação do *eschaton*. Aqui, o precursor, como o iniciador da nova era, é minimizado, e Jesus é considerado o que havia de vir. (Se esta ambivalência está presente nas fontes de Lucas, pode-se ver como ele é forçado a concluir que João e Jesus compartilharam o ofício do Novo Elias.) A confissão petrina, comum à tradição sinótica, agrupa João com os profetas da antiga era e distingue Jesus de todos eles. Assim, não é tão fácil sustentar que Marcos e Q colocam João "na linha divisória entre a antiga e a nova época".[268] De fato, uma tensão dinâmica deve ser mantida até certo ponto em todos os Evangelhos. Talvez seja justo dizer que a Fonte Q tende a colocar João em uma época separada mais do que Marcos faz.[269] No entanto, ainda que Marcos identifique o início do Evangelho com João, ele mantém uma distinção temporal entre a predição de João e o cumprimento de Jesus desta predição em sua pregação (Mc 1.15).

Lucas também preserva material que atenuaria o conceito de João como a divisão entre as duas épocas. Conzelmann está confortável com a presença da suposta cronologia da tradição antiga, já que ele sustenta que as omissões e as adições de Lucas revelam seu verdadeiro

---

268 Ibid., p. 22.
269 Se Marcos está inclinado a enfatizar a continuidade de João na nova época, e se a Fonte Q destaca a distinção das eras de João e Jesus, então Lucas pode ser visto como seu mediador, criando uma mistura de ambos.

motivo.²⁷⁰ Mas surge a pergunta: Por que Lucas muitas vezes permite que este material permaneça não editado? Lucas reconhece o batismo de João como aceitável para significar o perdão do pecado (3.3). Ele basicamente incorpora o batismo de João em seus relatos da pregação da Igreja Primitiva,²⁷¹ e se sente livre para sobrepor estruturas cristãs nas tradições batistas (cf. capítulo 3 deste livro). Isso dificilmente pode ser a atividade redacional de um escritor que vê as obras de Jesus e João em duas épocas diferentes. Jesus continuou a pregação de arrependimento de João, como observa Conzelmann. Mas é perder o ponto dizer que "é somente através da proclamação do Reino que a pregação de João, assim como somente através do Espírito que o batismo de João é elevado a um nível apropriado para a nova época".²⁷² Ele presume que a negação de João quanto a ser o Messias o exclui da nova era.²⁷³ Somente desautorizando a narrativa da infância como genuinamente lucana Conzelmann pode divorciar João e sua obra da nova era. Lucas vê a vinda de João como o início da era das boas novas da salvação (At 10.37; 1.22; Lc 1.77-78; 3.18) Se Dunn está certo de que os Evangelhos geralmente consideram a pregação de João como futurista, então é mais surpreendente que Lucas registre as definições práticas de João para o arrependimento no sermão exemplar do capítulo 3.

---

270 Conzelmann. *Theology*, p. 22.
271 Pode-se argumentar que o Pentecostes de efésios de Atos 19 registrou a rejeição de Paulo ao batismo de João, mas este não é o caso. Paulo tornou disponível para os efésios o batismo do Espírito de Jesus, que complementava a experiência batista deles. O rebatismo não era com vistas ao arrependimento para o perdão dos pecados, mas para reconhecer Jesus como o batizador no Espírito Santo. Se Lucas intencionasse o contrário, contradiria a fórmula iniciatória pedrina de Atos 2, que já havia sobreposto as tradições do batismo de Lucas 3. No Pentecostes samaritano (At 8), o batismo de João foi provavelmente assumido no batismo em nome de Jesus. Note-se que o batismo não foi apresentado em termos de arrependimento, mas como um reconhecimento de Jesus como o Cristo, com base nos atos miraculosos realizados por Filipe.
272 Conzelmann. *Theology*, p. 23.
273 Idem.

Além disso, a iniciação da nova aliança torna-se menos de um ponto no tempo e mais de uma era em si mesma, com parâmetros mal definidos, quando a atividade do Espírito Santo, a marca da nova era, é vista de modo prevalente na narrativa da infância. É inadequado relegar o enchimento de João com o Espírito Santo no ventre de sua mãe (1.15) e suas subsequentes declarações inspiradas no capítulo 3 ao "espírito de Elias" e concluir que João e os outros oradores proféticos em Lucas 1 e 2 estavam operando como profetas do AT.[274] Em primeiro lugar, o papel de Elias é compartilhado por João *e* Jesus na estimativa de Lucas, como observamos anteriormente. Essa partilha não pode ser vista como a tentativa de Lucas de ver Jesus como o cumprimento do arauto e precursor escatológico pertencente ao ofício de Elias. Não é um caso de usurpação do papel de João, mas uma associação dos aspectos miraculosos do ministério de Elias com Jesus.[275]

Não se pode ignorar que João estava cheio do Espírito Santo e, portanto, falou com autoridade em seu ministério, assim como Jesus e seus discípulos. Os outros falantes inspirados e testemunhas na narrativa da infância não poderiam ter falado no ofício de Elias. Eles também devem ser vistos falando, como Lucas observa em seu comentário, cheios do Espírito Santo ou quando o Espírito Santo veio sobre eles. Não é suficiente relegar a fala de João, Zacarias, Simeão e Isabel à era do AT.[276] As alusões do AT na narrativa da infância não exigem uma época do AT. (Mesmo a chamada época da igreja começou com referências ao AT.) Se assim fosse, o discurso inaugural de Jesus, visto ser uma leitura da profecia de Isaías, deve ser visto em termos da antiga era. O uso de *pimplēmi* aqui é significativo, tendo em vista que esse discurso não pode ser visto como apenas profecia do AT. O selo

---

274 Dunn. *Baptism*, p. 26.
275 Talvez isso também se deva a uma analogia pneumatológica entre Elias chamando o fogo do céu para o Monte Carmelo e Jesus batizando o povo no Espírito Santo e no fogo em Pentecostes, quando derramou o Espírito Santo do céu.
276 Dunn. *Baptism*, p. 31 • Bruce. "The Holy Spirit in Acts", p. 167.

de Lucas é indelével demais para que seu uso na narrativa da infância seja divorciado do resto de Lucas-Atos. A narrativa lucana da infância é corretamente chamada de "Pequeno Pentecostes". De que outra forma se pode explicar a crescente atividade da profecia em uma época que geralmente se supõe ter terminado centenas de anos antes? A compreensão de Lucas sobre a história da salvação, como refletida nos sermões de Atos, vê o fluxo dessa história como contínuo. As obras de João, Jesus e sua igreja estavam em sua corrente principal. Lucas não considera a obra profética do Espírito Santo como parte *a priori* da época antiga.[277] A obra do Espírito Santo, tal como é apresentada nos dois volumes de Lucas, centra-se principalmente na fala inspirada. Falar é a atividade dominante do Espírito Santo no ministério de Jesus e no testemunho dos crentes. Mesmo nos relatos de curas e exorcismos, esse é o caso. Minear observa que não estamos lidando com "previsões separadas e específicas do Velho Testamento" quando olhamos para as profecias da narrativa da infância, mas "estamos lidando com uma explosão do dom da profecia, em que cada intérprete das Escrituras é ele próprio um profeta para o seu próprio dia, e para a igreja do dia de Lucas".[278] Ele expressa a compreensão abrangente de Lucas da história da salvação:

> Em Lucas, todas as figuras proféticas são servas da mesma palavra, felizes receptores da mesma promessa, ligados em uma só comunidade pelo mesmo Espírito, dando testemunhos de uma única ação divina. Os profetas individuais,

---

[277] Dunn tenta, sem êxito, eliminar as críticas de P. S. Minear às épocas de Conzelmann, nas quais Minear observa que a profecia da narrativa da infância é difícil de se divorciar de Jesus e da sua era. Minear argumenta que "o humor, a ressonância e o impulso das narrativas de nascimento são de tal ordem que desencorajam a cuidadosa atribuição de João e Jesus a épocas separadas" ("Luke's use of the birth stories", p. 123). Dunn argumenta que, na narrativa da infância, os falantes basicamente funcionam como profetas. Portanto, devem ser considerados parte da época do AT, já que o Espírito na narrativa "é preeminentemente o Espírito de profecia" (*Baptism*, pp. 31-32).

[278] Minear. "Luke's use of the birth stories" ("O uso de Lucas das histórias do nascimento"), p. 119.

que aparecem em série, têm um estreito parentesco uns com os outros, como fazem aqueles cujas línguas foram tocadas no Pentecostes. Todos falam da mesma salvação. É o cumprimento de Deus de sua promessa para a qual todos apontam. E eles fazem mais do que apontar para o fato da realização; eles ilustram a resposta comunal evocada pelo fato: fé, esperança, resistência, alegria, expectativa, exultação. Lucas não argumenta que o evento de consumação é justificado por sua correspondência com previsões específicas; ao contrário, ele se junta ao espectro completo de resposta à Boa Nova, com o ressurgimento do dom profético como um dos fenômenos da nova era.[279]

Pneumatologicamente falando, as eras são ofuscadas e se sobrepõem. Isso se deve à imposição de Lucas de sua Pneumatologia sobre as tradições que recebeu. Ele tenta manter as distinções de épocas em suas várias formas em Marcos e na Fonte Q, mas teve de abandonar as divisões em alguns pontos ou, pelo menos, ampliá-las para acomodar suas observações pneumatológicas. Para Lucas, a obra do Espírito Santo é o fio comum da história da salvação em sua totalidade. Se Lucas enfatiza uma era particular, ela só pode ser vista como a era da plenitude do Espírito Santo. Todas as outras épocas e eventos devem servir a esse objetivo da história e ser vistos como subunidades do todo. É por isso que Lucas considera necessário expressar a vinda da nova era em termos do Espírito Santo; para ele, é a Idade do Espírito. Assim, é impossível atribuir a chegada do Espírito Santo e o início da nova era a um ponto específico no tempo do Evangelho de Lucas, especialmente a unção de Jesus no Jordão. Fazê-lo é tencionar vários pontos delicados.

Por exemplo, como Dunn acredita que a unção de Jesus no Jordão foi a iniciação da nova era, ele acha necessário considerar o

---

279 Ibid., pp. 119-20.

nascimento de Jesus como parte da antiga aliança.[280] No Evangelho de Lucas, vemos o Espírito Santo em atividade, e não somente nas testemunhas de Jesus nos três primeiros capítulos, mas também no próprio nascimento de Jesus. Como sua concepção pelo Espírito Santo não pode ser considerada uma parte da nova era? Sua concepção e unção pelo Espírito Santo não só mitigam contra a Cristologia Adocionista, mas desencorajam romper o ato completo de salvação em épocas separadas e mutuamente exclusivas.[281] Separar o advento da própria encarnação da nova era parece totalmente arbitrário. A capacitação de Jesus é um começo, mas não pode ser divorciada de seu nascimento. Dunn observa:

> Há um sentido no qual Jesus é Messias e Filho de Deus desde o seu nascimento (1.35, 43, 76; 2.11, 26, 49); mas há também um sentido em que ele só se torna Messias e Filho no Jordão, uma vez que ele não se torna de fato o ungido (Messias) até então (Is 61.1-2; Lc 4.18; At 10.38), e só então a voz celestial o saudou como Filho; Assim como há um sentido em que ele não se torna Messias e Filho até sua ressurreição e ascensão (At 2.36; 13.33).[282]

Jesus é considerado o Filho de Deus tanto pelo mérito de ser concebido pelo Espírito Santo (1.35) quanto pela sua unção futura no Jordão. Também se pode argumentar que a voz divina só anunciou o

---

280 Dunn. *Baptism*, p. 31.
281 Dunn não apresenta uma Cristologia Adocionista, mas diz que esta não é a questão central. "Não é tanto que Jesus se tornou o que ele não era antes, mas que a história se tornou o que não era antes, e Jesus como aquele que efetua essas mudanças na história de dentro da história, e é ele próprio afetado por elas" (*Baptism*, 29). Jesus poderia muito bem ter sido afetado pela obra do Espírito Santo na história, e de fato foi, mas isso de modo algum exige que ele não poderia ter sido afetado pelos atos do Espírito antes de sua unção no Jordão.
282 Ibid., p. 28.

que já era um fato, a filiação e o messianismo de Jesus.[283] A unção deve ser vista então como uma subunidade da nova era, cujo início precedeu a unção em um tempo indeterminado. As observações de George Ladd sobre o fato da chegada do *eschaton*, mas ainda não tendo sido cumprido,[284] combinam bem com o esquema de Lucas. O Reino veio antes da unção de Jesus nos eventos da narrativa da infância, especialmente a encarnação. Seu cumprimento parece ter chegado gradativamente, com seu ato final a ocorrer na *Parousia*. Assim, a unção, a ressurreição e a ascensão de Jesus e o derramamento do Espírito Santo sobre os crentes, todos por direito próprio, podem ser vistos como realização escatológica.

A experiência de Jesus no Jordão deve ser considerada uma subseção da nova era, assim como seu nascimento e ascensão. Nessa estrutura, a observação de Dunn sobre os vários cumprimentos da filiação de Jesus caberia bem como ele o fez na seguinte afirmação: "Em cada nova fase da história da salvação, Jesus entra em uma nova e mais completa fase de sua messianidade e filiação".[285]

A visão abrangente de Lucas da história da salvação

A "mudança na história" não pode ser reduzida no Evangelho de Lucas a um ponto na vida de Jesus, mas ocorre em todo o evento – encarnação, sua chegada anunciada, concepção, capacitação, morte, ressurreição e ascensão. A visão abrangente de Lucas sobre a história da salvação minimiza tais divisões, como é evidente em sua apresentação da história da salvação nos discursos em Atos. Sobrepor divisões exigentes sobre a obra de Lucas é repetir o erro de Conzelmann. As divisões estão lá, mas não progridem em etapas bem definidas. Das três divisões de

---

283 Marshall. *Luke*, p. 155 • E. Lohmeyer. *Das Evangelium des Markus*. Göttingen, 1959, p. 23.
284 G. E. Ladd. *The presence of the future*. Londres: SPCK, 1974, p. 114ss.
285 Dunn. *Baptism*, p. 29.

Conzelmann (a época antiga, a época de Jesus e a época da igreja), as duas primeiras não são construção de Lucas. Ele as herdou de suas fontes, friccionando-as na cronologia segmentada posta a ele. Lucas está tão interessado na terceira época, que estrutura as outras duas em termos da vida da igreja. Assim, às vezes, se não muitas vezes, Lucas vê as épocas não como vozes separadas, mas como uma voz cada vez maior em volume. Não deveríamos ficar surpresos com o fato de as sobreposições ocorrerem em uma obra que vê o *eschaton* como realizado na comunidade, mas que também registra a aparição apocalíptica de Deus que transformará o cosmos.

Minear critica uma estrutura cronológica semelhante que Conzelmann constrói como resultado de rejeitar *a priori* o caráter lucano da narrativa da infância.[286] Ao ignorar os temas escatológicos, soteriológicos e pneumatológicos nos capítulos 1 e 2 e comuns ao resto de Lucas e Atos, Conzelmann é capaz de divorciar João Batista da nova era e fazer o início da nova era o dia – o *sēmeron* – em que Jesus leu Isaías 61.1 e o declarou cumprido em Nazaré. Em contraste, Minear corretamente observa que uma mudança decisiva na história ocorreu quando Deus honrou suas promessas e as orações de seu povo enviando o Salvador: "Esta decisão é anunciada pela mensagem de Gabriel e pelas poderosas ações do Espírito Santo. Gabriel e os anjos são os primeiros mensageiros que contam as boas novas" (Conzelmann admite o caráter de Lucas de *euangelizesthai*, mas insiste em seu conteúdo "não escatológico", pp. 23, n. 1, 40, 222-223).[287]

Isso exige que João seja visto como parte da nova era que, de alguma forma, começou antes do discurso inaugural de Jesus na sinagoga de Nazaré. Minear também aponta a correspondência tipológica entre Jesus e João que Conzelmann reconhece estar presente no material da infância.[288] Essa comparação de João não o denigre de modo algum; ao

---

286 Conzelmann. *Theology*, p. 118.
287 Minear. "Luke's use of the birth stories", p. 122.
288 Conzelmann. *Theology*, p. 24.

invés disso, confere a ele o honorável título de "profeta do Altíssimo" (1.76). A obra de ambos é vista como essencial para o cumprimento da promessa, como fundamento para a alegria da redenção.²⁸⁹ Assim, os dois não podem ser separados. Se a interpretação de Conzelmann de Lucas 16:16 é correta, então parece estranho que Lucas permita que a alta estimativa de João na narrativa da infância permaneça. Minear observa: "Em passagem após passagem, Conzelmann interpreta as omissões e adições de Lucas a Marcos como parte de uma intenção consciente, por parte do redator, de diminuir o papel de João, para que ele não mais marque 'a chegada do novo *éon*'" (pp. 22-23).²⁹⁰

Conzelmann está correto ao notar que, após a narrativa da infância, as referências explícitas a João como Elias diminuem,²⁹¹ mas, implicitamente, o ofício de precursor ainda pertence a João. Lucas não ignora este papel após a narrativa da infância. Em vez disso, ele define mais estritamente a importância de João, a fim de apresentar Jesus como aquele capacitado a realizar as maravilhosas obras do Espírito Santo e enfatizar seu papel como o batizador no Espírito – mas não para marcar o fim da era de João. Se o anúncio de Jesus de sua unção com o Espírito Santo em Nazaré é o ponto em que a nova era começa, então seria de se esperar pequena ou nenhuma associação de João Batista e dos outros personagens em 1.15–3.18 com o Espírito Santo. Mas temos exatamente o oposto: essas referências à atividade do Espírito Santo carregam o selo lucano, que é tão prevalecente no restante de Lucas-Atos.

Portanto, parece improvável haver um abismo que não pudesse ser transposto entre João e Jesus, o que dificultava a visão das experiências do testemunho pré-batismal do Senhor e as experiências da igreja

---

289 Minear. "Luke's use of the birth stories", p. 122.
290 Ibid., p. 123.
291 Note que Lucas segue Marcos e a Fonte Q citando Isaías 40, trecho entendido como uma referência a Elias em suas fontes. Além disso, em seu tributo a João no capítulo 7, ele inclui Malaquias 3.1, que seria facilmente associado a Elias. Assim, as referências diminuem, mas nem desaparecem nem contradizem as associações de João com Elias em passagens posteriores.

pós-ascensão como paralelas à unção de poder de Jesus no Jordão. Minear está correto em observar: "Certamente, toda a sequência de eventos desde a concepção de João até a chegada de Paulo em Roma pertence à órbita do testemunho de Lucas sobre as maneiras pelas quais Deus está derramando seu Espírito sobre toda a carne".[292]

Contudo, mesmo que Dunn esteja correto e a unção no Jordão tenha funcionado principalmente como iniciação de uma era, os paralelos entre a capacitação de Jesus pelo Espírito Santo e a dotação com poder dos crentes não podem ser ignorados ou minimizados. De acordo com Lucas, Jesus viu o papel terminado de seu "batismo" (i.e., sua morte, ressurreição e ascensão, 12.50) não na capacitação no Jordão, mas na ascensão. O ministério de Jesus culminou na ascensão que lhe permitiu derramar o Espírito Santo sobre seus discípulos (At 2.33).

---

292 Minear. "Luke's use of the birth stories", p. 120.

BIBLIOGRAFIA SELECIONADA

ALEXANDER, P.H. *Blasphemy Against the Holy Spirit*. Dictionary of Pentecostal and Charismatic Movements. Grand Rapids: Zondervan, 1988, pp. 87-89.

_____. *Jesus Christ and the Spirit*. Dictionary of Pentecostal and Charismatic Movements. Grand Rapids: Zondervan, 1988, pp. 488-91.

ALLEN, W.C. A *Critical and Exgetical Commentary on the Gospel According to St. Matthew*. ICC. Edinburgh: T & T Clark, 1901.

ANDERSON, H. Broadening Horizons: *The Rejection at Nazareth Pericope of Luke 4:16-30 in Light of Recent Critical Trends. Int* 18 (3, July 1964): pp. 259-75.

BACON, B.W. American Journal of Theology (1905): pp. 451-73.

BARRET, C.K. *The Holy Spirit and the Gospel Tradition*. 2 ed.; London: SPCK, 1966.

BEARE, F.W. *The Gospel According to Matthew: A Commentary*. Oxford: Blackwell, 1981.

BENGEL, J.A. *Gnomen of the New Testament*. Translated by A.R. Fausset. Edinburgh: T&T Clark, 1858.

BLACK, M. *An Aramaic Approach to the Gospels and Acts*. 3 ed.; Oxford: Clarendon Press, 1967.

BROWN, C. ed. *The New International Dictionary of New Testament Theology*. 3 vols. Grand Rapids: Zondervan, 1975-1978.

BROWN, R. E. *The Birth of the Messiah: A Commentary on the Infancy Narratives in Matthew and Luke*. Garden City: Image Books, 1977.

BRUCE, A.B. *The Expositor's Greek Testament: The Synoptic Gospels*. Vol. 1. Edited by W.R. Nicoll. London: Hodder and Stoughton, 1897.

BRUCE, F.F. The Acts of the Apostles: The Greek Text with Introduction and Commentary. Leicester: IVP, 1952.

_____. Commentary on the Book of the Acts: The English Text with Introduction, Exposition and Notes. NICNT. Grand Rapids: Eerdmans, 1954.

_____. The Holy Spirit in the Acts of the Apostles. *Int 27* (April 1973): pp. 131-204.

BRUNER. F.D. and W. Hordern. The Holy Spirit – Shy Member of the Trinity. Minneapolis: Augsburg, 1984.

BULTMANN. R. *Agalliasis*. TDNT (1964) 1:19-21.

_____. The History of the Synoptic Tradition. Translated by J. Marsh. 2 ed; Oxford: Blackwell, 1972.

BURGESS. S., and G. McGee, eds. Dictionary of Pentecostal and Charismatic Movements. Grand Rapids: Zondervan, 1988.

BURKITT, F.C. Christian Beginnings. London: London University, 1924..

CADBURY, H.J. The Making of the Luke-Acts. London: SPCK, 1961.

_____. The Style and Literary Method of Luke. HTS 6. Cambridge: Harvard, 1920.

CHILTON, B.D. God in Strengh: Jesus' Announcement of the Kingdom. Studien zum Neuen Testament und seiner Umwelt. Edited by A. Fuchs and F. Linz. Freistadt: Verlag F. Plöchl, 1979.

CONZELMANN, H. A Commentary on the Acts of the Apostles. Tranaslated by J. Limburg, A. T. Kraabel, and D.H. Juel. Philadelphia: Fortress, 1987.

_____. History of Primitive Christianity. Translated by J. E. Steely. Nashville: Abingdon, 1973.

_____. The Theology of St. Luke. Translated by G. Buswell. New York: Harper and Row, 1961.

_____. Charis. TDNT (1974) 9:359-415.

CRANFIELD, C.E.B. The Gospel According to Saint Mark: An Introduction and Commentary. CGTC. Edited by C.F.D. Moule. Cambridge University, 1959.

CREED, J. M. The Gospel According to St. Luke: The Greek Text with Introduction, Notes, and Indices. London: Macmillan, 1942.

DABECK, P. *Siehe, es erschienen Moses und Elias. Bib* 23 (1942): pp. 178-89.

DALMAN, G. The Words of Jesus. Vol. 1. Edinbugh: T&T Clark, 1902.

DIBELIUS, M. From Tradition to Gospel. Translated by B.L. Woolf. New York: Scribner's, 1965.

_____. Studies in the Acts of the Apostles. Translated by M. Ling. London: SCM, 1956.

DILLON, R.J. From Eye-Witness to Ministries of the Word: Tradition and Composition in Luke 24. Anbib 82. Rome: Biblical Institute: 1978.

DODD, C.H. The Apostolic Preaching and Developments. Grand Rapids: Baker, 1936.

_____. The Appearances of the Risen Christ: A Study in Form-Criticism of the Gospels. *In* More New Testament Studies, pp. 102-33. Grand Rapids: Eerdmans, 1968.

DUNN, J. D.G. Baptism in the Holy Spirit. London: SCM, 1970.

_____. Jesus and the Spirit. London: SCM, 1975.

_____. Spirit and Kingdom. *ExpT 82* (1970-71): pp. 36-40.

DUPONT, J. Etudes sur les Acts des Apôtres. Lectio Divina 45. Paris: Editions due Cerf, 1967.

ELLIS, E.E. The Gospel of Luke. NCB. Rev. ed.; London: Oliphant, 1966.

ERDMANN, G. Die Vorgeschichten des Lukas un Mättaus—Evangeliums und Vergils Vierte. Ekloge. FRLANT 47. Göttingen: Vandenhoeck, 1932.

ERVIN, H.M. Conversion-Initiation and the Baptism in the Holy Spirit. Peabody: Hendrickson, 1984.

_____. Spirit-Baptism: A Biblical Investigation. Peabody: Hendrickson, 1987.

_____. These Are Not Drunken, as Ye Suppose. Plainfield, N.J.: Logos, 1968.

ESSER, H.H. Grace, Spiritual Gifts. NIDNTT (1976) 2:115-24.

FAIERSTEIN, M.M. Why Do the Scribes Say that Elijah Must Come First? *JBL* 100 (March 1981): pp. 75-86.

FARMER, W.R. The Synoptic Problem: A Critical Analysis. Dillsboro, N.C.: Western North Carolina, 1976.

FITZMYER, J.A. The Aramaic 'Elect of God' Text from Qumran Cave 4. *In* Essays on the Semitic Background of the New Testament, pages, 127-60. Missoula, Mont.: Scholars, 1974.

_____. The Gospel According to Luke. 2 vols. AB 28, 28A. New York: Doubleday, 1981, 1985.

_____. The Priority of Mark and the "Q" Source in Acts. *In* To Advance the Gospel: New Testament Studies, pages 3-40. New York: Crossroad, 1981.

FLENDER, H. St Luke: Theologian of Redemptive History. Translated by R. H. and I. Fuller. London: SPCK, 1967.

FRANKLIN, E. Christ the Lord: A Study on the Purpose and Theology of Luke-Acts. London: SPCK, 1975.

FREUDENBERGER, R. Zum Text der zweiter Vaterunserbitte. *NTS* 15 (1968-69): pp. 419-32.

FULLER, R. H. The Formation of the Ressurrection Narratives. New York: Macmillan, 1971.

GÄRTNER, B. Suffer. NIDNTT (1978) 3:719-26

GASQUE, W.W. A History of the Criticism of the Acts of the Apostles. Grand Rapids: Eerdmans, 1975.

GILS, F. Jesus Prophète d'Après Les Evangelis Synoptiques. Louvai: Iniversité de Louvain Institut Orientaliste, 1957.

GODET, F. A Commentary on the Gospel of St. Luke. Translated by E.W. Shalders. Edinburgh: T&T Clark, 1879.

GRÄSSER, E. Das Problem der Parusieverzögerung in den Synoptischen Evangelium und in der Apostelgerschichte. Berlin: A. Töpelmann, 1957.

GREEN, M. I Believe in the Holy Spirit. Grand Rapids: Eerdmans, 1975.

GUNDRY, R.H. Matthew: A Commentary on His Literary and Theological Art. Grand Rapids: Errdmans, 1982.

GUNTHRIE, D. New Testament Theology. Leicester: IVP, 1981.

HAENCHEN, E. The Acts of the Apostles: A Commentary. Translated by B. Noble, et al. Oxford: Basil Blackwell, 1971.

HARNACK, A. The Acts of the Apostles: A Commentary. Crown Theological Library 27. Translated by J.R. Wilkinson. London: Williams and Norgate, 1909.

_____. The Sayings of Jesus. London: [n.p], 1908.

HARRIS, R.W., ed. The New Testament Study Bible. 16 vols. Springfield, Mo.: The Complete Biblical Library, 1986.

HINNEBUSCH, P. Jesus the New Elijah. Ann Arbor, Mich.: Servant Books, 1978.

HOFFMAN, P. Studien zur Theologie der Logienquelle. Munich: C.H. Beck, 1924.

JEREMIAS, J. Die Sprache des Lukasevangeliums: Redaktion und Tradition im Nicht-Markusstoff des dreitten Evangeliums. Göttingen: Vandenhoeck and Ruprecht, 1980.

_____. ēlias. TDNT (1976) 2:928-1041.

_____. Jesus Promise to the Nations. Translated by S.H. Hooke. London: SPCK, 1958.

_____. kleis. TDNT (1965) 3:744-53.

_____. New Testament Theology: The Proclamation of Jesus. Vol. 1. London: SCM, 1967.

_____. The Parables of Jesus. 2d rev. ed.; New York: Charles Scribner's Sons, 1924.

_____. The Prayers of Jesus. London: SCM, 1967.

KÄSEMANN, E. The Disciples of John the Baptist in Ephesus. *In* Essays on New Testament Themes, pp. 136-48. London: SCM, 1964.

KEALY, J.P. Luke's Gospel Today. Denville, N.J.: Dimension Books, 1979.

KECK, L. Jesus Entrance upon His Mission. *RevExp* 64 (1967): pp. 465-83.

KILGALLEN, J. The Stephen Speech: A Literary and Redactional Study of Acts 7.2-53. *AnBib* 67. Rome: Pontifical Biblical Institute, 1976.

KILPATRICK, G.D. The Origins of the Gospel According to St. Matthew. Oxford: Blackwell, 1946.

KITTEL, G. and Friedrich, eds. Theological Dictionary of the New Testament. 10vols. Translated by G. Bromiley. Grand Rapids: Eerdmans, ET 1964-1976.

KLAUSNER, J. The Messianic Idea in Israel. New York: Macmillan, 1955.

KLOSTERMANN, E. *Das Lukasevangelium.* Handkommentar zum Neuen Testament 5. Tübingen: Mohr [Paul Siebeck], 1929.

LADD, G.E. The Presence of the Future: The Escatology of Biblical Realism. London: SPCK, 1974.

LAGRANGE, M.J. Evangile selon Saint Luc. 3d ed.; Paris: Victor Lecoffe, 1927.

LAKE, K. and H.J. CADBURY. The Beginings of Christianity. The Acts of the Apostles, Part. I. vol. 4. Edited by F.J. Foakes Jackson and K. Lake. London: Macmillan, 1933.

LAMPE, G.W.H. The Holy Spirit in the Writings of St. Luke. *In* Studies in the Gospels: Essays in Memory of R.H. Lightfoot. Edited by D.E. Nineham, pp. 159-200. Oxford: Blackwell, 1955.

_____. The Seal of the Spirit: A Study in the Doctrine of Baptism and Confirmation. London: SPCK, 1967.

LEANEY, A.R. C. A Commentary on the Gospel According to St. Luke. BNTTC. Edited by H. Chadwick. London: Adam and Charles Black, 1966.

LEE, S.H. John the Baptist and Elijah in Lucan Theology. PhD. diss., Boston University, Boston, 1972.

LIENHARD, J. T. Acts 6:1-6: A Redactional View. CBQ 3 (April 975): pp. 228-36.

LINDSEY, R.L. A New Approach to the Synoptic Gospels: A Modified Two-Document Theory of the Synoptic Dependence and Inter-dependence. *NovT 6* (1963): pp. 239-69.

LOHMEYER, E. *Das Evangelium des Markus*. Göttingen [n.p.], 1959.

_____. The Lords Prayer. London: SCM, 1965.

LUCE, H.K. The Gospel According to St. Luke. CGTC. Cambridge: Cambridge University, 1933.

LYONNET, S. *chaire, kecharit*ōmenē. *Bib 20* (1939): pp. 131-41.

MCCONNELL, D. A Different Gospel. Peabody, Mass.: Hendrickson, 1988.

MACNAMARA, M. Targum and Testament. Grand Rapids: Eerdmans, 1972.

MCNEILE, A.H. The Gospel According to St. Matthew. London: Macmillan, 1961.

MANECK, J. The New Exodus in the Books of Luke. *NovT 2* (1955): pp. 8-23.

MANSON, T.W. The Sayings of Jesus. London: SCM, 1949.

MARSHALL, I.H. The Acts of the Apostles: An Introduction and Commentary. TNTC. Leicester: IVP, 1980.

_____. The Gospel of Luke: A Commentary on the Greek Text. NIGTC. Exeter: Paternoster, 1978.

_____. Luke: Historian and Theologian. Grand Rapids: Zondervan, 1970. Publicado no Brasil sob o título "Lucas: Historiador e Teólogo", pela Editora Carisma.

_____. The Resurrection of Jesus in Luke. *TynB24* (1973): pp. 55-98.

METZGER, B. A Textual Commentary on the Greek New Testament. New York: UBS, 1971.

MINEAR, P.S. Luke's Use of the Birth Stories. *In* Studies in Luke-Acts. Edited by L.E. Keck and J.L. Martyn, pp. 111-30. London: SPCK, 1966.

_____. To Heal and Reveal: Prophetci Vocation According to Luke. New York: Seabury, 1976.

MIYOSHI, M. *Der Anfang des Reiseberiches. Lk. 9.51-10, 24: Eine redaktionsgeschichliche Untersuchung.* AnBib 60. Rome: Biblical Institute, 1974.

MONTAGUE, G.T. The Holy Spirit: Growth of a Biblical Tradition. New York: Paulist, 1976.

MOORE, G.F. Judaism in the First Centuries of the Christian Era. 2 vols. Cambridge, Mass.: Harvard University, 1954.

MOWINCKEL, S. He That Cometh. Nashville: Abingdon, 1954.

NAVONE, J. Themes of St. Luke. Rome: Gregorian University, 1970.

NEIL, W. The Acts of the Apostles. Century Bible Commentary. Edited by R. Clements and M. Black. London: Morgan, Marshall, and Scott, 1973.

NEYREY, J. The Passion According to Luke: A Redactional Study of Luke's Soteriology. New York: Paulist, 1985.

NORDEN, E. *Agnostos Theos: Untersuchungen zur Formengeschichte religiöser Rede.* Leipzig: Teubner, 1913.

O'CONNOR, E.D. Pope Paul and the Spirit: Charisms and Church Renewal in the Teachings of Paul VI. Notre Dame: Ave Maria, 1978.

OEPKE, A. *kalyptō.* TDNT (1965) 3:556-92.

OLIVER, H.H. The Lucan Birth Stories and the Purpose of Luke-Acts. NTS 10 (1964): pp.202-26.

ORCHARD, B. Matthew, Luke and Mark: The Griesbach Solution to the Synpotic Question. Vol. 1. Manchester: Koinonia, 1976.

ORCHARD, B. and T.R. W. LONGSTAFF, eds. J.J. Griesbach Synoptic and Text-Critical Studies 1776-1976. SNTSMS 34. Cambridge: Cambridge University, 1978.

OSBORNE, Grant. The Resurrection Narratives: A redactional Study. Grand Rapids: Baker, 1984.

OTT, W. *Gebet und Heil: Die Bedeutung der Gebetsparanese in der Lukanische Theologie.* Munich: [n.p.], 1965.

PEISKER, C.H. and C. Brown. Open. NIDNTT (1976) 2:726-29.

PLUMMER, A. A Critical and Exegetical Commentary on the Gospel According to St. Luke. ICC. Edinburgh: T&T Clarck, 1901.

RACKHAM, R.B. The Acts of the Apostles: As Exposition. London: Methuen, 1930.

ROBERTSON, A.T. Word Pictures in the New Testament: The Acts of the Apostles. Vol. 3. Grand Rapids: Baker, 1930

ROBINSON, J.A. Elijah, John, and Jesus. Twelve New Testament Studies. London: SCM, 1962.

RODD, C.S. Spirit or Finger? *ExpT72* (1960-61): pp. 157-58.

SCHARLEMANN, M.H. Stephen: A Singular Saint. AnBib 34. Rome: Pontifical Biblical Institute, 1968.

SCHULZ, S. *Q-Die Spruchqelle der Evangelisten.* Zurich:Theologischer Verlag. 1972.

SCHÜRMANN, H. Bericht vom Anfang, Ein Rekonstruktionsversuch auf Grund von Lk 4.414-16 in *Traditionsgeschichtliche Untersuchungen zu der synoptischen Evangelien.* Düsseldorf: Patmos, 1968.

_____. *Das Lukasevangelium.* Herders theologischer Kommentar zum Neuen Testament. Freiburg: Herder, 1969.

SCHWEIZER, E. The Holy Spirit. Translated by R.H. and I. Fuller. London: SCM, 1980.

_____. The Good News According to Luke. Atlanta: John Knox, 1984.

_____. Pneuma. TDNT (1968) 6:332-455.

SHELTON, J.B. Filled with the holy Spirit and Full of the Holy Spirit: Lucan Redactional Phrases. In *Faces of Renewal: Studies in Honor of Stanley H. Horton.* Edited by P. Elbert, pp.80-107. Peabody, Mass.: Hendrickson, 1988.

_____. Luke 2:18–4:13. In *The New Testament Study Bible: Luke.* Edited by R. Harris, pp. 69-119. Springfield: The Complete Biblical Library, 1988.

SMALLEY, S.S. Spirit, Kingdom, and Prayer in Luke-Acts. *NovT* 15 (1973): pp. 59-71.

STANTON, G. Stephen in Lucan Perspective. In *Studia Biblica 1978: Papers on Paul and Other New Testament Authors.* JSNT 3. Edited by E. Livingstone, pp. 345-60. Sheffield: JSOT, 1980.

STARCKY, J. Les Quatre Etapes du Messianisme à Qumrân. *RB* 70 (1963): pp. 489-505.

STREETER, B. H. The Four Gospels: A Study of Origins Treating of the Manuscripts Tradition, Sources, Authorship and Dates. London: Macmillan, 1924.

STRONSTAD, R. The Charismatic Theology of St. Luke. Peabody, Mass.: Hendrinckson, 1984.

TALBERT, C.H. An Anti-Gnostic Tendency in Lucan Chirstology. NTS 14 (1968-69): pp. 259-71.

_____. Literary Patterns, Theological Themes, and the Genre of Luke-Acts. SMLMS 20. Missoula, Mont.: Scholars, 1974.

_____. Luke and the Gnostics: An Examination of the Lucan Purpose. Nashville: Abingdon, 1966.

_____. ed. Perspectives on Luke-Acts. Edinburgh: T&T Clark, 1978.

_____. Reading Luke: A Literary and Theological Commentary on the Third Gospel. New York: Crossroad, 1986.

_____. Shifting Sands: The Recent Study of the Gospel of Luke. *Int* 30 (1976): pp. 381-95.

TANEHILL, R. The Narrative Unity of Luke Acts. Philadelphia: Fortress, 1986.

TAYLOR, V. Behind the Third Gospel: A Study of Proto-Luke Hypothesis. Oxford: Clarendon, 1926.

TÖDT, H.E. The Son of Man in the Synoptic Tradition. Translated by D. M. Barton. Philadelphia: Westminster, 1965.

TRITES, A.A. The Prayer Mortif in Luke-Acts. In *Perspectives on Luke-Acts*. Edited by C.H. Talbert, pp. 168-86. Edinburgh: T&T Clark, 1978.

TURNER, M. Spirit Endowment in Luke-Acts: Some Linguistic Considerations. *VoxEv* 12 (1981): pp. 45-63.

TYSON, J.B. Source Criticism of the Gospel of Luke. In *Perspectives on Luke-Acts*. Edited by C.H. Talbert, pp. 24-39. Edinburgh: T&T Clark, 1978.

VERMES, G. Jesus the Jew. New York: Macmillan, 1973.

VIOLET, B. Zum rechten Verständnis der Nazareth-Perikope, Lk 4:16-30. ZNW 37 (1938): pp. 251-71.

WELLHAUSEN, J. *Das Evangelium Lucae*. Berlin: Georg Reimer, 1904.

WILCKENS, U. Die Missionreden der Apostelgeschichte: Form und traditions-geschichtliche Untersuchungen. WMANT 5.2. Neukirchen: Neukirchener Verlag, 1962.

_____. *Sophia*. TDNT (1972) 8:465-526.

WILSON, S.G. Lucan Eschatology. NTS 15 (1970): 330-47.

WINK, W. John the Baptist in the Gospel Tradition. Cambridge: Cambridge University, 1968.

WINTER, P. On Luke and Luke Sources. ZNW 47 (1956): 217-42.

ZAHN, T. Das Evangelium des Lucas. Leipzig: A. Deichert, 1913.

ZEHNLE, R.F. Peter's Pentecost Discourse: Tradition and Lukan Reinterpretation in Peters Speeches of Acts 2 and 3. SBLMS 15. Edited by R.A. Kraft. Nashville: Abingdon, 1971.

catálogo

DE LIVROS
E LANÇAMENTOS

EDITORA
CARISMA

lançamento

2000 anos de Cristianismo Carismático
EDDIE HYATT

2000 Anos de Cristianismo Carismático é um rico volume sobre a surpreendente história dos movimentos do Espírito no decorrer de 21 séculos de cristianismo. Conheça tudo sobre personagens, grupos hegemônicos e minorias, rivalidades, biografias e muito mais sobre os movimentos carismáticos e pentecostais desde os primórdios do cristianismo histórico até o século XXI.

260 páginas, ISBN 978-85-92734-07-7

William Seymour: a biografia
VINSON SYNAN & CHARLES FOX JR.

A mais completa biografia disponível sobre a vida e obra de William Joseph Seymour, o ex-escravo da Lousiana que se tornou o maior líder Pentecostal de todos os tempos, à frente de um movimento revolucionário do Espírito que trouxe novos ventos, rumos e intensa vitalidade à Igreja. Conheça tudo sobre Seymour, o avivamento que liderou e acesse os maisimportantes documentos históricos.

320 páginas, ISBN 978-85-92734-05-3

Sobre a Cessação dos Charismata
JON RUTHVEN

Alister McGrath disse em seu livro "A Revolução Protestante", que Jon Ruthven articulou o melhor estudo e refutação ao Cessacionismo de BB Warfield, considerado pai do cessacionismo como majoritariamente defendido. Larry Hurtado, por sua vez, disse que Ruthven apresentou uma análise notável e persuasiva contra o Cessacionismo despontando como o estudo definitivo sobre o assunto.

304 páginas, ISBN 978-85-92734-02-2

lançamento

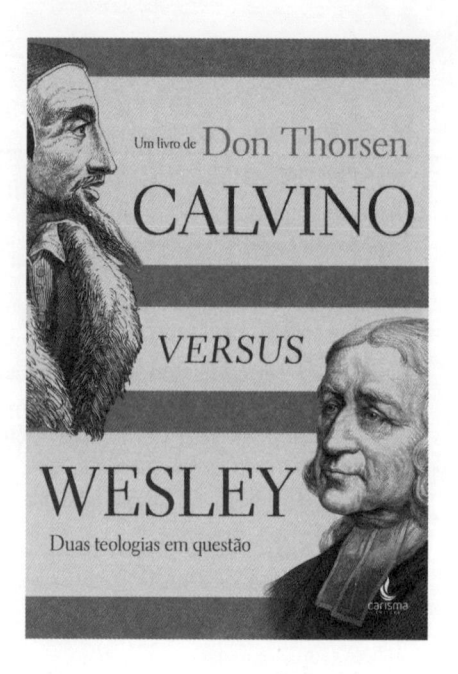

Calvino versus Wesley: Duas teologias em questão
DON THORSEN

Este livro é um recurso valioso como introdução às teologias dos Joões, Calvino e Wesley, ao apresentar de forma clara e concisa suas respectivas ênfases, concordâncias e contrastes. Thorsen destaca os legados de Calvino e Wesley, enquanto expõe os principais pontos de concordância e dissonâncias entre crenças e práticas que repercutem com graves implicações em diversas áreas da vida cristã.

240 páginas, ISBN 978-85-92734-06-0

O Dom de Profecia no Novo Testamento e Hoje
WAYNE GRUDEM

O conhecido clássico de Wayne Grudem, renomado estudioso bíblico e sistemático, está de volta. Um dos livros mais completos sobre o dom de profecia e outros vinculados à discussão. O livro apresenta análises detalhadas de importantes passagens e oferece respostas necessárias e indispensáveis para o conhecimento da verdade de Deus sobre seus dons.

ISBN 978-85-92734-01-5

Sola Scriptura e os Dons de Revelação
DON CODLING

Sola Scriptura e os Dons de Revelação é uma resposta contundente escrita por um presbiteriano calvinista contra os pressupostos do Cessacionismo. Seus argumentos demonstram com clareza que os princípios da Confissão de Fé de Westminster sobre revelação especial extrabíblica estão sendo interpretados equivocadamente pelo Cessacionismo Reformado.

236 páginas, ISBN 978-85-92734-00-8